发现故宫

家藏国宝

单国强 移然 ◎ 主编

四川人民出版社

图书在版编目（CIP）数据

发现故宫 / 单国强，移然主编. -- 成都：四川人民出版社，2022.11
 ISBN 978-7-220-12727-4

Ⅰ.①发… Ⅱ.①单… ②移… Ⅲ.①故宫-文物-北京-图录 Ⅳ.①K870.2

中国版本图书馆CIP数据核字（2022）第090730号

发现故宫
单国强　移然◉主编

责任编辑	邹　近
装帧设计	何　琳　周　正
文图编辑	卢雅凝
美术编辑	张大伟
责任校对	李京京
责任印制	李　剑

出版发行	四川人民出版社（成都市三色路238号）
网　　址	http://www.scpph.com
E-mail	scrmcbs@sina.com
新浪微博	@四川人民出版社
微信公众号	四川人民出版社
发行部业务电话	（028）86361653 86361656
防盗版举报电话	（028）86361653
照　　排	巨东图书
印　　刷	艺堂印刷（天津）有限公司
成品尺寸	170mm×240mm
印　　张	20
字　　数	260千字
版　　次	2022年11月第1版
印　　次	2022年11月第1次印刷
书　　号	ISBN 978-7-220-12727-4
定　　价	128.00元

版权所有·侵权必究

本书若出现印装质量问题，请与我社发行部联系调换
电话：（010）82021443

序言

清晨，一缕缕阳光穿透薄雾，斜斜地落在黄色的琉璃瓦上。在一片金光闪烁中，六百多岁的故宫又迎来了新的一天。这座曾经对普通百姓来说遥不可及的帝王之城，如今对所有人敞开了怀抱。它静静地矗立在那里，等待着人们推开朱红色的大门，走进时光的长廊，去探索，去发现，去赞叹，去沉迷……

巍峨的三大殿，精致的东西六宫，飞扬的汉白玉石雕，华美的彩绘，栩栩如生的珍禽异兽雕塑……在这座恢宏富丽的皇家宫苑里，每一个转角都有故事，每一个细节都有深意。当我们沉醉在一座座奢华的宫殿中，往往淡忘了它的另一个身份——故宫博物院。

1912年2月12日清帝溥仪逊位后，仍被允许继续居住在紫禁城。1924年，溥仪被冯玉祥驱逐，搬离紫禁城，至此，这座皇城彻底结束了其作为帝王宫苑的使命。1925年10月10日，故宫博物院成立，紫禁城从此揭开了神秘的面纱，向世人敞开了怀抱。

如今的故宫博物院共收藏180多万件文物，藏品之多居中国博物馆之首。从翰墨丹青到古籍文献，从瓷器、玉器、青铜器到金银器、珐琅器、漆器、竹木牙角器，从珠宝首饰到文玩、盆景、钟表、家具，故宫博物院藏品可谓琳琅满目、包罗万象，每一件都堪称国之瑰宝。

斑驳红墙中不只蕴藏着明清两代的风雨，更镌刻着中华民族近万年的足迹和回忆。来自不同时代的文物从天上、地下汇聚而来，从智慧的大脑和灵巧的双手中诞生，越过无数历史的暗夜，如今静静地栖息于宫殿一角。故宫，这座熠熠生辉的宫殿之城，是中华民族的建筑奇迹，更是中华民族的百科全书。

依据史书和档案记载，故宫的太和殿、中和殿、保和殿、乾清宫、交泰殿、坤宁宫、养心殿以及西六宫等部分古建筑内系统展示了明清时期的宫廷陈设，陈列品中有文物，也有复制品。还有一些宫殿区域常设展览，分别展出某一类文物，比如宁寿宫设珍宝馆、石鼓馆、戏曲馆，钟粹宫设古琴馆，承乾宫设青铜器馆，奉先殿设钟表馆。景仁宫设捐献馆，展出的是故宫博物院接受私人捐赠的文物。此外，故宫博物院还以专题展、特展、临展等多种形式，让众多文物不定期与观众见面。

殿宇飞扬着的屋角，犹如一对对欲飞的翅膀，覆盖守护着数百万件文物。每一件文物都饱经沧桑，每一件国宝都蕴藏着故事。《发现故宫》选取故宫中最具影响力的代表性的62件国宝文物，按用途、内容、材质等为主题分为十章，为读者搭建起一座了解故宫的桥梁——彩陶双系壶上的漩涡菱形几何纹，镌刻着五千年前的山川风雨；秦始皇留下的一枚小小的生铁秤砣，承载着天下一统的分量；王希孟笔下的千里江山，永存着中华山河；刘松年坐于西湖一隅，描绘心中的山高水长；乾隆皇帝举起金瓯永固杯，祈祷着江山社稷万年永固……

每一件国宝，都是中华文明的印记，它们用自身的美展示着人间的灿烂和奢华，诉说着历史的兴与衰。与它们对视，千百年前的风尘会拂过你的脸颊，无论是温柔的轻抚还是灼热的刺痛，都是那么真实。

这样的体验太过神奇，也越发让人感受到自身的渺小。有人曾做过统计，如果你在故宫博物院每天欣赏两件文物，无一日中断，那也需要2500多年才能欣赏完毕。虽然故宫博物院每年都有许多展览，但是能被人们欣赏到的文物只占总量的0.6%，在浩瀚如繁星的珍宝面前，这显得多么微不足道。更何况，有些文物太过珍贵，为长久保存起见，故宫博物院鲜少拿出来展览，《清明上河图》真迹在2000年后只展出过四次，唐代乐器大小忽雷自20世纪60年代后再未公开展览过。

幸好，我们有这本《发现故宫》。在这本书中，六百多岁的故宫近在眼前，千万年的历史不再遥远。烽火中的帝王霸业不再是千秋一梦，被历史车轮碾碎的豪情与野心会再次燃烧，那些曾经割破敌人喉咙的神兵利器、装点繁华的凤冠龙袍、歌颂伟业的丹青妙笔，都能让你重温那些激荡的历史岁月。

第一章 舌尖上的国宝

新石器时代的美与生活
磁山文化红陶盂及支座 / 2

这个"饭碗"不简单
青莲岗文化彩陶钵 / 5

战国社会生活面面观
宴乐渔猎攻战纹图壶 / 8

穿越千年的酒香
亚酗方尊 / 13

"流酒为池"岁月里的见证者
册方罍 / 16

泛舟于银河之上的浪漫酒器
朱碧山银槎 / 19

除夕夜最具仪式感的御用酒杯
金瓯永固杯 / 22

做个吃货好幸福 / 28

第二章 国宝背后的美丽与哀愁

洛水边的惊鸿一瞥
《洛神赋图》卷（宋摹本）/ 34

才子佳人的爱情悲剧
《张好好诗》卷 / 39

大唐女子的风采
《挥扇仕女图》卷 / 42

酒杯背后的皇室传奇爱恋
斗彩鸡缸杯 / 47

极致荣华下的凄惨人生
点翠嵌珠石金龙凤冠 / 52

大清王朝的最后一次奢华
《皇帝大婚图》册 / 57

清宫娘娘们的东西六宫 /64

❀ 第三章　古风时尚单品

玉璧上的长乐未央
玉镂雕谷纹"长乐"璧 / 70

大唐女性的风姿
陶彩绘女俑 / 74

清代后妃们的衣帽间 / 78

被雕刻的丝绸
缂丝《东方朔偷桃图》/ 82

独属帝王的服饰
蓝色八团彩云金龙妆花纱袷袍 / 86

鬓间风华
点翠嵌珠宝五凤钿 / 91

❀ 第四章　古音越千年

穿越时空，聆听西周的礼与乐
虎戟镈 / 96

唐宫秘器的音乐传奇
小忽雷 / 99

窑变万彩，大唐鼓点
鲁山窑花瓷腰鼓 / 102

琴弦上玄妙的华夏正音
"海月清辉"琴 / 105

藏在银行地下室里的国宝
金编钟 / 109

故宫里的大怪兽 / 114

❀ 第五章　市井百态，人间烟火

人人都能吃饱饭的太平年
建武二十一年斛 / 120

让灵魂得到栖息的五谷之地
青釉堆塑谷仓罐 / 123

一代宰相的田园梦想
《五牛图》卷 / 127

纺车上的民生百态
《纺车图》卷 / 130

北宋市民社会的真实写照
《清明上河图》卷 / 134

市井小民生活的片刻欢愉
《货郎图》卷 / 141

绢纸上的鸟语花香
《果熟来禽图》页 / 145

格格不能乱叫 / 148

第六章 江山如此多娇

天才少年巨笔下的壮美山河
《千里江山图》卷 / 152

半壁江山的艺术记忆
《踏歌图》/ 158

四季流转中的山水图景
《四景山水图》卷 / 162

规矩准绳下的界画艺术
《岳阳楼图》扇页 / 167

鞍马人物画中的悠远诗意
《秋郊饮马图》卷 / 170

第七章 皇帝的娱乐生活

"烧脑"名画之中的政治隐喻
《重屏会棋图》卷（宋摹本）/ 176

琴声背后的危机
《听琴图》轴 / 182

"贪玩"皇帝的盛世风华
《朱瞻基行乐图》卷 / 187

少年天子的远大抱负
《康熙帝便装写字像》轴 / 193

几时归去，做个闲人
《胤禛行乐图》册 / 200

深宫高墙内的娱乐活动 / 206

第八章 国之大事，在祀与戎

远古文明的一块基石
十二节玉琮 / 212

史前文明的战争记忆
玉鹰攫人首佩 / 215

军权和神谕结合的冰冷权杖
玉刃矛 / 218

传承家族荣耀的宗庙彝器
小克鼎 / 221

从春秋飞来的仙鹤
莲鹤方壶 / 224

王命传播的媒介
王命传任虎节 / 227

战马情结中隐藏的千秋家国梦
《昭陵六骏图》卷 / 229

皇子也要刻苦学习 / 234

第九章 辉煌灿烂的书法

追溯史前绘画艺术的源头
马家窑文化彩陶漩涡菱形几何纹双系壶 / 240

一字万金的篆书之祖
秦石鼓 / 243

千古霸业云散,一个秤砣千秋
秦始皇诏文权 / 246

大汉帝国壮美宫殿的徽章
"汉并天下"瓦当 / 249

尽显名士风流的法帖之祖
《平复帖》卷 / 252

天下行书第一帖
冯摹《兰亭序》卷 / 256

"诗仙"传世的唯一真迹
《上阳台帖》/ 260

乾隆帝的十二时辰 / 264

大唐盛世的缩影
青釉凤首龙柄壶 / 277

白瓷之王,榻上娇儿
定窑白釉孩儿枕 / 280

郑和下西洋带来的契机
青花海水纹香炉 / 284

迎新纳福,欢度春节 / 288

道家神仙世界的瑰宝
五彩鱼藻纹盖罐 / 292

手动心转,巧夺天工
黄地粉彩镂空干支字象耳转心瓶 / 296

中国古代制瓷工艺的巅峰之作
各种釉彩大瓶 / 301

附录:故宫大事记 / 304

第十章 巧夺天工的中国名片

不怒自威的饕餮巨兽
白陶刻饕餮纹双系壶 / 270

佛莲最迷人的一次盛开
青釉莲花尊 / 273

第一章

舌尖上的国宝

新石器时代的美与生活
磁山文化红陶盂及支座

炊具是人们生活中必不可少的用品，一餐饭中蕴含着人生百味——酸、甜、苦、辣、咸。你在品尝美味的时候，可曾想过，在人类发展的早期时代，人们用什么器具烹饪食物呢？那时候的锅什么样？现藏于故宫博物院的磁山文化红陶盂及支座或许能给你答案。

🌀 离不开陶器的生活

磁山文化是中国华北地区新石器时代早期的重要代表文化，因为最先在河北武安磁山发现而得名。在磁山文化遗址中，人们发现了大量的房屋遗迹、农业遗迹、焚烧遗迹以及祭祀遗迹，说明当时这里已经是人类活动的中心之一。

最能代表磁山文化的器物就是陶器，而陶盂和支座又是磁山文化中出土最多的器物，约占陶器总数的百分之七十。磁山陶盂所承载的不仅是人们安稳的生活，还有他们对于美的追求。陶盂表面一般会有装饰性花纹，不管是绳纹还是篦纹、划纹，都显示出当时手工业者独特的审美情趣，既简约古朴，又充满了韵味。陶盂两侧的耳，是为了方便搬运而做的特别设计。这样一个小小的巧思，是古代先民智慧的结晶。

盂是用来盛放食物和水的炊具，有时候还会用它来熬煮肉类或者谷物，这就要求它具有一定的耐高温特性。在陶土之中夹砂，可以提高陶器耐热、耐急冷的性能，所以磁山陶盂的陶质多为夹砂陶、夹云母陶。

陶支座是与陶盂搭配使用的器物。它的材质和陶盂类似，一般由三个独立的支架构成。所有的支架都是为了配合陶盂使用而设计的，用三个平底的支架将一个平底的陶盂托起，用来烧火做饭。

年代：新石器时代
尺寸：盂高9.5厘米，口径10.5厘米，底径11.3厘米，支座高10.5厘米。
材质：夹砂红陶

发现故宫

现代锅灶的始祖

现藏于故宫博物院的磁山文化红陶盂及支座，被称为"现代锅灶的始祖"。陶盂就是锅，它的底径略大于口径，平底，可以架在支座上烧煮食物；而三个倒靴状的支架相当于灶。支架和陶盂的组合通高二十厘米。

为了让陶坯在烧制时不易裂开，古代先民们选择在陶土中加入适量的砂土。含砂的陶胎可以提高陶器耐热的性能，用它制作的陶器即使多次受热也不会碎，十分适合做炊具。

新石器时代早期的陶器，小型器物或造型简单的器物，如碗、杯、皿等，都是用手捏出形状，所以常有器壁薄厚不一的情况。而制作较大器物或造型复杂的器物，比如大口罐、三足钵等，就会使用泥条盘筑的方法，故宫博物院收藏的这件红陶盂便采用了这种制作方法。泥条盘筑法是一种古老的陶器制作方法，将陶土搓成细长条，再沿着器底的边缘将泥条一圈一圈向上盘绕叠加，再用泥浆将缝隙抹合平整，从内向外进行拍打，入窑烧制后即可获得一个陶盂。

陶盂成型之后，为了增加美感，匠人还会用拍打、压印、刻画等手法在上面绘制装饰纹样。凹凸不平的纹样不仅有装饰作用，还可以防滑。而粘贴或捏塑的器耳、器鼻、乳突等附件，则可以穿系绳索，方便端取。

现代科技研究推测，夹砂陶的烧制火候要达到880℃，而泥质陶则需达到930℃。在新石器时代，如此高温是堆烧很难达到的，所以大多数的陶器都因为火候不足而出现色泽不均的情况。

远古时期，富有制陶经验的妇女们用她们灵巧的双手制作陶盂泥坯，将它们送进火堆里炙烤，再充满期待地将其拿出。许多陶器都在烧制过程中损毁了。毫无疑问，这组陶盂和支座是幸运的，它们不仅扛住了烈火的炙烤，还扛住了岁月的侵蚀，这才让我们千年后依然可以在故宫博物院里见到它们。

这个"饭碗"不简单
青莲岗文化彩陶钵

如果你认为蛮荒时代的先民都不具备审美意识，那么青莲岗文化遗址出土的彩陶钵一定会让你十分震撼。在那个充满了未解之谜的时代里，人类在大自然无边的威力之下探寻着世界，在粗粝的陶器上涂抹他们认为最美的色彩。这些陶器便因为有了颜色而显得与众不同。

数量繁多的陶器

1951年，在江苏淮安青莲岗，人们发现了早期先民的生活痕迹。在以淮河为中轴，西到安徽、河南、山东三省的交界处，北到泰沂山脉南缘，东到大海，南到江淮地区的广阔范围内，七千年前的先民找到了赖以生存的家园。在密布的水网之中，在气候宜人的平原之上，勤劳的先民们饲养动物、种稻、打猎，制作各种各样的陶器、骨器，过着安定平和的日子。

在青莲岗文化遗址中，出土了数量繁多的陶器，这些陶器以夹砂红陶和泥质红陶为主，器形有用来烧水的宽檐釜、用来煮粥的圆锥足鼎，还有带把钵、三足钵、双耳壶等。此外，先民们还在使用陶制的生产工具，如陶纺轮、陶网坠、陶拍、陶杵等，它们和石制的斧、凿及骨制的针、锥一起，为生产和生活提供了便利。

宇宙奥妙，钵中乾坤

这一时期的人们，喜爱在陶器上加装饰，最简单的便是在陶器上刷上一层红色，使器物更加鲜艳；复杂的则是在陶器的内壁绘制图案，如宽带纹、水波纹、渔网纹、八卦纹等几何图案。这些都充分说明了这一时期的人类已

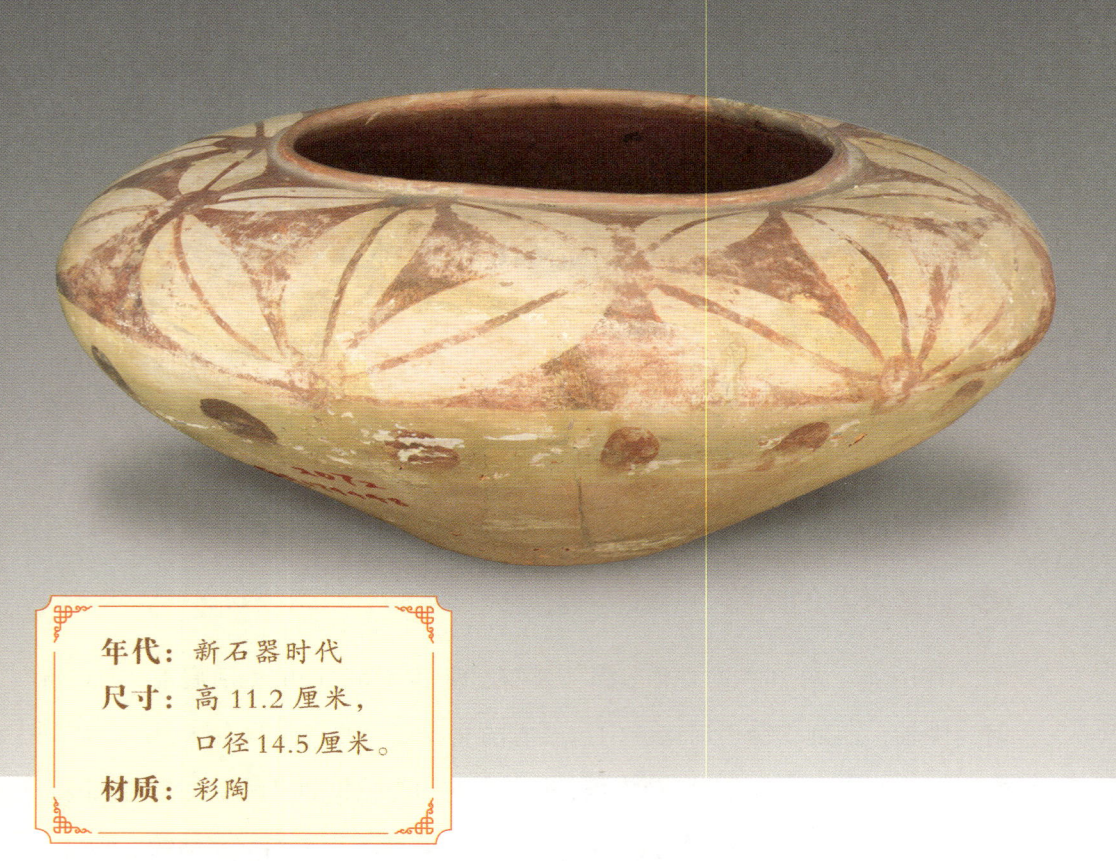

年代：新石器时代
尺寸：高11.2厘米，
　　　口径14.5厘米。
材质：彩陶

经具备了一定的审美观念，那些来自自然的启发，化身为一种创作灵感，促成了陶器上图案的诞生。

青莲岗的陶器除了在生活区被发现，还有一些发现于墓葬区。

青莲岗文化遗址墓葬中埋葬的死者多为单身仰卧，伸展四肢，头部朝东，多数会用红陶钵盖在死者的头部。这个奇异的葬俗出现在青莲岗文化遗址不同时期的墓葬之中。有一些墓葬除了头部盖有陶钵，在手脚的位置也会盖上陶器。墓葬中开始出现了随葬品，少的只有几件，多的可达五六十件。多寡不一的随葬品证明了那时人们之间已经有了贫富、地位的区别。

在青莲岗文化大墩子遗址花厅期的墓葬之中还发现了陶制的房屋模型，这些模型虽然制作粗糙，但立体地展现了当时的住房情况。在其中一处墓葬中发现了一件呈方形，攒尖顶，四周有檐，前有门，两侧有窗，后壁有孔的陶制房屋模型。在房屋的四壁和顶部的坡面上，用线条刻画出狗的形象。由此可见，从出生到死后，陶器都是青莲岗先民生活中至关重要的东西。

源于自然，简洁表达

现藏于故宫博物院的青莲岗文化彩陶钵，于江苏邳县四户公社（今江苏邳州四户镇）大墩子出土。它圆唇宽肩，从肩部陡然向下收起，形成优美的曲线。它的表面有一层白色的陶衣，在肩部用褐色留白二方连续叶纹作装饰，每五片叶子组成一个椭圆形图案，一共五组。在叶纹的下方，有一圈褐色的圆点。

青莲岗文化遗址中花叶图案的出现并不是孤例，在河南的庙底沟遗址、山东的大汶口遗址、安徽的古埂遗址都出土过相似图案的陶器，说明相同的审美视角已经在中华大地上出现。

古代先民在装饰陶器的时候，总是从日常生活中寻找素材。在新石器时代，凶猛的野兽、按照时节生长荣枯的植物，都能够成为人们在制作器物时候的灵感来源。与人较为亲近的鱼、蛙、鸟等动物，或者各种花瓣、豆荚、花叶、藤须、谷粒，是首先被撷取的图像，不同图像再经过组合、变形，形成优美、简洁、生动的图案，折射出当时的社会风貌。

双孔绿玉斧·青莲岗文化

长 13.5 厘米，厚 0.7 厘米。玉斧玉质细腻坚硬，青绿色，磨制光滑，长方形。上端竖穿两孔。玉斧整体器形规整精美。淮安市博物馆藏。

战国社会生活面面观
宴乐渔猎攻战纹图壶

讲述一场战争和一个时代,现代人大概需要一部电影或者一本书,而对于中国古人来说,却只需要一个铜壶。小小的铜壶上描绘了生活中最激烈和最恬静的场景,组成了一组循环的时光片段,成就了一个丰富的想象世界。如果想知道战国时的人们如何生活、如何战争,只需要轻轻转动这个铜壶,一切便尽在眼前。

礼藏于器,钟磬齐鸣

在这件宴乐渔猎攻战纹图壶上,出现了许多人物,他们正在进行着不同的活动,再现了古代社会生活中的一些场景。壶身的图像被五条变形云纹图案带划分为四层。

壶颈部的第一层表现大射之礼以及采桑场景。众人正在举行乡射,射庐内外各有四人,射者一前一后,分上下两射,依次向靶心射箭。采桑之礼让整个画面更加祥和。树上有妇女在采摘桑叶,树下还有人在交谈。其他人有的单膝跪地手持弓箭,正在射猎天上的鸟儿;也有人手持竹筐,正在运输采下的桑叶。

壶肩的第二层分为两组画面,亭台楼榭,钟磬齐鸣,有人宴饮,有人奏乐。左面这组是一幅宴乐画面。宴会正在热闹地举行,中堂之上七个人,一人伸手敬酒,一人作揖欲接酒,还有人正在给他人舀酒。下面是乐舞的部分,在楹柱后面,还有编磬、编钟、钲(zhēng)和建鼓,三个人敲钟,一人吹奏着一件号角状的乐器,一人击磬,还有一人持鼓槌敲鼓和钲。饮酒和奏乐同时进行,表现出载歌载舞的热闹场面。在他们的右侧还有两件圆鼎,那是

年代：战国
尺寸：高31.6厘米，口径10.9厘米，腹径21.5厘米，重3.54千克。
材质：青铜

宴乐渔猎攻战纹图壶图案拓片

第一层

第二层

第三层

第四层

10

战国时炊煮用的食器，一只被捆绑的动物躺在鼎下，两人正在鼎旁忙碌，他们也许是为宴会提供食物的仆人。宴会旁边是一幅射猎场景。空中有飞鸟，水中有游鱼，四人仰身用矰缴（zēng zhuó，**拴着丝绳的短箭**）射鸟。

壶腹的第三层则与前两层欢快热闹的场面大不同，在这里一场惊心动魄的战争正在上演，一侧是水战，一侧是陆战。水战中参与战争的两艘战船分别有不同的旗帜，上层是作战之兵，下层者奋力划桨。城池之战中，守城的人正在抵抗爬云梯从下而上进攻的士兵，有人执弓箭，有人掷石块，还有人握住刀剑御敌。城池下有云梯，也有死伤者从城墙上跌落。战船、云梯都出现在画面中，士兵们挥舞着手中的刀剑厮杀，仿佛可以听闻刀剑相碰叮当作响，也能听到嘶吼、呐喊和惨叫声。

第四层使用了垂叶纹来装饰，给人一种敦厚、稳重之感。

在这件铜壶上，不同时空的事情被拼接在了同一个画面中，让它们可以同时展现在人们的眼前。

战火截留，幸得保存

故宫博物院所收藏的宴乐渔猎攻战纹图壶，由著名的文博专家王世襄在抗日战争胜利后追回。

1945年抗日战争胜利之后，王世襄在故宫博物院院长马衡与梁思成的引荐下，加入清理战时文物损失委员会，王世襄被任命为平津区助理代表，开始清理追还因为战乱而被劫掠的文物。当时，很多从日本和德国来中国寻宝的文物贩子手中都持有大量中国文物，想要趁乱盗运出境。据古董商人陈鉴堂、张彬青等人提供的消息，沦陷时期在河南等地出土的青铜器，好多都被德国商人杨宁史买走。杨宁史表面上看起来是一位普通的洋行经理，但私下其实是一个不折不扣的文物贩子，而且他还打算将这批文物运送回德国。

发现故宫

获知消息之后,王世襄没有直接和杨宁史联系,而是乔装打扮,先去杨宁史的洋行暗访。1945年11月上旬的一天,王世襄到洋行查看,恰巧看到一个外籍女秘书正在打字,曾经在美国侨民学校学得一口流利英文的王世襄立刻认出那是一份青铜器目录。他当机立断,一把将目录抓在手上,声称自己正是为了追查此批文物而来。女秘书说,这份目录是德国人罗越交给她的。王世襄带着目录找到罗越,罗越承认这些器物均是杨宁史的收藏。因日本投降后,德、日两国人的行动受限,杨宁史不方便来北京,才交由他处理。

王世襄拿到了杨宁史的藏品目录,多次找他交涉,后经国民政府行政院干涉,杨宁史无奈交出藏在东交民巷的藏品,以"呈献"的名义将它们交付故宫博物院,其中就包括这件宴乐渔猎攻战纹图壶。

国宝故事

战国时期的宴饮除了有专业舞者表演的乐舞,在宴乐高潮阶段,还有"无算爵"和"无算乐"的规程。"无算爵"是指"爵行无次数,唯意所劝,醉而止"。"无算乐"是指"升歌间合无次数,唯意所乐"。宾主不停地饮酒,酒酣耳热之际,宾主乘醉而舞,一醉方休。

穿越千年的酒香
亚酗方尊

商代作为中国青铜文明的第一个繁盛期，留下了种类繁多的青铜器。在这些青铜器中，酒器占的比重很大。商代晚期的亚酗（xù）方尊作为一件代表性酒器，完美地展现了商代青铜器铸造的高超技艺，它面目狰狞却又令人沉醉，代表着鼎盛的王权，也代表着无边的快乐。方尊上的象首、兽头、兽面纹和夔（kuí）纹，无一不在讲述着商代的辉煌。

青铜方尊，王权鼎盛

青铜酒器的出现，不仅是冶炼技术发展的成果，更是酒文化进入到一个崭新时代的标志。从现有的出土文物和史料可以发现，公元前21世纪，夏代先民就已经掌握了冶炼青铜的技术。而进入商代之后，青铜冶炼技术已经达到了很高的水准，青铜器的品种也变得更加丰富。数个世纪以来，在统治者的需求推动之下，工匠们以毕生技艺追求精品，推动中国青铜文化走向鼎盛。商代的青铜器不仅种类丰富，而且造型奇特，纹饰充满了想象力，制造技术十分精湛。

商周时期的酒主要用于祭祀以及供应贵族生活，青铜酒器自然也就非一般民众可用。在当时盛行的祭祀活动中，青铜酒器是不可缺少的礼器，根据不同场合、用途以及贵族身份等级，酒器的多少、大小和轻重都有严格规定。其实，商人爱酒是当时一种普遍的社会现象，这种风气不仅在上层贵族和统治阶级中蔓延，还逐渐向下发展泛滥到普通民众中间，影响当时的整个商朝社会。

在商代贵族和统治者中，崇尚饮酒的风气贯穿了商王朝的始终，这一点可

年代：商代晚期
尺寸：高45.5厘米，
　　　宽38厘米，
　　　重21.5千克。
材质：青铜

第一章 舌尖上的国宝

亚酗方尊铭文

以从商代的出土文物中体现出来，如妇好墓中出土的青铜器中，酒器的占比约为百分之七十四。商代的青铜酒器有盛酒器和温酒器，比如青铜尊、青铜卣（yǒu）、青铜方彝（yí）、青铜盉（hé）；饮酒器，如青铜爵、青铜觚（gū）、青铜角、青铜觯（zhì）和青铜斝（jiǎ），它们不仅可以用来饮酒，还可以用来煮酒和温酒，有些酒器有三只高足，便是为了方便在火上加温。

琳琅满目的商代青铜酒器美不胜收，现存于故宫博物院的亚酗方尊便是其中的代表作之一。

亚酗方尊是商代晚期的盛酒器。方尊肩上四角各有一个象首装饰，在四个象首之间又夹杂着兽头。器身以兽面纹和夔纹为主体，以雷纹作地，充满了威严感。器口内侧有两行铭文，共九个字："亚酗者姒（sī）以大子尊彝。"铭文的意思是：亚酗族祭祀诸位王后和太子的宝器。

传世的亚酗器有五十件左右，仅台北故宫博物院就藏有十五件，但它们的出土地点一直不详。到了20世纪70年代，考古工作者在山东青州苏埠屯发掘了数座商代大墓，出土了几件带有"亚酗"铭文的青铜器，这才弄清楚了方尊的出土地。根据铭文可以推断，殷商时期这里曾经有一个"亚酗"国，是商朝的附属国，其首领出自商王宗室。

发现故宫

"流酒为池"岁月里的见证者
册方斝

商朝奢靡慵懒的生活,在一杯杯美酒之中,也在统治者迷离的眼神之中。美酒让刀剑变得软弱,而盛放美酒的青铜方斝(jiǎ)却在酒的滋养下越发耀眼。作为商代酒器的代表,册方斝的出现让我们看到了商人对于酒的热爱,也看到了在王朝覆灭前夕恣意狂欢的盛宴。

祭祀神祇,纵享酒香

商人的信仰体系极为丰富,不只崇拜神,也崇拜自然和祖先。这三类崇拜之中包括了许多需要致敬的对象,仅自然崇拜,商人就为日月星云、风雨雷电和山川土地都设立了需要祭拜的神。同样的,他们通过祖先获得天下,需要祖先庇佑,对于先公先王的祭祀也特别隆重。在殷墟出土的甲骨文中,记录了商人所祭祀的祖先多达上百位,祭祀的方法也有几十种。几乎每天、每月、每年都有祭祀仪式。日复一日,这么多的祭祀活动中所用的酒不可计量。

祭祀仪式结束之后,所用的那些酒肉便会分给参与祭祀的众人享用,因而一次祭祀就意味着一次美酒佳肴的庆典。久而久之,以祭祀祖先、神灵之名,行享受美食之实,也就成了司空见惯的事。

在商朝的历史中,酒必不可少,几乎每一位商人都对酒有浓厚的兴趣。在如今所发现的殷商墓葬之中,随葬品最多的是酒器。安阳殷墟所发掘的九百多座小型墓葬中,有五百余座都随葬了酒器。

在许多史料中我们都可以看到商人嗜酒的记载。《史记》中用"酒池肉林"的故事来表现商纣王生活的荒淫奢侈。不只是商纣王,在他之前的殷商诸王,似乎也无法拒绝酒的魅力。甲骨文中记载了武丁用大量的酒来祭神的事,曾

年代：商代
尺寸：高 28.5 厘米，
　　　宽 16.2 厘米，
　　　重 3.12 千克。
材质：青铜

经一次就用了一百卣（**卣是一种盛酒容器**）的酒。

🌀 束颈鼓腹，王朝重器

斝是一种既可以盛酒，也可以用来温酒的青铜酒器。最早出现于二里头文化时期，是从陶斝演变而来的。最初的斝是圆形，类似圆鼎，但商王朝迁都到殷（今河南安阳）之后，铸造的青铜酒器越来越多，对于形式的追求也趋于极致，便出现了口圆体方的方斝。

现存于故宫博物院的册方斝是青铜方斝的代表作，它束颈鼓腹，四足鼎立，微微外撇。顶上有一个平而薄的盖，盖上两只相背而立的鸟儿构成了拱形纽，似乎连鸟儿都经受不住美酒的诱惑，想要落下来一饮为快。口两侧各有一伞形方柱。册方斝腹部四面都装饰了兽面纹，间饰八个倒置的夔纹，腹侧有一兽形把手。

方斝极为少见，大多是在安阳出土，可见在当时使用和制造这种器物的都是居住在都城内的贵族。这件方斝的器内底部，有唯一的铭文——"册"。器物上的单一铭文大多是主人的名字或者氏族徽号，由此推断它属于册氏贵族，因而称之为"册方斝"。

西周初期的帝王吸取商朝灭亡的教训，严令禁酒，曾经风靡一时的方斝也不再铸造。但是，王朝覆灭的罪过并不在酒，更不在酒器，而是在嗜酒如命、不思进取的统治阶级。青铜方斝虽然消失在了历史长河，但人们对于酒的迷恋并没有随着时间的流逝而消失。

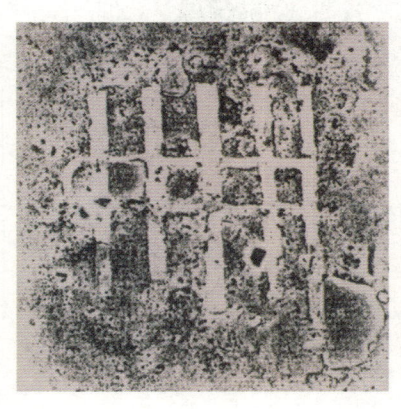

册方斝铭文

🌀 位于器内底上的铭文"册"，这是册方斝命名的由来。

泛舟于银河之上的浪漫酒器
朱碧山银槎

为酒制器的人一定很浪漫，因为酒赋予了他们最飘忽的想象力，带着他们进入不受限的幻想之中。自古以来的器皿中，酒器的材质似乎最丰富，白银虽然不算名贵难得，但元代匠人朱碧山的神乎其技，赋予了它独特的美，让银槎（chá）杯成为最具浪漫色彩的酒器。

☁ 酒香四溢，动于神明

故宫博物院里收藏的酒器实在太多，兽面纹觥、亚酗方尊、受觚等，每一件都十分精美，每一件都展示出属于人间的灿烂和华丽。但是，有一件银器，在彰显浮华的酒具中却如同一股清流，充满浪漫的遐想，能让人瞬间安静下来。它就是元代锻冶大师朱碧山的作品——银槎杯。

朱碧山银槎杯器形的灵感来自神话传说，在传说中有许多关于天河与海相通的记载。晋代张华的《博物志》中记述，有人乘槎泛海而去，一直到了银河，遇到了牛郎织女。晋代王嘉的《拾遗记》中也记载，大海上有巨大的浮槎，十二年可以绕天地一周。宋代李昉等人所编著的《太平广记》中写道，唐代有仙槎被安置在麟德殿，长五十余尺，声如铜铁，坚而不蠹（dù）。唐武宗时，宰相李德裕用它的细枝做了道像，可以飞去复来。

朱碧山银槎杯的杯身为半截枯木状，枝丫纵横，雕刻着桧柏纹理，一位仙风道骨的老者坐在上面，似乎正乘坐浮槎漂于海上，神态超然，对眼前的风浪全不在意。这种充满了浪漫文人气质的酒具，不仅工艺复杂、制作精美，而且境界不凡，一出世就得到了无数文人骚客的盛赞。

年代：元
尺寸：高18厘米，长20厘米。
材质：白银

风流名士，独具匠心

　　13世纪初，成吉思汗带领着强悍的蒙古铁骑建立起了一个横跨亚欧大陆、空前广阔的帝国。金银等贵金属为当权者所喜爱，元代也不例外，他们有许多金银器皿、装饰品。

　　在元代，金银器的制造工艺有了飞速发展，江浙地区出现了多位锻冶名工，朱碧山正是其中的代表人物之一。依据传世的朱碧山作品上的款识，可以推知他是浙江嘉兴人，仅有的少量记载中，透露出他性格淡泊，精于书画，不喜与人争胜，隐居在苏州，以善制槎杯而闻名。据传，当时的名流都以能得到他的作品为傲，画家柯九思曾经找他定制过灵芝式酒杯，名臣、诗人虞集和文学家、书法家揭傒斯都找他定制过槎杯。此外，还有人找他制作过虾杯、蟹杯等酒具，以及昭君像、达摩像等陈设品。

神乎其技，精妙无匹

如今传世的朱碧山银槎杯，记录在册的只有四件，分别收藏在故宫博物院、台北故宫博物院、苏州吴中区博物馆和美国克利夫兰艺术博物馆。

收藏于故宫博物院的这件银槎杯，在槎尾刻有"龙槎"二字，杯腹有诗："百杯狂李白，一醉老刘伶，知得酒中趣，方留世上名。"杯口有行楷铭文"贮玉液而自畅，泛银汉以凌虚。杜本题"。杜本是与朱碧山同时期的学者，因高尚的品行和渊博的学识而深受同代文人推崇。在槎尾后部，刻有楷书"至正乙酉，渭塘朱碧山造于东吴长春堂中，子孙保之"，落款为朱碧山的字"华玉"篆书印。

朱碧山的作品深受南方文人重视，到明晚期还有很多人在收藏。清初他的声名达到顶峰，被视为古代工艺的代表人物之一，有幸收藏了朱碧山槎杯的人都将其作品视如珍宝。明末清初的名士孙承泽、宋琬、高士奇等都收藏过槎杯，王士禛、朱彝尊等还曾为它写下诗文。

康熙年间，名臣高士奇曾有一件银槎杯，后被进献给内廷，一直收藏于圆明园中。咸丰十年（1860），英法联军攻入北京，英国将军毕多夫将其盗走，后被美国克利夫兰博物馆收藏。藏于热河行宫的槎杯，在抗战爆发前夕，国民政府为保护文物安全，将其与一批珍贵文物一起南迁，1947年又运往台北。

发现故宫

除夕夜最具仪式感的御用酒杯
金瓯永固杯

紫禁城里的除夕夜怎么度过？皇帝又是如何迎接新的一年？金瓯永固杯就像一扇小小的窗，带我们穿越回几百年前，去看看乾隆帝是怎样在新年伊始坐在养心殿的东暖阁中，写下寓意吉祥的新年祝福，为新的一年开启一个美好的开端。他端起金瓯永固杯，轻啜一口屠苏酒，暗暗祈祷自己身体康健，王朝江山永固。

◆ 新年祈福，明窗开笔

农历腊月除夕，过了午夜，便是新年。

这一天对于所有中国人来说都是极其重要的，进入腊月之后，紫禁城里也和普通百姓家一样，赐福、祭灶、安灯、封笔、挂门神、祭拜先祖、穿新衣，迎接新一年到来。

正月初一子时一到，就是新一年的开始，清朝皇帝要饮屠苏酒，举行开笔仪式。

开笔仪式发源于雍正时期，举行的地点在皇帝处理政务的养心殿东暖阁的明窗处。雍正帝写下祈求江山稳固、风调雨顺等吉祥话作新年祝福。继位四年后，为了增加开笔仪式的仪式感，乾隆帝特意找内务府造办处定制了三件器物："玉烛长调"蜡扦、管端刻有"万年青"字样的"万年杆"毛笔，以及"金瓯永固"杯。

到了大年初一子时，皇帝会身穿吉服来到养心殿东暖阁，亲手点燃"玉烛长调"蜡，将屠苏酒倒入"金瓯永固"杯，再手握"万年杆"笔，写下新一年的第一笔。

年代：清
尺寸：通高12.5厘米，口径8厘米。
材质：黄金、宝石、珍珠

养心殿东暖阁

当年,乾隆帝就是在这里郑重地写下对新年的美好祝愿,然后用金瓯永固杯饮下一杯屠苏酒。

金瓯永固

乾隆帝酷爱金银制品,单是吃饭的餐具,他就为自己配备了金器295件、银器569件。从乾隆元年(1736)到乾隆九年(1744),宫廷每年的用金量大约有3850两。乾隆皇帝为自己定制了许多专属的金杯,个个都是"限量款",金瓯永固杯便是其中的一件。

第一章 舌尖上的国宝

清代造办处承办宫中各种活计的档案《活计档》中，记载了金瓯永固杯的整个制作过程。

乾隆四年（1739）十一月，乾隆帝下令，从内务府中挑选上好的黄金、珍珠、宝石，打造一个金杯，其名"金瓯永固"。造办处按照要求绘制了图样，呈给乾隆帝亲自检验，获批后开始制作。

经过一个多月，内务府制作出了第一代金瓯永固杯。乾隆五年（1740）正月初三，乾隆帝命太监毛团传旨，"将'金瓯永固'往细里做"，照样再做两件，"耳子夔龙上各安大珠子一颗……中间一颗安大些，花头要圆的"。这些被记录在案的内容，语言通俗，要求详尽，可见乾隆帝对杯子的设计构想非常成熟。依照乾隆帝的旨意，造办处重新制作了两件金瓯永固杯，杯体上面安装了大珠子，极尽奢华，造成后再次呈送御览。

这一对金瓯永固杯每年虽然只在除夕的时候才拿来用一次，可是五十多年后杯子还是出现了磨损。档案记载，嘉庆二年（1797）十月，乾隆帝因金瓯永固杯受损，命造办处再造一件。虽然这时皇帝已经换成了嘉庆帝，但作为太上皇的乾隆帝依然手握大权，居住在养心殿中，宫中还在使用乾隆年号（**所以1797年宫中称"乾隆六十二年"**）。这一次，"应领内库九成金二十两，正珠大小十一颗，红宝石大小九块，蓝宝石

皇宫里的屠苏酒

每年除夕当天中午，御茶房会同御药房一起制作宫廷专用的屠苏酒。屠苏酒制成后，御茶房首领用金制和银制柿子壶分别盛装，金壶交给养心殿总管，倒入养心殿西暖阁的金瓯永固杯内供设；银壶交给乾清宫首领，倒在乾清宫西暖阁铜制的金瓯永固杯内供设。正月初一午时，再将这两处的屠苏酒取回，倒在名为"天圆地方"的金制器具内，以备举办新年家宴时皇室成员共同饮用。

发现故宫

十二块，碧牙石四块"。

乾隆六十二年制的金瓯永固杯按照乾隆帝的要求制作了夔龙立耳，龙头上各安了一颗珍珠，三象头卷鼻为足，杯身镶嵌着十一颗大小不等的珍珠、十二块蓝宝石、九块红宝石、四块碧玺，口沿刻着回纹。在杯子前面正中用篆文刻着"金瓯永固"四个字，后面刻"乾隆年制"。整个杯体金光灿灿，奢华至极。杯身使用了点翠工艺，因而今天所见到的杯体是蓝色。乾隆帝对新杯非常满意，不仅自己使用，还将其传给了后世的皇帝。

☁ 金樽清酒，历史激荡

金瓯，寓意疆土；永固，代表着统治者永葆政权的愿望。"金瓯永固"这一词出自《南史·朱异传》，梁武帝曾经非常得意地说："我国家犹若金瓯，无一伤缺。"后人便以此比喻国家领土完整，城池固若金汤，无法撼动。

宣统三年（1911）十月，礼部上奏拟定国乐，获得摄政王载沣批准，典礼院编制国乐专章，中国第一首法定国歌就此诞生，名为《巩金瓯》。这首歌的词作者是近代著名思想家严复，曲作者是皇室成员溥侗。歌词写道："巩金瓯，承天帱，民物欣凫藻，喜同袍，清时幸遭。真熙皞，帝国苍穹保。天高高，海滔滔。"而歌没唱多久，清朝就灭亡了。

从金瓯永固杯，到《巩金瓯》，清代皇帝一心想要维护自己的统治，无奈时代大潮之下落后的政权只能被倾覆。

现存于世的金瓯永固杯共有四件，其中乾隆六十二年制作的"顶级奢华版"收藏于故宫博物院；一件金质金瓯永固杯收藏于台北故宫博物院；另有两件金瓯永固杯，一件是金质，一件是铜鎏金质，收藏于英国伦敦华莱士博物馆，据说是1872年由华莱士爵士在巴黎的拍卖会上购入。从时间上来看，这两件金瓯永固杯应该是英法联军侵入北京时从圆明园劫掠而去的。

第一章 舌尖上的国宝

金瓯永固杯（左起两件为英国伦敦华莱士博物馆藏，第三件为台北故宫博物院藏）

金瓯永固杯是清宫造办处奉旨制造的祈福圣器，此杯可算作清代帝王镇朝传家之宝。由于流离辗转，英国所藏的两只金瓯永固杯上的宝石有所缺失，杯的三足都略有变形，放置起来难以达到平稳。

　　四只金瓯永固杯虽然器形相似，尺寸也出入不大，但还是存在一些区别。收藏于英国华莱士博物馆的鎏金铜杯为乾隆四年首次制作的杯子，杯身两侧花朵数量不同，一侧八朵，一侧十朵，难怪乾隆帝不满意，要求"往细里做"。这件杯子采用铜制，另外三件皆为金制，杯身花朵都是十三朵，但是早期的花朵造型颇为尖锐，后期制作的则花叶圆润。乾隆六十二年制作的金瓯永固杯，五个花瓣并非简单的圆形，而是略呈波曲状，花瓣显得更加柔和。

　　金瓯永固杯中的屠苏酒，包含了乾隆帝和他的子孙们对于江山永固的美好期待，可惜未能愿望成真。如今的金瓯永固杯，端坐于历史的深处，向一批又一批的来往观众展示自身的美，如此便已足够。

做个吃货好幸福

清代紫禁城中的餐具，有金、银、玉、水晶、瓷以及玛瑙制作的盘、碗、筷等。江西景德镇御窑厂每年都要烧造大量御膳房餐具。金银制作的餐具也占很大部分，道光时期御膳房有金银器三千多件，其中金器重量超过四千六百两，银器重量超过四万两。皇帝日常使用的各种碗、盘、火锅，以及宴会上使用的金杯、玉盘都极尽奢华之能事。故宫博物院现藏的清宫餐具，除了清宫造办处和民间银楼所造，还有一大部分是各地制造进贡的。

康熙帝钟爱的酒杯

康熙皇帝钟爱十二只酒杯，每一只杯子上都有一文一图，按照一年的十二个月份在杯子上绘制各月的代表花卉，并配上一句赞美诗，称为"五彩十二月花卉纹杯"。一月水仙杯上写着"春风弄玉来清昼，夜月凌波上大堤"。二月玉兰杯上写着"金英翠萼带春寒，黄色花中有几般"。三月桃花杯上则写着"风花新社燕，时节旧春农"。

❀ 一月水仙杯 ❀

❀ 二月玉兰杯 ❀

❀ 三月桃花杯 ❀

五彩十二月花卉纹杯·清康熙
高4.9厘米，口径6.7厘米，足径2.6厘米。故宫博物院藏。

雍正帝的玛瑙餐具

清代前期，由于西部准噶尔叛乱，玉路不畅，玉料来源受阻，所以康熙、雍正时期制玉数量较少。但是雍正时期却出现了一批素雅精致的玛瑙器，多为光素的杯、盏、碗、盘等，这些器皿除款识（zhì）外，不加琢任何雕饰之纹。雍正帝命工匠充分利用玛瑙天然的纹理，"随形式往薄里磨做"，将玛瑙晶莹剔透之质，以及自然天成之美彰显无遗，也体现了雍正帝典雅素净的审美情趣。

❀ 玛瑙茶盏·清雍正 ❀

口径10.6厘米，底径4.2厘米，高6.7厘米。故宫博物院藏。

乾隆帝偏爱奢华

乾隆帝不满足于瓷制餐具，对于金、银器皿及玉器更加热衷。乾隆帝专用的茶碗，用白玉制成，玉质莹白。玉碗为圆形，有桃形双耳和花瓣式圆足，外壁用108颗精雕细琢的红宝石组成了梅花朵朵，金片镶嵌成枝叶，繁复华丽，让温润的白玉充满了富贵之气。

❀ 和阗白玉错金嵌宝石碗·清乾隆 ❀

◈ 金嵌珠"万寿无疆"杯盘·清 ◈

通高7.5厘米,杯直径7厘米,盘直径19厘米。杯两侧各有一耳,耳上部为莲花托,托上嵌大珍珠1颗。托盘宽沿上嵌珍珠4颗,盘底錾8朵莲花,其间4朵嵌珍珠为花心。是宫廷大宴时皇帝使用的酒器。故宫博物院藏。

清宫里的"野意家伙"

清代帝后好食野味,产自东北大、小兴安岭和长白山的各种特产是满族火锅的首选菜肴。吃火锅时所使用的火锅、盘子、碟子、火碗等,被统称为"野意家伙"。嘉庆年间档案记载的"野意家伙",包括重52两的银火锅2件、重42两5钱的银火锅1件、随座重13两的银火锅2件,此外还有宜兴出产的五彩盖锅1对。火锅的配套器具包括黄瓷六寸盘

◈ 银寿字火锅·清光绪 ◈

高30厘米,直径32厘米。故宫博物院藏。

17件、黄瓷五寸碟10件、洋瓷梅花果盒1对、银小碟4件、碧玉螺蛳碟2件、宣窑白瓷鸡心碗2件等。这些器皿也会被后妃借用，何人借用、何时交回，都在档案中有明确的记载。

慈禧太后用过的火锅

故宫博物院收藏有多件慈禧太后用过的火锅。其中有一件锡制一品锅，外观为正方形，有配套的碗碟共计25件。5个锡碗的碗盖上都有錾刻花卉图案，碗的下面还有酒精碗。一品锅的四边还设有4个插孔，配有4个支架，使用时将支架插入孔中以安放4个雕刻花卉的小盘。锅身周围刻着各种精美的花卉图案。锅底的支腿是4个象鼻，锅盖纽是威武的狮子，造型生动。这件锡制一品锅造型美观，制作工艺精良，有浓厚的民间风俗特色，是宫藏锡制品中不可多得的文物珍品。

锡方形一品锅·清

高30厘米，口边长34厘米。一品锅是徽州山区冬季常吃的一种特色美食，相传为明代石台县一品诰命夫人余氏创制。故宫博物院藏。

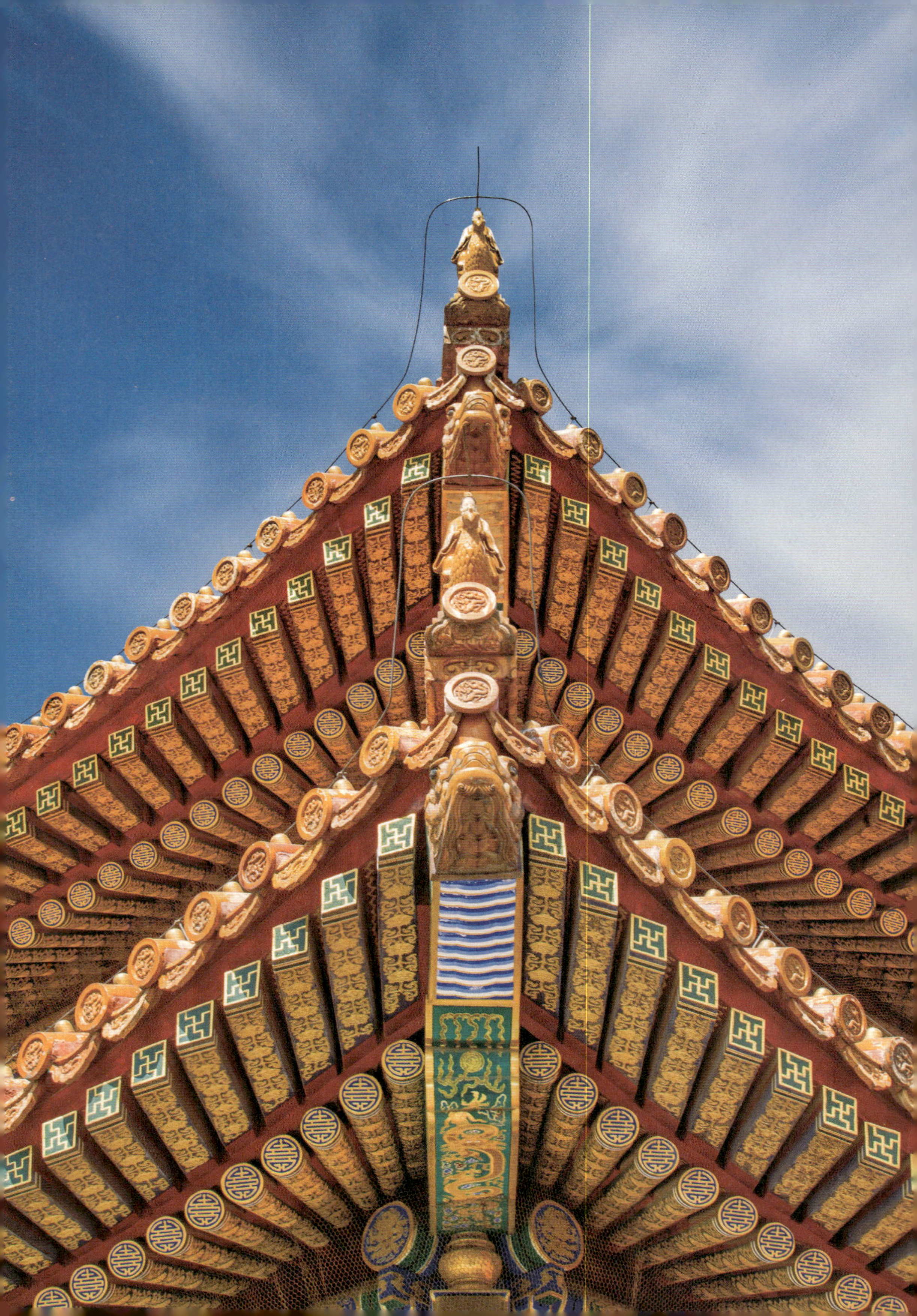

第二章

国宝背后的美丽与哀愁

发现故宫

洛水边的惊鸿一瞥
《洛神赋图》卷（宋摹本）

　　《洛神赋图》是东晋著名画家顾恺之依据曹植《洛神赋》内容创作的作品。《洛神赋图》全卷分为三个部分，曲折细致而又层次分明地描绘了曹植与洛神真挚纯洁的爱情故事，其中最感人的是曹植与洛神相逢，却又无奈离别的情景。该图被称为"中国十大传世名画"之一。

第二章 国宝背后的美丽与哀愁

失意才子借诗咏怀

曹植的《洛神赋》主要讲述了主人公在从京都回到封地的途中，经过洛水，遇到洛水女神宓妃的故事。原文中主人公虽然对宓妃充满爱恋，但最终不得不离去的故事情节，表现了作者在现实中的伤感与无奈。曹植作

年代：东晋（原作），宋（摹本）
作者：顾恺之（原作）
尺寸：纵27.1厘米，横572.8厘米。
材质：绢本，设色

发现故宫

摹顾恺之洛神赋图（局部）·清·丁观鹏

丁观鹏于雍正四年（1726）供职于画院，擅绘道释像，曾师从郎世宁学习西洋画技法。《摹顾恺之洛神赋图》为丁观鹏临摹内府所藏古画的佳作。清宫画院初尝西洋画法，赋予摹本新意。乾隆帝赞此画"见说后生畏，谁云艺空前"。台北故宫博物院藏。

此文章的目的是什么？有人认为这是他思恋亡嫂甄后或亡妻崔氏所作，这其实是个误会。要解开这个误会首先要从宓妃说起。

相传宓妃是伏羲的女儿，因为迷恋洛河美景来到人间。那时洛河两岸住着洛氏族人，宓妃教他们结网捕鱼、狩猎养畜，在劳作之余还为他们弹奏七弦琴。优美的琴声被黄河河伯听到了，他潜入洛水，被宓妃的美貌深深吸引，就化为一条白龙把宓妃掳走。宓妃被带至河伯的水府深宫，终日寡欢，只能用七弦琴排解愁苦。后羿听到琴声将宓妃救出，把她带回洛氏族中，并与宓妃产生了感情。河伯大怒，再次化身白龙潜入洛河，吞没大片良田、村庄。

第二章 国宝背后的美丽与哀愁

在与河伯的交战中，后羿射中河伯的眼睛。河伯逃到天庭告状，但天帝知晓人间一切，河伯没能得逞。后羿于是同宓妃在洛水一带住下来，过上了幸福生活。天帝后来封后羿为宗布神，封宓妃为洛神。

对于因受人诬告而身处逆境、孤立无援的曹植而言，后羿的无私帮助，以及天帝的明察秋毫、秉公裁断才是他最需要的。他渴望得到公正的对待，更渴望未来不用担惊受怕，得以施展胸中抱负。相对于儿女私情，这大概才是曹植创作《洛神赋》时的所思所想。

怀才不遇的洛神悲歌

东晋画家顾恺之在读到这篇《洛神赋》后，为曹植辞赋中的丰沛感情所感动，有感而发，以自己丰富的想象力和创造力绘成《洛神赋图》。《洛神赋图》是中国第一幅改编自文学作品的画作，也是"中国十大传世名画"之一。

《洛神赋图》第一段为曹植及随行侍从在洛水河畔暂作休整，目睹水面上洛神"翩若惊鸿，矫若游龙"的绝世风姿，深深为之吸引。洛神凌波而来，含情脉脉，顾盼生辉，欲行又止。第二段为曹植与洛神相互爱慕，互诉衷肠，洛神时而凌空舞蹈，时而徜徉水面，而终归人神殊途，洛神独自乘坐六龙云车乘风而去。有情人被迫分离的场景充满哀怨忧伤，是整幅画卷的高潮所在。画面充满奇异的景象，鹿角马面、蛇颈羊身的海龙，长着豹头的怪鱼等奇禽异兽充分表现出了画家非凡的想象力和绘画技巧。第三段为曹植独坐洛水岸边，目送洛神远去，神情无限悲凉，而洛神亦在云端回首顾盼，二人相隔渐远，离别的悲愁溢满画作。

顾恺之以他所擅长的流畅绵密线条塑造画面的匀称飘逸美，洛神的形象以中国古代人物衣褶纹特有的画法——高古游丝描的手法来刻画，云髻高绾，衣带轻飘，"凌波微步，罗袜生尘"，灵动的仙子形象跃然纸上，宛若洛水微风在画面吹拂。整幅画卷笔触细劲古朴，虽以连环画的叙事形式展开故事，但画面浑然一体，没有生硬的分界线，而是巧妙地以山石、林木、河水等将不同情景的画面隔开，清晰展现故事情节，和谐统一，富有诗歌一般的韵律美。

可惜顾恺之的《洛神赋图》真迹已失传，现在传世的版本有四件宋摹本，北京故宫博物院所藏的摹本被公认为是最接近顾恺之原作的版本，颇具顾恺之画作神韵，不失为一件国宝级作品。即使相隔千年，曹植与洛神的细微神情依旧清晰可辨，而我们也依旧会被画作中描绘的真挚纯洁又哀怨凄美的爱情故事打动。

才子佳人的爱情悲剧
《张好好诗》卷

晚唐的某一天，诗人杜牧和歌伎张好好相遇了，风流才子和俏佳人本应是一段佳话，但任何人都逃不脱时代洪流的冲击。多年之后，杜牧又一次遇到了张好好，物是人非的感慨之下，他写下了《张好好诗》，深婉低回的诗句既是对美人悲惨命运的慨叹，也是对自己无法实现的梦想的叹息。

诗酒风流，十年一梦

晚唐诗人杜牧出身官宦世家，他的祖父杜佑是中唐宰相和史学家，堂兄杜悰（cóng）是唐宪宗的女婿。杜牧与李商隐齐名，二人合称"小李杜"。大和二年（828），杜牧进士及第，他选择在外地府署担任幕僚。晚唐社会危机四伏，杜牧空有士大夫的抱负和复兴盛唐的政治理想，但是官场不济，他只好游荡于扬州等地的青楼之间。

大和三年（829），二十六岁的杜牧在江西沈传师官衙中做幕僚。有一次，沈传师的弟弟沈述师邀请杜牧参加酒宴，沈府歌伎张好好在宴会上献歌舞，两人一见钟情，陷入了不可自拔的热恋中。可是，一年之后，张好好的主人沈述师被调任宣城，她只好随沈家离开，两人从此断了联系。

二人分开之后，张好好十六岁时嫁给了沈述师，成了他的小妾。大和九年（835）秋，杜牧在洛阳东城与朝思暮想的张好好不期而遇，此时他已经三十一岁，却依旧壮志未酬，十八岁的张好好已经离开沈家，在街头当垆卖酒为生。杜牧不禁感慨万分，对她的遭遇十分同情，于是写下一篇五言长诗《张好好诗》，赠给张好好。

《张好好诗》总共四十六行，三百余字。杜牧将其书写在麻纸上，是

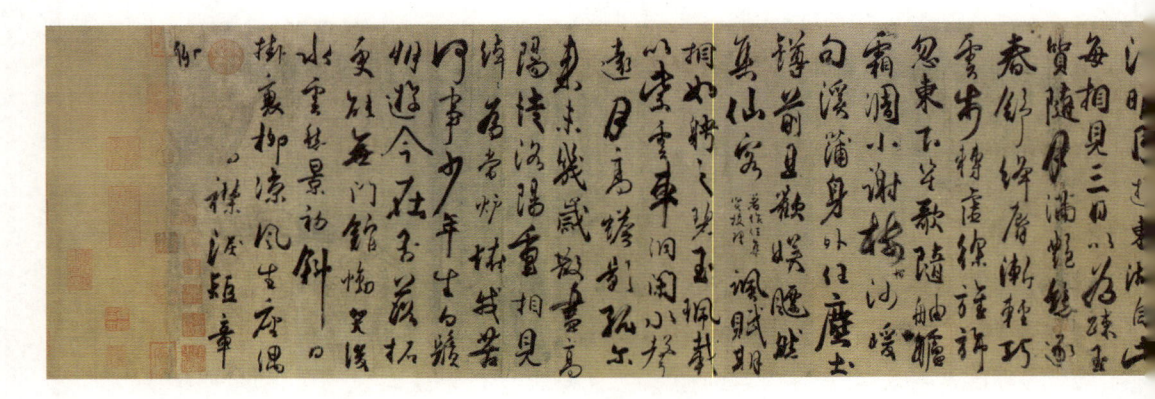

发现故宫

年代：	唐
作者：	杜牧
尺寸：	纵28.2厘米，横162厘米。
材质：	纸本

他唯一流传在世的书法作品。

质重沉厚，笔意深致

在以诗、书取士的唐代，杜牧诗、书双绝，又出身于世家望族，原本可以走上仕途，一展抱负。但晚唐时期，外有吐蕃入侵，内有宦官弄权、藩镇割据，整个社会都陷入混乱的局面，杜牧的政治理想在现实面前屡屡受挫。尤其是"甘露之变"后，宰相王涯在内的近千名文臣都被宦官诛杀，作为文士的杜牧遭受了巨大打击，只能蛰伏自保。

藏身于舞榭歌台，对于任何一个有理想的年轻人来说都不会快乐，所以杜牧的诗文中也经常会显露出他矛盾的心理。张好好的出现点亮了杜牧的世界，让他在纷扰乱世中感受到了纯真美好的感情。而再次相遇时，两人的人生都发生了巨大的改变，怜惜她，也是怜惜自己。

"二王"（王羲之、王献之）的书法是唐代书法的主流标杆，杜牧的书法用笔也以"二王"一脉为宗。同时，杜牧在"二王"的基础上又传承六朝笔法，故而《张好好诗》常被赞"大有六朝风韵"。

第二章 国宝背后的美丽与哀愁

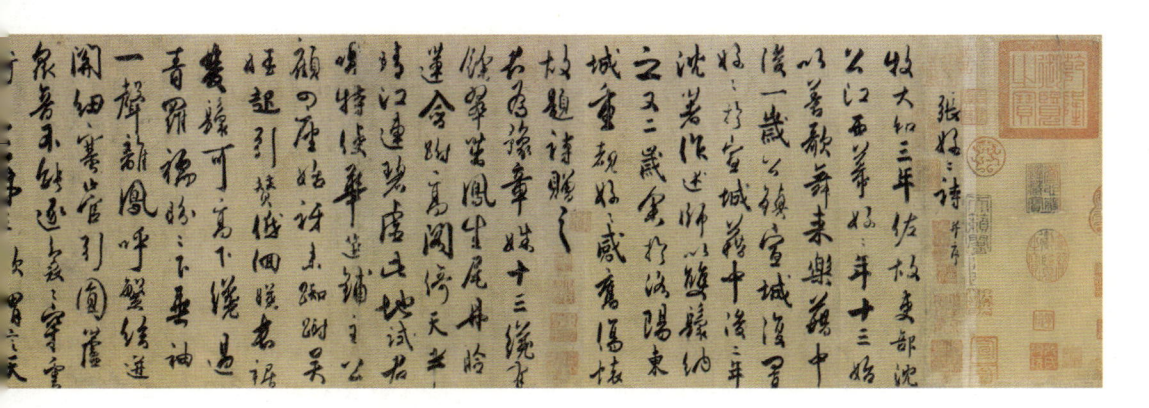

晚唐因为"官体"书法已经走向僵化，书家难出，盛唐高手辈出的高峰已难再现。很多诗人才子的文化诉求反而和前代的晋人风骨相契合，他们有全面的修养，又以诗文和才学自恃，不以书讨好世人。杜牧正是这类人中的代表，所以他写起字来潇洒放浪，无意为佳，以"二王"笔法为根，又以六朝笔意为参，没有了"二王"的中庸温和，反而多了几分豪放劲健。

流传有序，晚唐神品

《张好好诗》在宋代被内府收藏并装裱，卷前有宋徽宗亲笔题鉴"唐杜牧张好好诗"，并钤（qián）有宋徽宗御府的诸玺印。书卷上有宋贾似道、明张孝思、清梁清标等人的众多题款。

乾隆年间，这卷书法名帖就一直保存在清宫中。清末，它被溥仪携带出宫，到了东北，后散失在东北民间。当时社会动荡，获得名帖的士兵为了不被人发现，竟然将它埋进土里，等到再次挖掘出来，满纸都是霉点，许多字迹也被浸污，使原作的神采大为衰减。

收藏家张伯驹在东北遇到这一珍宝之后，用五十两黄金将其购入，并在卷后题跋。1956年，张伯驹将它捐赠给国家，由故宫博物院收藏。

大唐女子的风采
《挥扇仕女图》卷

大唐的女人到底是怎样的？这里有才名出众的女诗人，有唯一的女皇帝，有富有的公主，还有"四大美女"之一的杨玉环。想看看大唐女人的风采，可以先从仕女图开始。在唐代画家的眼中，无论是在干活，还是在喝茶弹琴、散步逗宠物，姑娘们的衣着都华丽、明亮，发髻也梳得整齐有特色。她们是唐代历史上闪闪发亮的明珠，也是画卷之上最鲜艳夺目的风景。

◉ 开放时代溢华彩

唐代社会风气开放，女子的社会地位较其他时期稍高，受教育的机会也较多，唐代宫廷妇女参与政事的情况屡见不鲜。如唐前期参与政事的后妃与公主，就有武则天、太平公主、韦皇后、安乐公主等。武则天称帝后，又推行了一系列提升妇女地位的措施，而杨贵妃受宠于唐玄宗，更是令天下父母"不重生男重生女"。

相较后世严格的贞洁礼教，唐代妇女所受的封建思想束缚较弱。女子婚

| 挥扇休憩 | 绣案做工 | 对镜理妆 | 解囊抽琴 |

第二章 国宝背后的美丽与哀愁

姻不必从一而终，据历史记载来看，有许多唐代妇女改嫁或是离婚的案例。仅有唐一代公主改嫁的，就有二十多人，两次或三次改嫁亦是稀松平常。民间女子离婚和改嫁也较为自由。

唐代经济的繁荣，使人们的社会生活更为丰富多彩。妇女能参与到许多社会活动中，与男性的交往也比较随意，不为礼法所拘，社交比较自由公开。她们同当时的男子一样，具有昂扬向上的精神风貌，热情开朗、活泼奔放。无论是骑马出行，还是穿胡服、着男装，都是其他朝代很少见的现象。唐代女性自信地展现着自己美丽健康的身姿，她们是那个繁华开放、自信豪迈的时代里，最流光溢彩的代表。

绮罗人物，丰肌秀骨

仕女画早在魏晋南北朝时期就已经出现，唐代时不仅拓展出了新意，而且日渐成熟，仕女画进入繁荣兴盛的阶段。以张萱和周昉为代表的唐代画家，创造出了唐代仕女画傲人的艺

年代：唐
作者：周昉
尺寸：纵33.7厘米，横204.8厘米。
材质：绢本，设色

执扇慵坐

乾隆帝题字"猗兰清昼"

43

术成就，惊艳了后人，留下了盛唐的风韵。

曾经有人质疑周昉所画的仕女过于圆润丰满，唐代女人真的如此吗？《宣和画谱》就发出了官方吐槽："昉画妇女，多为丰厚态度者，亦是一弊。"对此有人解释，周昉出身贵族，他身边那些贵而美的女人都是这么"丰厚"。可是如果这样讲，难免会被人认为这种圆润的女性形象是画家个人的喜好。董逌（yōu）在《广川画跋》为周昉辩解："太真妃丰肌秀骨，今见于画，亦肌胜于骨……便知唐人所尚，以丰肌为美。"以唐玄宗宠妃杨玉环来看，唐代仕女图中的女性人物造型便是当时上流社会所推崇的女性之美，周昉等人不过是这种美的记录者而已。

艺术是时代的回声，肌丰体肥的嫔妃和贵妇便是迎合了当时以胖为美的上层社会审美风尚。

眉目含情，情思满纸

早在东晋，顾恺之就已经提出了人物画创作的"传神论"——绘画的价值就是要表现人物的"神"，以形写神的绘画思想为中国人物画的发展指明方向。在唐代，周昉十分善于观察人物性格，分析人物的内心，所以他的仕女画都呈现出"传神论"的美学思想。

周昉的《挥扇仕女图》，全卷共十三个人物，有执扇慵坐、解囊抽琴、对镜理妆、绣案做工、挥扇休憩五个场景。人物虽然都体态秾丽，神情慵懒倦怠，但细看之下，情态各不相同。头戴莲花冠的妃嫔慵懒地斜坐着，表情悠闲而又略显无聊，旁边的女官为她挥扇消暑，似乎早已疲惫不堪。对镜的两个人，一人拿镜子，一人梳理发鬟，两人都若有所思，似乎是沉浸在回忆之中难以回神。休憩的仕女，一人背向而坐，手里握着小扇，望着远处，似乎是在盼望什么人归来。而背靠梧桐的仕女，则默默不语，略显惆怅。其他

第二章 国宝背后的美丽与哀愁

人也都各怀心事，表情各异。

郭子仪的女婿赵纵曾经请当时的著名画家韩幹为自己画像，人称精妙。后来，赵纵又请周昉画了一幅。郭子仪把两幅画放在一起，无法分辨其高下。赵纵的妻子看后笑称，两人虽然都画得很像，但是周昉的画不仅画出了赵纵的样貌，还把他的神态、表情都画出来了。

以人言笑之间的瞬间情态来呈现内在的气质便是周昉的过人之处。在他的笔下，宫廷仕女柔丽外表之下所透露出的内心悲寂，如同水流一般四散而开，生动感人，而周昉将其准确地留在了画纸上。

周昉仕女图的主要人物大多是贵族妇女。他描绘她们烹茶、吹笛，也描绘她们的愁怨和沉默。他画唐玄宗和杨贵妃的《明皇夜游图》《贵妃出浴图》《明皇斗鸡射鸟图》，记录着当时大唐最为快乐的两个人如何恣意纵情。他也画《游春仕女图》《凭栏仕女图》《簪花仕女图》，让大唐娇艳的女儿们留下她们最美的模样。

名家典藏，影响深远

周昉以画名闻达于世，扬名海外。唐德宗非常赏识周昉的画，专门请他为皇家寺庙画像。而当时来自各国的遣唐使也纷纷"以善价收市数十卷，持往彼国"，这也让周昉的人物画影响了日本、新罗（**历史上朝鲜半岛上的国家之一，首都位于今韩国庆尚北道庆州市**）等国的绘画风格。

盛名之下的周昉作品广受追捧，《挥扇仕女图》流经宫廷内府和多位收藏家之手，如今收藏在故宫博物院。明代汪珂玉所著的《珊瑚网》一书中详细描述了这幅画中仕女的表情、动态、服装和色彩，并且点明："唐周昉仕女图，泥金字标题，款云臣周昉进。"这与故宫博物院所藏《挥扇仕女图》完全契合，只是因为在流转过程中几经装裱，原有的标题款识都已失去。

发现故宫

从画上的图章，可以看出这幅画曾经被宋高宗御府收藏，并且还留下了题跋。明代鉴赏家韩世能收藏过它，后来流传到明末清初收藏家梁清标手中，两人都在画上留下钤印。

梁清标和顺治、康熙两代皇帝都保持了良好的师友关系，经常给康熙帝讲课。他去世之后，《挥扇仕女图》被清宫收藏，在记录清内府收藏绘画、书法的《石渠宝笈续编》中有详细记载。

乾隆帝在画上题签"唐人纨扇仕女图，内府珍藏"，而且还在卷首处题写了"猗兰清昼"四字，钤印了"古希天子""乾隆御览之宝""石渠宝笈""乾隆鉴赏"等鉴藏印章。加上之前韩世能、梁清标等人留下的钤印，画上鉴藏印密布，有三十一方之多。

周昉笔下带有几分慵懒、几丝惆怅的仕女们，以自己沉静而又高贵的姿容阐释了大唐气度。她们的身上凝结着大唐特有的审美，也散发着高妙的艺术风采。

如今的《挥扇仕女图》卷是限制出境的国宝级文物，2015年以其为题材发行了特种邮票，一套三枚，小型张一枚，方寸之间展现出千年前的大唐风韵，在现代的画纸之上又一次惊艳了世界。

时间可以走远，唐代仕女却获得了永生。

酒杯背后的皇室传奇爱恋
斗彩鸡缸杯

明宪宗朱见深的一生颇具传奇色彩，也留下了太多让后人无法解答的谜团。对于朱见深的感情世界，后人总是充满了好奇，那个让他念念不忘的女人究竟有什么魅力？那个描绘了子母鸡图的瓷杯究竟藏有多少隐情？所有的答案似都显而易见，却又不可捉摸。

☁ 童年阴影，帝王传奇

对于明宪宗朱见深来说，他的一生似乎一直都在弥补童年的遗憾。

正统十四年（1449），明英宗朱祁镇在宦官王振的怂恿之下，决定率兵讨伐蒙古瓦剌部。谁也没想到，满腔抱负的明英宗居然兵败，成了瓦剌的俘虏。明英宗的母亲孙太后命郕（chéng）王朱祁钰监国，同时册立明英宗年仅两岁的儿子朱见深为太子。为了避免瓦剌挟明英宗威胁朝廷，以于谦为首的众大臣拥立明英宗的弟弟朱祁钰继位，改元景泰，朱祁钰就是景泰帝，并遥尊明英宗为太上皇。

朱见深第一次领略到了亲情在皇权面前的无力，也见识到了人性最为黑暗的部分。五岁时，朱见深被废了太子，搬出了居住的宫殿，他前呼后拥、无忧无虑的童年在那一刻画下了终止符。陪伴朱见深度过这段黑暗时光的是孙太后指派来照顾他的宫女万氏，只有她始终对朱见深不离不弃。

遭遇重创的朱见深变得畏畏缩缩，不敢见人，反应迟钝，往往别人叫上好几声他才能回应，说话也口吃。缺乏安全感的童年生活让他越来越依恋这个细心照顾他的宫女。

景泰元年（1450），瓦剌部将明英宗送回了北京。但景泰帝不愿退位，

年代：明成化

尺寸：高 3.4 厘米，
　　　口径 8.3 厘米，
　　　足径 4.3 厘米。

材质：瓷

反而将明英宗囚禁起来。七年后，明英宗在徐有贞、曹吉祥等人的帮助下发动政变，又夺回了皇位，朱见深也恢复了太子身份。

虽然又过上了万人景仰的生活，但是童年留下的阴影却没有那么容易消散。朱见深对万氏越来越依恋。天顺八年（1464），朱见深继位，为明宪宗。明宪宗登基后，立刻就将比自己大十七岁的万氏封为才人。成化二年（1466），万氏生下皇长子后，母凭子贵，被封为贵妃。但是孩子没几个月就不幸夭折了。为了博取万贵妃的欢心，明宪宗甚至容忍她残害后宫嫔妃，还让她参与朝政。失去孩子的万贵妃更加不能容忍其他嫔妃生儿育女。直到明宪宗临幸了管仓库的宫女纪氏，才生下了朱祐樘。

明宪宗在位的二十三年中，万贵妃荣宠不衰。据说万贵妃喜欢斗彩瓷器，所以明宪宗就让景德镇官窑烧制了斗彩鸡缸杯，供她饮酒。

酒杯之尊，大明赤绘

先用青花勾勒出图形的轮廓，然后在线内填上彩色的制瓷工艺皆可称之为斗彩，取釉下青花和釉上彩瓷争奇斗艳之意。这一工艺最早出现在明宣德年间，明成化年间斗彩真正走上历史舞台，有盅式杯、鸡缸杯和小把杯等。成化时期瓷器的色彩表达都较为简约，以红绿彩为主，注重图画意境，经过明代工匠的创制，形成了自身独特的风格。

清代朱琰在《陶说》中称，"成窑以五彩为最，酒杯以鸡缸为最。"《神宗实录》记载，明神宗（**万历皇帝**）时有成化鸡缸杯一双，值钱十万。缸杯的成品率极低，小巧的杯体和工序繁多的烧制过程极其浪费人力物力。首先在瓷胚用青花料勾勒好子母鸡、山石，再涂抹白釉，然后放入一千三百度左右的窑内进行第一次烧制。出窑之后，在胎体留白处填入矿物颜料，再次入窑低温烧制。如此方能形成釉下青花、釉上多彩的斗彩瓷。

官窑烧制斗彩瓷主要是为了满足宫廷需求。宫廷服务机构根据要求设计烧造好后,经过严格挑选,只将精品进贡宫廷,供皇室成员使用,其他的都会就地砸碎、掩埋,绝不允许它们流入市场。正因如此,缸杯极少出现在民间。

故宫博物院所藏的成化斗彩鸡缸杯,杯敞口微撇,口下渐敛,平底。杯体小巧,轮廓柔韧,呈现出端庄婉丽、清雅隽秀的风韵。杯外壁以牡丹湖石和兰草湖石将画面分成两组:一组绘雄鸡昂首傲视,一雌鸡与一小鸡在啄食一蜈蚣,另有两只小鸡玩逐;另一组绘一雄鸡引颈啼鸣,一雌鸡与三小鸡啄食一蜈蚣,画面形象生动,情趣盎然,一派初春景象。足底边一周无釉。底心青花双方栏内楷书"大明成化年制"双行六字款。此杯以新颖的造型、清新可人的装饰、精致的工艺备受赞赏,堪称明成化斗彩器之典型代表。其胎质洁白细腻,薄轻透体,白釉柔和莹润,表里如一;杯壁饰图与形体相配,疏朗而浑然有致;画面设色有釉下青花及釉上鲜红、叶绿、水绿、鹅黄、姜黄、黑等彩,运用了填彩、覆彩、染彩、点彩等技法,以青花勾线并平染湖石,以鲜红覆花朵,水绿覆叶片,鹅黄、姜黄填涂小鸡,又以红彩点鸡冠和羽翅,绿彩染坡地。施彩于浓淡之间,素雅、鲜丽兼而有之,有五代画师黄荃花鸟画的敷色之妙。整个画面栩栩如生,尽写生之趣。

明宪宗为什么要用鸡的图案来装饰酒杯,历来有不同说法。有人认为成化元年是中国农历鸡年,因而在酒杯上绘制了子母鸡图案。也有人认为"鸡"和"吉"同音,而且鸡在传统文化中被认为有文、武、勇、仁、信五德,是君子为人处世的榜样。更有甚者认为明宪宗在看到《子母鸡图》中母鸡带着几只小鸡觅食的温馨情景后,想到了当年万氏对自己的舐犊之情,因而才将它画在酒杯上。

万贵妃去世之后,明宪宗不到一年时间也驾崩离世。后世对于这对忘年恋情人的故事多有调侃,他们留下的斗彩瓷器也成为备受追捧的瓷器珍品。

明宪宗及孝贞纯皇后像·明·无款

明宪宗之后，虽然明武宗朱厚照和明世宗朱厚熜（cōng）时期也曾经烧制过斗彩瓷，也有人试图仿制成化鸡缸杯，但后世烧造的鸡缸杯釉面颜色偏暗、杂色较多，和成化年间所烧造出的淡雅色泽大不相同，这让成化鸡缸杯更显珍贵。

清代康熙、雍正两朝仿制的成化斗彩，在仿制品中属于上品，但依旧不如成化时期器形柔美。雍正时期仿制的斗彩鸡缸杯，在造型和品种上较前代都有增加，虽然工艺不如成化，却在形制和涂色方法上做了全新的尝试。

现代斗彩仿品使用高科技手段，做工更加精细，可以制造出精致的鸡缸杯仿品，但成化鸡缸杯的釉面包浆和岁月留下的古朴韵味是现代技术无法仿制的。成化瓷器白中闪青釉面的釉料为自然形成，并不能通过做旧手法展现，因而现代仿品在颜料色彩的表现上依旧和成化年间相去甚远。

成化斗彩瓷器在外流散的非常少，大部分收藏在故宫博物院和台北故宫博物院，有四十多个品种，二百五十多件，是专为宫廷烧制的一种精美细瓷，为官窑上品，产量很少，非常难得。其在造型、纹饰、施彩等方面的制作技巧，都超越前代。

极致荣华下的凄惨人生
点翠嵌珠石金龙凤冠

在中国古代，皇后是国家最尊贵的女人，当一个女人戴上华美的皇后冠冕，她就登上了人生巅峰。但定陵出土的点翠嵌珠石金龙凤冠，其背后的故事却令人心酸。听完这个故事的人，会忍不住发出一声叹息，为那个王朝荒诞的历史，也为那个女人凄惨的一生。

◉ 所谓命运，福兮祸兮

万历五年（1577）正月，陈太后和李太后命礼部为明神宗立后组织选秀，王氏、刘氏和杨氏三位美人从四百多位竞争者中脱颖而出。因王氏是锦衣卫指挥使王伟的长女，李太后非常喜欢她，将其定为皇后，同时封刘氏为昭妃，杨氏为宜妃。还有一位王氏，因为在本次选秀活动中没能进入前三名，被分配到慈宁宫，成了服侍李太后的一名普通宫女。

但明神宗对选秀胜出的三位美人全无兴趣，昭妃、宜妃终生未育，皇后除了在婚后第四年生下皇长女荣昌公主之外，也再无子嗣。

万历九年（1581）十月的一天，明神宗去慈宁宫请安，无意中见到了宫女王氏，便私下临幸了她。事后，这个长相一般的宫女便被他抛在脑后，甚至连她的姓名都没问过。

谁知几个月后，李太后发现王宫女的肚子慢慢大了起来，就借着一次酒宴的机会向儿子提起此事，没想到明神宗连连否认。

此事关乎皇家血脉，李太后当场命太监把《内起居注》取来，上面把皇帝在后宫的一举一动记录得清清楚楚。明神宗此时再也无法抵赖，只好点头认了。

明神宗虽然按照太后的要求册封王宫女为恭妃，但心里始终对她很排斥，

第二章 国宝背后的美丽与哀愁

年代：明
尺寸：高35.5厘米，重2.95千克。
材质：珍珠、宝石、点翠、金丝

如果王恭妃生下的是个女儿，此生也就不再有太多波澜，可她偏偏生的是个男孩，而且还是皇长子，王恭妃生下的这个孩子就是朱常洛。

命运坎坷的"一月天子"

明代实行嫡长子继承制，明神宗没有嫡子，所以臣子们就上书请求将皇长子朱常洛立为太子，明神宗却总是以皇后尚在盛年、尚可生育为由搪塞。其实，明神宗是想将宠妃郑贵妃所生的皇三子朱常洵立为太子。王皇后身体一直不好，一旦去世，他即可将心爱的郑贵妃扶正，到时皇三子朱常洵就能以嫡子身份名正言顺地继承大统。大臣们对皇帝的如意算盘心知肚明，他们不希望皇帝破坏祖制，所以一再上书为皇长子争取身份。皇帝与朝臣之间因为此事展开了旷日持久的争论，此场争论被称为"国本之争"。

万历二十九年（1601），明神宗才在李太后与朝臣的共同施压之下将已经十九岁的朱常洛立为皇太子，皇三子朱常洵为福王。在长期的"国本之争"中，明神宗因为大臣们忤逆自己而迁怒于王恭妃母子，他们只能幽居景阳宫。母子俩在郑贵妃的迫害和宫人的欺凌之下，凄凉度日。

没有母族的支持，又被父皇冷落，朱常洛不管身为皇子还是太子，都过得谨小慎微、胆战心惊。

万历四十三年（1615）五月初四黄昏，一个陌生男子手持木棍闯入皇太子朱常洛居住的慈庆宫，见人便打，这便是"梃击案"（"梃"指木棍）。案犯被凌迟之后，幕后主使直指郑贵妃，明神宗出面保护郑贵妃，命她去向太子道歉，取得太子谅解。长期处于父亲和郑贵妃的压迫之下、早已习惯了逆来顺受的朱常洛没有任何抗争，马上就原谅了郑贵妃，郑贵妃没有受到任何惩罚。

对于危及自身安全的事都表现得如此懦弱，朱常洛更不可能为母亲争取什么。王氏被长期囚禁在景阳宫，不仅见不到皇帝，也见不到自己的儿子。

景阳宫

在她病重弥留之际，朱常洛请旨前去探视。宫人拿钥匙打开生锈的锁头，朱常洛终于见到了自己的母亲，此时的王氏已经哭瞎了双眼，她摸着儿子的衣角哭诉："儿长大如此，我死何恨。"不久之后，这个可怜的女人便病逝在景阳宫中。

万历四十八年（1620）七月二十二日，朱常洛终于登上了皇位，史称明光宗。明光宗打算将生母王氏封为皇后，并准备将王氏的棺木移入明神宗的陵寝，与明神宗合葬。可惜的是，他还未来得及做好这一切，就因服用"红丸"而暴毙了。他在位时间只有短短一个月。

明光宗死后，他的儿子明熹宗继位，御史上疏揭发郑贵妃的罪行，明熹宗便按照父亲的遗愿正式追封祖母王氏为孝靖皇太后，迁葬定陵与明神宗合葬。

发现故宫

金玉满头，沉睡百年

现藏于故宫博物院的点翠嵌珠石金龙凤冠，是1956年从北京市昌平区定陵中出土的珍贵文物。凤冠上饰三条金龙，两只飞凤，凤冠的主人是孝靖皇后。孝靖皇后初葬时是皇贵妃身份，凤冠是她以皇太后身份迁葬时由孙子明熹宗添置的。凤冠是皇后身份的象征，皇后在接受册命、拜谒宗庙、参加朝会时，必须头戴凤冠。

孝靖皇后的这顶三龙二凤冠以髹（xiū）漆细竹丝编制，通体饰翠鸟羽毛点翠的如意云片，云片间以珍珠、宝石所制的梅花环绕一周，共十八朵。梅花下方的冠口沿处镶嵌一周红宝石组成的花朵。冠前部饰有对称的翠蓝色飞凤一对，冠顶部饰有等距排列的金龙三条，左右两条金龙口衔珠宝流苏。冠后部有六扇珍珠、宝石制成的"博鬓"，呈扇形左右分开。

残忍的华美

点翠工艺是指将翠鸟的蓝色羽毛粘贴在金银基座上，拼贴成不同的图案。为了保持羽毛的光泽度和柔软度，要在翠鸟活着时剪取它脖子周围的羽毛。在取羽的过程中会对翠鸟造成伤害，失去羽毛的翠鸟通常很快就会死去。

处心积虑想要戴起凤冠、葬入皇陵的郑贵妃一生都未能如愿，而受尽了人间苦楚的孝靖皇后却在死后获得了这份荣耀。这顶嵌满金玉的凤冠，根本无法弥补她入宫后遭遇迫害所受的痛苦。

凤冠是属于孝靖皇后的荣耀，同时也是束缚她的桎梏。如果可以选择，也许她会离开皇宫，去过寻常人家的日子，但是命运不会这么仁慈，她只能拥抱着冰冷的珠翠，在历史的暗夜中沉睡。

大清王朝的最后一次奢华
《皇帝大婚图》册

据传,有一天,光绪帝去长春宫请安时,慈禧太后正在吃汤圆,太后随口问了一句:"皇上吃过了没?"光绪帝虽然吃得挺饱,但害怕拒绝会惹太后不高兴,于是违心地说:"还没有。"慈禧太后立马热情地让宫女给光绪帝盛一碗汤圆,光绪帝狼吞虎咽地吃完,夸赞说:"这汤圆真美味!"不料慈禧太后当了真:"既然皇上喜欢,那就再来一碗吧!"光绪帝只好一边继续往嘴里塞,一边偷偷把几个汤圆藏到袖子里。终于挨到请安完毕,光绪帝心急火燎地走出长春宫,此时,他的袖子里已经满是黏糊糊的汤圆了。唉,这可真是"吃不了兜着走"啊。

不由自主的婚姻

慈禧太后在大臣的配合下完成了从垂帘听政到训政的过渡,从此无后顾之忧,光绪朝的选秀活动终于拉开帷幕。

经过紧张、激烈的初赛和复赛,五位"选手"脱颖而出,闯进了在紫禁城体和殿举行的"总决赛"。她们是满洲镶黄旗副都统桂祥的女儿叶赫那拉氏,礼部侍郎长叙的两个女儿他他拉氏以及江西巡抚德馨的两位千金。决赛不设才艺展示环节,也不允许秀女自由发挥,五位姑娘一字排开站好,等待太后和皇帝的挑选。

慈禧太后和颜悦色地告诉光绪帝:"这是你的婚姻大事,皇上自己拿主意吧!"

光绪帝觉得还是再确认一下保险,于是小心翼翼地回答:"儿臣全听您的安排!"

发现故宫

年代：清

作者：庆宽等

尺寸：纵65.4厘米，横113厘米（共八册）。

材质：绢本，设色

慈禧太后依然语气平和，坚持要光绪帝自己选。光绪帝确认了慈禧太后的态度之后，便拿起玉如意出发了——按照惯例，皇帝把玉如意递到谁的手里，就意味着谁将被立为皇后；如果送的是红绣花荷包，则代表将被册封为妃子；如果塞的是银两，那就是报销往返路费，各回各家。

这时，身后突然传来一声暴喝："皇帝！"光绪帝转过身，惊魂未定地望着慈禧太后。只见慈禧太后朝站在排头的女子努努嘴，示意光绪帝把玉如意给她。那位站在排头的女子是都统桂祥之女叶赫那拉·静芬,而桂祥正是慈禧太后的亲弟弟、光绪帝的亲舅舅。

静芬相貌平平,含胸驼背,论姿色实在让人不敢恭维,论年龄还比皇帝大三岁,当时已经二十一岁了——清朝选秀本来对秀女的年龄严格限定在十三至十七岁,发现弄虚作假一律严惩不贷。静芬能通过层层审核,足见关系非同一般。

光绪帝不敢不顺从慈禧太后的意思,只好万般不情愿地把玉如意交到表姐静芬的手上。慈禧太后担心德馨的女儿封了妃会和皇后争宠,就干脆把德馨的两个女儿全部淘汰。长叙的两个女儿则有幸被留下,姐姐被封为瑾嫔,妹妹被封为珍嫔。

此时光绪帝虽然名义上已经亲政,却连自己的婚姻都决定不了,又能有什么实际的权力呢?

奢华婚仪背后的貌合神离

光绪十三年(1887),清廷为光绪帝举办了亲政仪式。而婚礼是光绪帝亲政后,宫中的第一件盛事。光绪十五年(1889),光绪帝的大婚典礼在慈禧太后的主持下隆重举行,整场婚礼极尽奢华。《皇帝大婚图》册将婚礼的全过程完整地记录了下来。

《皇帝大婚图》共有八册,分别为《皇后出宫至邸》《纳采礼筵席》《大征礼》《皇后妆奁(两册)》《册立奉迎》《皇后凤舆入宫》《礼节图》,在宫廷画师笔下,每处礼仪均细节完备,人物、景物、建筑刻画细致,生动再现了帝后婚礼的繁复奢华,尽显皇家气派。

但是,在这场举国同庆的盛事下,作为当事人的光绪帝与隆裕皇后却貌合神离,各揣心机。隆裕皇后叶赫那拉·静芬是慈禧太后娘家的嫡亲侄女,

皇后出宫至邸图四

准皇后出宫时，恭备龙亭一座，舆请如意前行。至乘用八人孔雀顶轿，先期请至宫内，用太监舆请至顺贞门外，銮仪卫接请出神武门，由地安门至邸第。

皇后出宫至邸图五

到达地安门。

皇后出宫至邸图六

☙ 皇后出宫至邸第，皇后的父亲率子弟跪在大门外迎接。

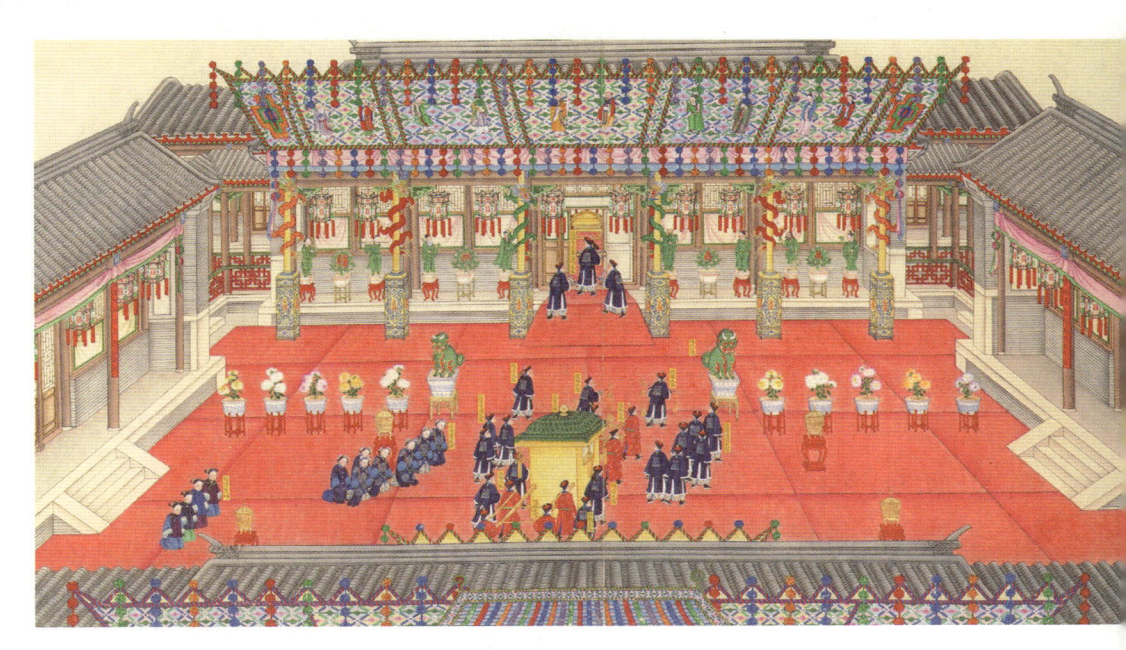

皇后出宫至邸图七

☙ 皇后出宫至邸第内堂，皇后的母亲等跪拜迎接。从此时开始到正式迎娶前，准皇后都不许与家人接触，只能由宫中派来的太监服侍。

也是光绪帝的表姐，慈禧太后不顾光绪帝感受，将侄女立为皇后，也是为了更好地控制光绪帝，将权力始终掌控在自己手中。

大婚的次日，按照惯例，光绪帝要在太和殿设宴款待皇后娘家人的男性成员和王公大臣。就在所有人提前到场就座，只等皇帝驾到时，太监突然来传话，皇上龙体欠安，无法出席，特令撤去谢宴，宾客各自回家吧。

帝师翁同龢（hé）也在日记里写了这件事，他专门询问过宫中侍卫、太监，据说是皇帝早上头晕吐酸水，太医叮嘱要卧床静养，尤其避免出门见风，因此才取消了谢宴。第二天翁同龢又写道：因昨日撤宴，外间不免讹言。从慈禧太后强令光绪帝选静芬，到大婚前被烧毁的太和门，关于皇帝婚姻不幸的传闻便流传开来，人们虽然不敢当面乱说，但不免会在背后议论。

强扭的瓜不甜，光绪帝对这场亲上加亲的婚事极为反感，终其一生，对表姐皇后都不冷不热，毫无爱意。

太和门

纸扎的太和门

  距离光绪帝大婚典礼只剩下四十多天时，太和门突发大火，被烧了个面目全非。按照程序，皇后必须经大清门、天安门、端门、午门、太和门进宫，如今少了一个门该怎么办？重建肯定是来不及了，皇帝大婚的日子是早就定好的，事关重大，无法改期，只好找工匠加班加点，用竹竿和彩纸临时搭建了一座纸扎的太和门。

  在传统观念里，只有在祭奠逝者时才会用到纸扎的物件，因此许多人对这场婚姻产生了不祥的预感。更糟心的是，不懂中国习俗的英国女王还特意送来一件自鸣钟作为新婚贺礼。皇帝大婚，"送钟（送终）"多晦气啊！

清宫娘娘们的东西六宫

作为明清两个朝代的皇家宫殿，故宫里一共住过二十四位皇帝，从明成祖朱棣到清朝末代皇帝溥仪，在六百多年里，故宫见证了朝代的更替和历史的变迁。

故宫的布局是按照"前殿后寝"的原则设计的，沿着中轴线一直走，过了乾清门就是我们俗称的"后宫"了。乾清宫、交泰殿、坤宁宫是皇帝和皇后居住的正宫，统称为后三宫。后三宫的左右两侧自南向北整齐地排列着十二座宫殿，东边的景仁宫、承乾宫、钟粹宫、延禧宫、永和宫、景阳宫称为"东六宫"，西边的太极殿、长春宫、咸福宫、永寿宫、翊坤宫、储秀宫被称为"西六宫"。

现在的东六宫大多已经改成了古代艺术品陈列馆，而西六宫经过晚清时期的改造，已不再与东六宫对应，现在为明清时期的宫廷生活原状陈设。

① **咸福宫**

咸福宫始建于永乐十八年（1420），初名寿安宫。嘉靖十四年（1535）更名为咸福宫。嘉庆四年（1799）正月，乾隆帝驾崩后，嘉庆帝曾在咸福宫守孝。

② **长春宫**

长春宫建成于永乐十八年，为明代嫔妃居所。到了清代，乾隆帝皇后孝贤纯皇后曾长居长春宫，死后在此停灵。同治年间直到光绪十年（1884），慈禧太后一直在此居住。

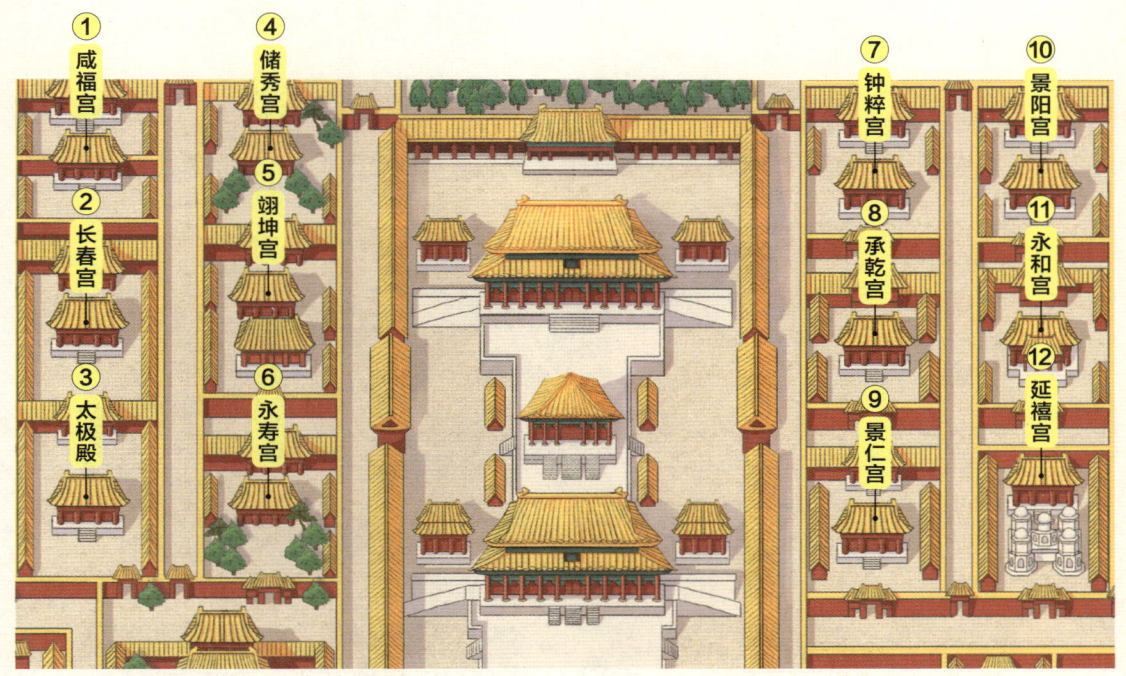

① 咸福宫
② 长春宫
③ 太极殿
④ 储秀宫
⑤ 翊坤宫
⑥ 永寿宫
⑦ 钟粹宫
⑧ 承乾宫
⑨ 景仁宫
⑩ 景阳宫
⑪ 永和宫
⑫ 延禧宫

③ 太极殿

太极殿原名未央宫，嘉靖帝的生父兴献王朱祐杬在此出生，嘉靖帝即位后更名为启祥宫。晚清时期，改名为太极殿。现在为宫廷生活原状陈列。

④ 储秀宫

储秀宫始建于明代，是北京故宫内廷西六宫之一，明清后妃居住地。慈禧太后曾在此居住，并生下同治帝。现在为宫廷生活原状陈列。

⑤ ❋ 翊坤宫 ❋

翊坤宫在明清时期为嫔妃居所，始称万安宫，嘉靖十四年改名为翊坤宫。清晚期改造西六宫时，将翊坤宫与储秀宫相连，形成现在的格局。康熙帝第九子胤禟的生母宜妃郭络罗氏曾在此居住四十七年。现在为宫廷生活原状陈列。

⑥ ❋ 永寿宫 ❋

乾隆五十四年（1789），和孝固伦公主下嫁和珅的儿子丰绅殷德，乾隆帝在永寿宫设宴招待。光绪帝时期，永寿宫改为库房，用来储存御用物件。现在为故宫博物院文物陈列室。

⑦ ❋ 钟粹宫 ❋

钟粹宫建成于永乐十八年，最初名为咸阳宫。嘉靖十四年，更名为钟粹宫。清朝曾多次修缮此宫。光绪帝大婚后，隆裕皇后曾在此居住。现常年展出故宫博物院收藏的玉器文物。

⑧ 承乾宫

承乾宫在明代时是贵妃居所，清朝时为后妃居所，顺治帝董鄂妃、道光帝孝全成皇后都曾在此居住。紫禁城中最著名的梨花在承乾宫，每到春天，洁白的梨花竞相开放，与紫禁城的红墙黄瓦相得益彰。

⑨ 景仁宫

景仁宫初名长安宫，嘉靖十四年更名为景仁宫，清朝时期曾进行过多次修缮。顺治十一年（1654）三月，康熙帝在景仁宫出生。乾隆帝生母孝圣宪皇后、光绪帝珍妃都曾在此居住。

⑩ 景阳宫

景阳宫在明代为嫔妃居所，清代时改为贮藏图书的图书馆。

⑪ 永和宫

光绪帝大婚后，瑾妃在永和宫居住。现在，永和宫仍然保持着明初始建时的样子。

⑫ 延禧宫

延禧宫位于紫禁城东二长街东侧，为内廷东六宫之一，始建于永乐十八年，初名长寿宫，嘉靖十四年改称延祺宫，康熙二十五年（1686）重修。清代更名为延禧宫，为迎福请喜之意。1909年，隆裕太后亲下懿旨，决定改建延禧宫，斥资在延禧宫原址兴建西洋式"水殿"，俗称"水晶宫"。1911年，辛亥革命爆发，清王朝覆灭，"水晶宫"被迫停建，由此在紫禁城里留下一座西洋式"烂尾楼"。1917年，张勋复辟时，"水晶宫"北部被直系部队飞机投弹炸毁。

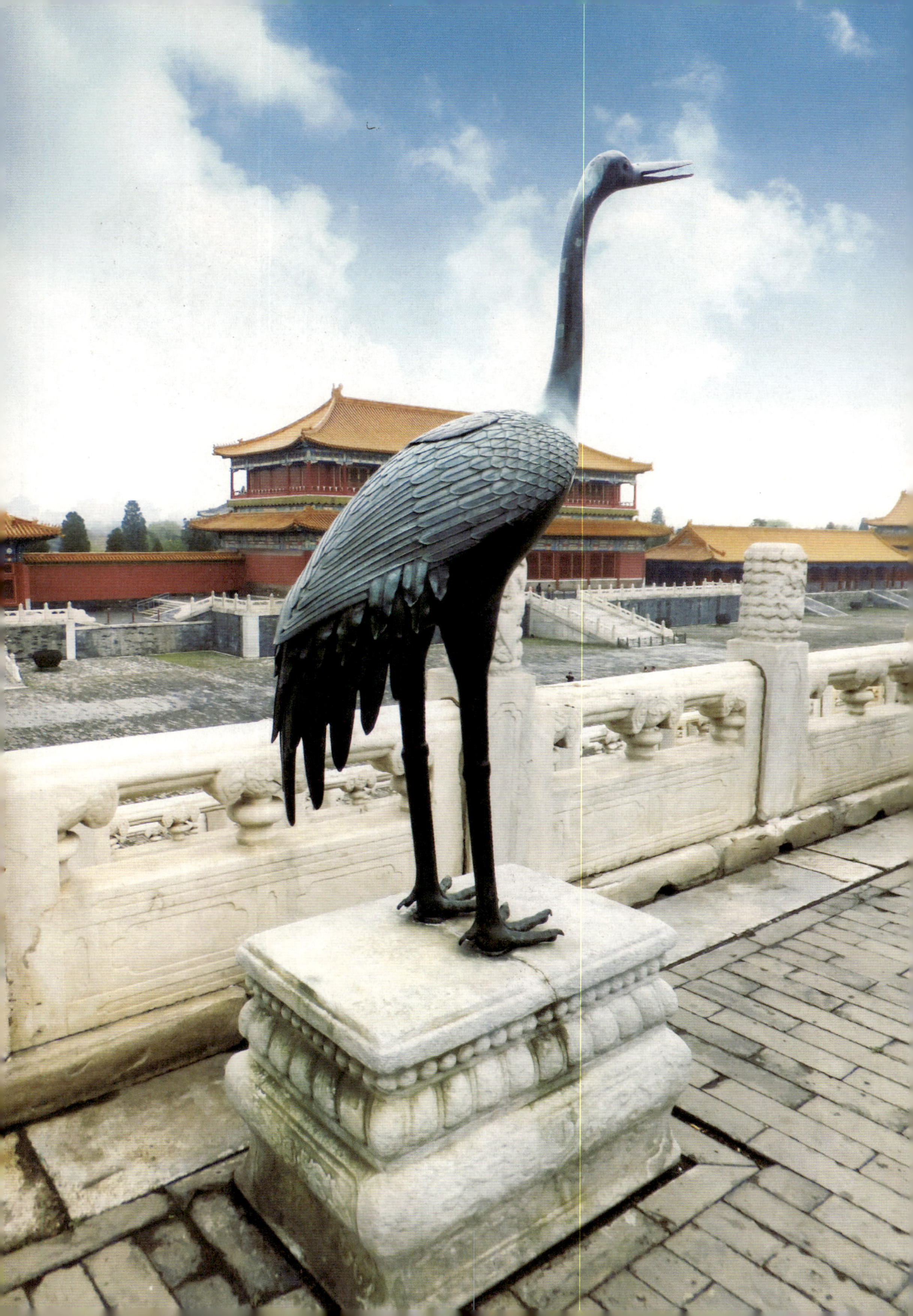

第三章

古风时尚单品

玉璧上的长乐未央
玉镂雕谷纹"长乐"璧

汉代玉器的雕琢工艺已经非常成熟，玉不再是巫神祭祀和礼教仪式的专属用品，而成为人们日常生活的装饰品。在汉代，玉的装饰纹路充满了生活气息。人们用玉来祈求祥瑞，表达纳福呈祥的祈愿，"长乐"玉璧婉转流动的韵味里深藏着福寿永续、长乐未央的希冀。

妙在双钩，细入秋毫

西汉张骞出使西域，东汉班超任西域都护，开通了汉代与西域交流的通道，新疆的和田玉被大量运到了中原地区，和田玉正式成为汉代玉制品的主要用玉。

玉料供应充足，手工业快速发展，推动了玉雕行业的进步。汉代玉璧继承了秦代的风格，并且技法上更加精妙绝伦。战国时期发展而来的浮雕在汉代被提升为透雕，技法也更加娴熟，起伏的花纹可以在玉器上覆盖四层之多，让玉显得更加玲珑剔透、层次丰富。

"游丝毛雕"是汉代玉器的雕刻工艺之一，工匠使用尖锐的工具，雕琢出如同游丝一般的线条，弯曲有度，似断似续。这种线条属于阴刻的一种，刚劲有力，细若毫发。目前所知有关"游丝毛雕"的最早描述见于明代高濂《遵生八笺》卷十四《燕闲清赏笺·论古玉器》："汉人琢磨，妙在双钩，碾法婉转流动，细入秋毫，更无疏密不匀，交接断续，俨若游丝白描，毫无滞迹。"

祥瑞入世，祈愿长乐

有了坚实、发达的经济作为基础，汉代玉璧的纹饰也变得更加丰富，还

年代：东汉
尺寸：通高18.6厘米，外径12.5厘米，
　　　孔径2.6厘米，厚0.5厘米。
材质：玉

"长乐"玉璧·东汉
台北故宫博物院藏。

青玉龙纹出廓璧·东汉
美国弗利尔美术馆藏。

分出了内外两区的纹饰，一般内侧用蒲纹、云纹或谷纹，外侧则用龙凤纹，显得更加华美。玉璧之中的蒲纹代表着草木茂盛、六畜兴旺，云纹代表着风调雨顺、国泰民安，而谷纹则表示五谷丰登、丰衣足食。

现藏于故宫博物院的玉镂雕谷纹"长乐"璧，为东汉时期玉雕作品，高18.6厘米，但厚度却只有0.5厘米。玉璧呈青绿色，为和田玉雕琢而成，璧两面布满了规则的谷粒纹，颗颗饱满分明，如同有人在圆盘之中撒了一把谷子。出廓部分镂刻着篆书"长乐"二字，字两旁环绕着双螭。螭体形优美，独角细颈，身子如同正在云端盘绕，相对环抱着"长乐"。在"长"字的上方，巧妙地琢出了一个扁孔，用于穿系带。"长乐未央"是汉代常见的吉语。

清代，这件玉璧收藏在宫廷之中，是乾隆帝爱不释手的器物之一。他时常将"长乐"玉璧捧玩在手，后来甚至题写了一首诗，命人在玉璧的外圈边沿上雕琢："长乐号镌宫，炎刘气蔚虹。如宜子孙式，可匹夏商同。傅者妒必有，冯乎恨莫穷。致传禁中语，曰勇异当熊。"末尾署名"乾隆戊申御题"。

"长乐"玉璧是人们对现实生活最真实的赞美，希望幸福的生活永远不要停止，长乐未央，福寿永续。

繁盛的丝绸之路

丝绸之路沟通了东西方的贸易往来。中国的丝绸、漆器、铁器及其他手工艺品输入西方；中亚和西亚的一些植物品种，如葡萄、苜蓿、石榴、胡桃等，盛产于康居等国的皮毛，月氏、安息、大秦的毛织品及各种珍奇异兽，还有琉璃、琥珀等也输入中国。精通天文、农业、水利、冶金的各种技术人才移居西域地区，对于推动当地生产技术和科学进步，都有至关重要的意义；西域地区具有波斯、印度风格的乐舞、美术、生活用品，如胡坐（靠椅）、胡床（折叠椅）等，也因获得都城皇室、贵胄、官僚的喜爱而风行一时。西域南北两道城郭诸国在丝路贸易中是重要的商品集散地。丝绸之路的开通，也使得中国与西方文明频繁接触，交流持续不断，而西域则成为各个文明交汇融合之地。

大唐女性的风姿
陶彩绘女俑

唐代女性最能体现大唐的风华，她们的神态姿势、服饰装扮，全面折射着时代的风采，也展示着人们对于美的理解。陶彩绘女俑所塑造的正是这样一位唐代女性，她的自信、娇俏，是大唐的荣耀，也是大唐献给世界最美好的礼物。

以俑为像，大唐之美

唐代女性是当时世界上活得非常恣意的群体，她们享受着大唐赋予的自由氛围，尽情地展示着自己的美。在唐代画作之中，仕女或慵懒，或娇艳，或俏皮的姿态让人沉醉，而女俑更是以立体的方式展现了那个时代的女性之美。

初唐的女俑大多面目瘦削，身躯修长，多穿窄袖，充满了自然之美。由隋代延传而来的女性审美决定了这一形象，唐太宗吸取隋代奢靡浪费导致国力衰落的教训，禁止厚葬，厉行节俭，也让这一阶段的陶俑显得十分朴素。盛唐时期，社会发展安逸太平，奢靡之风再次盛行，女俑的体态也明显丰腴起来，她们穿着宽衣阔袖，姿态雍容大度，显露出盛唐所特有的气势。

作为陶俑的一个小小分支，女俑不仅展示了人们的审美，也体现了女性在当时的社会地位。唐代之前的女俑多以乐舞俑和宴乐俑的形态出现，而唐代则在此基础上出现了骑马、骑骆驼女俑，射猎女俑，以及男装女俑。在开明的政治环境下，唐代女性的生活显然更加自在，社会地位显著提高。

雍容富丽，气宇不凡

现藏于故宫博物院的唐代陶彩绘女俑，为天宝年间烧制。女俑头发高高

年代：唐
尺寸：高 64 厘米，
　　　宽 21.5 厘米。
材质：彩绘陶

发现故宫

陶彩绘女俑·唐

高 44 厘米，宽 14 厘米。女俑头面涂红粉，眼睛细长，樱桃小口，五官相对集中，身着长裙，双手笼袖于胸前，体态丰满，似在缓步行走。开元、天宝年间，社会上逐渐形成以胖为美的风尚，杨贵妃受宠于唐玄宗，更将这一审美推向极端，此件立俑便是盛唐时期审美倾向的典型反映。故宫博物院藏。

盘起，发顶梳成花形。她面庞圆润，身材丰腴，五官娇小，在犹如圆月的脸盘上略显紧凑。她内穿襦衫，外穿长裙，衣纹线条细腻、流畅飘逸。

这件女俑出土于陕西省西安市东郊韩森寨雷府君夫人宋氏墓，墓中陪葬陶彩绘俑众多，可见宋氏的丈夫雷府君拥有权势和财富。墓志铭记载，雷府君是内侍省的太监（**唐代宦官拥有权势者众多，他们不仅可以担任军职，还有家庭，到唐德宗时甚至盛行养子之风，一人有多名养子**），而宋氏生前便信奉佛教，皈依佛门，临终时要求子女按照佛教之法将其埋葬。

抛家髻

这是盛唐和中晚唐贵族妇女的流行发型。

为宋氏陪葬的陶彩绘女俑，展现的是盛唐时期的贵妇形象。贵妇俑作为唐代女俑史上最为辉煌的代表作之一，不仅有高超的工艺水平，还表现出了大唐女性的非凡气度。这一时期的彩绘俑用色丰富大胆，对于头发、脸颊和服饰的花纹等细节都开始有了细致表现。

在唐代，随着经济和制陶工业的发展，陶俑装饰色彩的选择变得丰富。初唐时用白色颜料打底，然后用黑色、红色、褐色对衣服、五官进行渲染。盛唐时已经有了紫红、蓝色、橘黄等鲜亮的装饰颜色。人们的生活越来越富足后，单纯的彩绘已经无法满足达官显贵的需求，以至于出现了贴金陶俑——在彩绘俑的基础上对部分位置进行贴金装饰。

即使盛唐时期的三彩陶技艺已经发展得极为成熟，彩绘俑依旧在墓葬中占据较高比例。彩绘俑和三彩俑在造型上并没有太多差别，只是在装饰手法上存在不同。因为有了釉彩，三彩俑的色泽更加鲜亮，也易于长久保存，但它无法表现人物衣饰细节。以三彩来制作天王俑、文官俑、武官俑等男性形象的陶俑较为普遍，但在制作女俑时，为了将其服饰上复杂的花纹表现得更加细致，大多会采用彩绘的方式。开元末期到天宝年间，彩绘俑的服饰纹样复杂程度达到了顶峰，确保了彩绘俑在墓葬中的地位。

盛唐时期的陶俑，不管是造型塑造，还是制作工艺、装饰手法，都是唐代陶俑的最高水平，留下了诸多艺术珍品。那些面庞圆润、身材丰腴的女俑，是盛唐女子自信、开放形象的再现。她们气度典雅妩媚，神态自然放松，与中晚唐衣带松垮、神情萎靡的女俑形成鲜明对比。

从清秀儒雅到雍容富丽，从单纯塑造外形到表现女性神态气韵，女俑的塑造历程便是中国古代人像塑造技艺发展的过程，也是唐代女性一步步走向自强、自信的过程。她们曾经羞涩、朴素，也曾经豪放、恣意，陶彩绘女俑所记录的是属于她们的最好的时代。

清代后妃们的衣帽间

走进清朝后宫，皇后和嫔妃们个个头顶大拉翅、脚踩花盆底，上下通体设计的浅色调旗装也让人眼前一亮：一条高耸挺拔的马鞍领凸显高贵雍容，脖子上围一条二寸左右宽"龙华"显得清新柔美。俗话说"人靠衣装"，不妨来看看清代后妃们的衣帽间里都有哪些好东西吧。

❀ 银镶珊瑚领约·清 ❀

领约又称项圈，是用来约束衣领的装饰物。在清代规定的正式仪服制度中，领约为后妃、贵妇朝服标配的装饰物之一，通过东珠的数量和两段垂下来的绦色来区分佩戴之人的等级。故宫博物院藏。

❀ 金镶东珠猫睛石嫔妃朝冠顶·清乾隆 ❀

冠顶也叫"冠子"，是清代吉服冠和朝冠上的顶饰。这件朝冠顶为乾隆帝嫔妃所用，通体累丝，共镶嵌九颗东珠，尾嵌大珍珠，翟顶衔一颗猫睛石。台北故宫博物院藏。

金嵌宝石朝珠·清嘉庆

在清代，朝珠是显示身份和地位高低的重要标志之一，使用朝珠有十分严格的规定。朝珠以东珠最为珍贵，只有皇帝、皇太后、皇后才能佩戴。此串朝珠用108颗金珠穿起4颗蓝宝石佛头，金珠雕花上嵌红、绿宝石。朝珠顶端有蓝宝石佛头、佛头塔，镀金点翠嵌红色宝石背云，末端有镀金点翠宝盖嵌红宝石大坠角。此外还有纪念3串，每串有蓝宝石10颗。台北故宫博物院藏。

玉嵌珠翠碧玺扁方·清

扁方是满族妇女梳"两把头"最主要的工具，用来固定头发，相当于汉人妇女发髻上的扁簪。制作扁方的材料有玉、翡翠、玳瑁，还有的为金胎镶玉、镶翠或镶嵌其他珠宝，或金錾花、银镀金等。此扁方为白玉所制，长而扁平，两端嵌粉碧玺牡丹花、翠玉枝叶。轴上嵌有粉碧玺花，花蕊嵌珠一枚，轴身嵌翠玉蝙蝠。"蝙蝠"寓意着"遍福"，象征幸福如意，满含着幸福延绵无边的祝愿。台北故宫博物院藏。

❋ 银镀金点翠嵌料石米珠婴戏簪·清 ❋

此簪属于横长型簪，簪首为镀金底满铺点翠莲叶，上有童子九人，各执桃实、如意、灵芝、荷花、石榴、笙、戟、磬、双鱼、宝相花等吉祥物件，嬉戏于红白莲花之间。莲花、童子寓意"连生贵子"，传达了"万寿如意、吉庆有余"的祝福。台北故宫博物院藏。

❋ 金嵌珍珠宝石帽花·清 ❋

这是一件套在便服帽子上的装饰品，纹饰分为内外两层，整体呈圆形。内层是由碧玺组成的六只蝙蝠，蝙蝠头顶上有珍珠，两侧各有一个寿桃。外层有八个如意头纹饰。内外纹饰边缘缀满了天然的小珍珠。蝙蝠和寿桃的纹饰表示祝福佩戴者"福寿万年"的吉祥寓意。故宫博物院藏。

❋ 黑缎面绣花高底鞋·清 ❋

满族妇女为天足，喜欢穿高底旗鞋。旗鞋在鞋底中部装上前平后圆、高三四寸、底面为马蹄形的木底，上敞下敛，呈倒梯形，有如花盆，因此也称"花盆底"。花盆底的高度一般在10厘米左右，最高能突破25厘米。木底四周用细白布包裹，鞋面用绸缎，再加以彩绣花卉，贵族妇女还会在鞋面上饰以珠宝。

❋ 品月色缎绣绣球花夹马褂·清光绪 ❋

马褂是穿在袍、褂、氅、衬外面的日常便服，在晚清时，男女皆可穿。这件马褂是女款、圆领、对襟、有宽大的袖子，左右及后开裾。故宫博物院藏。

❋ 镂空点翠镶宝石冰梅纹指甲套·清 ❋

指甲套又称"护指"，一般是清代贵族女子所用，以金银所制，纹饰极为精美华丽，种类丰富。金色镀金弓形指甲套，自基底至指间渐细。外壁饰镂空冰梅纹，冰裂纹点翠，梅花花瓣嵌饰珍珠，花蕊嵌红色玉石。套背部分未完全封闭，作长横格。背基包合可伸缩。这件指甲套一式两件成对。台北故宫博物院藏。

被雕刻的丝绸
缂丝《东方朔偷桃图》

缂（kè）丝工艺是从遥远的西方经过丝绸之路传播到中原地区的一种技艺，它原本并不用于丝绸，但是中国人却将缂织技术和丝绸结合起来，用繁复的工艺为丝绸之美找到了另一种展现方式。缂丝是唯一一种不能被机器代替的织造工艺，因而也有"一寸缂丝一寸金"的说法。

自西向东而来的织造技艺

缂丝工艺是一种源自西方的织造技艺。用毛线作为纬线织成的缂织物称为缂毛，用麻线作为纬线织成的缂织物称为缂麻。距今三千多年前，古埃及就已经有了用麻线制作的缂麻织物。生活在两河流域的古代叙利亚人在向埃及出口羊毛的过程中学会了这种缂织技术，并将缂织用于羊毛，开始织造服装和地毯。

汉代打通丝绸之路后，缂毛织物和工艺也自西向东而来。20世纪初英国探险家斯坦因在楼兰发现了中国最早的缂织物，而出土于新疆洛浦县的缂毛织物壁挂上的武士形象，正是希腊神话里的部落图腾，在古代欧洲的诸多建筑、雕塑和绘画中都可以看到类似的图形。这些缂毛织物色彩浓烈艳丽，呈现出鲜明的异域风情。缂织工艺采用通经回纬的织造原理，在西域少数民族的缂毛织物中存在已久。这项技艺传入中原地区后，汉代繁荣的丝绸业、唐代发达的丝织技术以及桑蚕技术的普及与发展，都为缂丝的出现提供了物质基础。依托丰富的原材料、扎实的缂织技术，聪明的先人进行了一次大胆的尝试——将毛线换成蚕丝，从而织造出了更加精美华丽的织物。

| 年代：元 |
| 尺寸：纵58.5厘米，宽33.5厘米。 |
| 材质：缂丝 |

发现故宫

🌀 工艺繁复，欣而赏之

缂丝是一种"通经断纬"的织造技艺，经向的花纹轮廓有缝隙，外观犹如刀刻，因而也有人将这种工艺写成"刻丝"。唐代时缂丝中的纹饰基本以几何形花纹为主，所制作的多为丝带等实用品，色彩层次还不够丰富。而到北宋，随着技艺的提高，缂丝制品越来越精美，多用作书画包首或经卷的封面，受皇帝喜好的倾向，北宋时期的缂丝制品开始逐渐转向欣赏性艺术品。缂丝与宋代花鸟画的结合，使得缂丝作品的艺术性进入一个高峰。但这种风气进入元代之后逐渐萎靡，受到元代统治者的生活方式影响，元代的缂丝技术和水平并没有太多的提高。

元代缂丝的用途大致有三类：服饰类，运用于日常生活；宗教类，用缂丝来制作宗教制品；皇家肖像类。

御容所织造的是元帝王先祖的肖像画，表达对于先人的尊崇。《元史》《元代画塑记》明确记录过缂丝御容制作的数量。大型的御容高可达九尺五寸，阔八尺。略小一些的御容称为"小影"或"小影神"，高六尺，阔四尺。但如今这类作品较少遗存，在纽约大都会艺术博物馆藏有元代缂丝《大威德金刚及帝后像》，是元代中期缂丝代表作品，今天的人们可以从中窥见元代帝后的风采。佛像也是元代缂丝的主要题材。工匠通过缂丝工艺表现出佛的慈悲和威严，将其悬挂在庙宇之中供人信奉朝拜。伴随着宗教的传播，宗教类缂丝作品保持了旺盛的生命力，进而向吉祥祝福方向发展，演化出了祝寿类缂丝工艺品。

现藏于故宫博物院的缂丝《东方朔偷桃图》，是一幅典型的祝寿类缂丝作品，也代表了缂丝工艺品的巅峰技艺。

东方朔是汉代名臣，和司马迁生活在同一时期。在司马迁的《史记》中，东方朔虽然地位并不高，但他能言善辩、诙谐幽默，是一个敢于直谏的文臣。在后世的演绎中，东方朔甚至被神化为星宿下凡，穿梭于佛道两教。传说东方朔在西王母处偷仙桃，被仙吏抓住，靠着三寸不烂之舌，他不仅让西王母喜笑颜开，还得到了琼浆玉液的赏赐，带醉而归。

这幅缂丝《东方朔偷桃图》所描绘的正是东方朔偷桃得手之后的情景。在画面中，须发皆白的东方朔喜滋滋地手捧仙桃疾走，神情步态充满得意。他的胡须和衣服都呈现出飘摆的动态，可见其奔走的速度之快，而他面露窃喜的同时又有点小心防备，生怕被仙吏发现，这样微妙的表情淋漓尽致地呈现在画中。除了灵动的人物，画中还有祥云缭绕，仙桃挂满枝头，下部的灵芝、水仙、竹子和寿石等吉祥元素，寓"灵仙祝寿"之意。整幅作品以蓝色和浅蓝色为主色调，配以石青、月白和瓦灰等色彩，显得清新脱俗、怡神悦目。

这幅《东方朔偷桃图》从清内府延传而来，在诸多珍宝之中，它的风采也从未被掩盖。

传承不断，再焕芳华

明代的缂丝技术在继承宋元的基础上又有进一步发展。缂丝制品层次更加分明，在色彩的运用上尤为别具匠心。北京定陵出土的五件明神宗龙袍中有两件就是缂丝织造的，工匠用金丝缂制出华丽的图案，用孔雀毛捻成线缂制出团龙图，这样织出来的花纹金翠耀眼，不易褪色，让龙袍显得华贵无比。

清代缂丝技艺和制品数量都有了进一步突破，甚至可以生产出长宽近两丈的大型作品。

2009年，缂丝成功入选世界非物质文化遗产名录。作为一门有着两千多年发展历史的传统工艺，缂丝技术的保护与传承依然任重道远。

发现故宫

独属帝王的服饰
蓝色八团彩云金龙妆花纱袷袍

服饰是身份的象征,也是礼制的一部分,天子服饰向来都是华贵、精美的。清代统治者精心设计的服饰,每一处都体现着帝王的尊严和权威,每一缕丝线中都捻入了权力的象征。

❖ 人物相丽,贵贱有章

在原始社会,人类还没有"衣服"的概念,只想找到一些东西来蔽体、御寒。而当他们懂得穿衣的那一刻,衣服的性质就开始逐渐变化了。

在等级森严的中国古代社会中,服饰就是等级最为直观、强烈的外在反映。上古时期,黄帝、尧、舜"垂衣裳而天下治",服饰被赋予了浓厚的政治色彩和礼制意义。汉代贾谊在《新书·服疑》中直接提出"贵贱有级,服位有等……天下见其服而知贵贱,望其章即知其势"——服饰是一个人身份地位的标签,它如影随形,和每个人都息息相关。

清代的服饰制度依旧处于严苛的律法之下,处处体现着严格的等级制度。关于服饰的条律、规章,也更加庞杂浩繁。

受长期生活在东北苦寒地区的影响,女真服饰以动物皮毛为主,贵族穿狐貂皮毛、羔皮等贵重皮毛,平民则以牛、马、鹿的皮毛为制衣材料。天启元年(天命六年,1621),努尔哈赤依据明代服饰制度完善后金的官员补服制度,以明代官服中的麒麟、狮子、豹等纹样作为各级官员服饰纹。崇祯五年(天聪六年,1632),皇太极对服装颜色和纹饰做了明确规定,普通人不能擅自穿黄缎及五爪龙等服制。这次定制吸收了汉人传统服饰的等级观念,突出了皇帝的地位。

年代：清顺治
尺寸：身长116厘米，
　　　　两袖通长142厘米。
材质：妆花纱

　　清代的服饰等级，从高到低可分为三级。第一级为帝位级，主要指皇帝和后妃的服制。第二级为爵位级，包括皇子、亲王、郡王、贝勒、辅国将军等皇亲贵族，以及一些异姓功臣封爵者。第三级为官位级，包括一品到九品的各级官员。不同级别的服饰在质料、款式、颜色、纹样和饰物五个方面都有严格的规定，所有人都要按照级别穿相应服饰，不得僭越。

冠服制度，黄袍龙纹

　　作为中华文化的图腾，龙一直是一种神圣的象征，经过几个朝代的补充

发现故宫

清世宗胤禛朝服像 · 清 · 无款

- 朝冠
- 端罩
- 朝珠
- 朝服
- 马蹄袖

完善，它的形象逐渐被皇室所垄断。

清代皇帝的服饰，按照功能可以分为礼服、吉服、行服、常服和雨服五种。

礼服是指皇帝在登基、祭天、完婚以及朝会大典等重要活动时穿的相应服装，由朝服、端罩、衮服、朝珠、朝冠和朝服带组成。朝服也称朝袍，它上下一体，形式隆重。根据不同的场合礼服又有颜色区分，一般以黄色为主，祭天时穿蓝色，祭日时穿红色，祭月时穿白色。按照季节不同，又有冬朝服和夏朝服两种样式。

吉服的等级略低于朝服，是皇帝在吉庆典礼中所穿的服饰，"龙袍"便是吉服袍的一种。清代吉服龙袍的基本款为紧身四开，有圆领和马蹄袖，除了领子和袖子是石青色，其他位置均为明黄色。

龙袍上的龙纹根据姿态可分为团龙、正龙、升龙、降龙和行龙。龙头平视前方、龙身盘踞的为正龙，象征着江山安定，皇权稳固，一般位于胸前、后背和双肩这种重要位置。盘成圆形的龙纹统称为团龙。昂首竖尾、状如行走的龙纹称为行龙。在云气中露头藏尾的龙纹称为升龙，头部朝下的则称为降龙。

除龙纹之外，龙袍还绣有五彩云纹、蝙蝠纹、十二章纹等吉祥图案。在龙袍的下端，斜着排列有弯曲线条，代表着深海，名为水脚。水脚之上装饰翻涌的浪花，浪花上又绣有山石和宝物，俗称"海水江崖"，代表了江山一统和万世升平的美好寓意。海水

国宝故事

《穿戴档》是清宫专门记录皇帝一年四季服饰穿戴的档案资料，每年正月初一立档，逐日记载。在档案中，皇帝一年穿吉服的次数很少。据记载，乾隆二十一年（1756），皇帝全年穿吉服五次，主要是在节庆和宴请场合，而且以黄色为主，其余的蓝色、酱色和驼色吉服极少被使用。其余年份，多则十几次，少则三五次。

发现故宫

江崖图案也用于皇宫建筑装饰，通常出现在盘龙柱等位置。

行服和常服是皇帝日常服装。外出时所穿为行服，使用率最高的行服款式是马褂，这种行服马褂为圆领对襟，有五颗纽扣。常服为皇帝日常所穿的服制，又称为便服，基本款式为圆领、大襟、马蹄袖，分上衣下裳。

雨服和戎服都是功能性的服装。雨服用于雨雪天气，是男性特有的服饰，它的衣领是立领，这也是旗装立领的源头。皇帝常备的雨服形式有六种，均为明黄色，面料为羽缎或油绸。

帝王吉服，华美千秋

故宫博物院收藏有清代龙袍数百件。其中一件是顺治皇帝的蓝色八团彩云金龙妆花纱袷袍，为皇帝吉服，身长一百一十六厘米，圆领，大襟右衽，马蹄袖。龙袍为蓝色，以二至三色晕的方法在蓝色暗缠枝莲纹实地纱地上彩织八团云龙纹，织工细密匀称。袷袍蓝色缠枝莲纹漳绒领、袖边，镶丝织人字绦及石青素缎边，内衬蓝色暗缠枝莲纹直径纱里，缀铜鎏金錾花扣四颗。

龙袍制作工序繁复，用料考究，工艺精湛。制作一件皇帝袍服需要礼部定式，由内务府画师绘制重彩工笔小样，交总管太监呈皇帝御览，或经内务府大臣直接审阅后连同批准件发送到江宁、苏州、杭州三处织造局。江宁织造负责织造御用彩织锦缎，苏州织造负责绸、纱、罗、刺绣，杭州织造负责丝绩、杭绸等。刺绣的彩样由内务府或如意馆画工绘制，经审核后按照成品尺寸放大、着色，发内务府和江南织造衙门所属的绣坊进行生产。匹料完成之后再送交裁作、绣作、衣作。一套龙袍的制衣工序中，参与的绣工有近五百人，绣金工四十余人，画纹样者十余人，合计近千人，大概要花费上千两白银。如此重工制作，赋予了龙袍象征意义之外不凡的工艺价值。

鬓间风华
点翠嵌珠宝五凤钿

八旗女子头上尊贵而又华丽的钿子是清朝最具特色的饰品之一,是身份、财富和地位的象征,也彰显着女人们的审美趣味。作为盛大活动必备的配饰,五凤钿将清宫贵妇烘托得更显端庄、大气。

钿子之制,制同凤冠

清代宫廷女性的装扮,通过近些年热播的清宫剧,已经被大众广泛熟知,如大拉翅、花盆底等,却很少有人注意到真正华贵的宫廷女性头饰——钿子。

满洲贵族已婚女子在吉庆节日里,最常佩戴的首饰就是钿子。在记录清代典章制度的《听雨丛谈》中有这样的描述:"八旗妇人彩服,有钿子之制,制同凤冠。"这种首饰用铁丝或者藤丝为骨,编制出帽子形状,装饰各种珠宝。前如凤冠,后如覆箕,钿子为装饰品提供了广阔的空间。左右博鬓之上穿插各种珠翠花叶,周围是璎珞和珍珠,从前额到脑后,按照稀疏程度用珠翠云朵和杂花装饰。

钿子就如同一个花篮,装满了绮丽花朵,它出现在紫禁城中最美的一群女人头上,成为清朝如梦繁华的象征。

结珠铺翠,点羽成仙

金银点翠镶嵌珠宝而制成的钿子,是清代后妃最喜爱的头顶饰品。穿珠点翠是清代金银首饰的一个重要特点,取自翠鸟脊背部的软翠羽,经过工匠巧手处理,在后妃的头顶闪现着鲜亮的色彩。

现藏于故宫博物院的清代点翠嵌珠宝五凤钿,用铁丝和纸板做架,缠绕

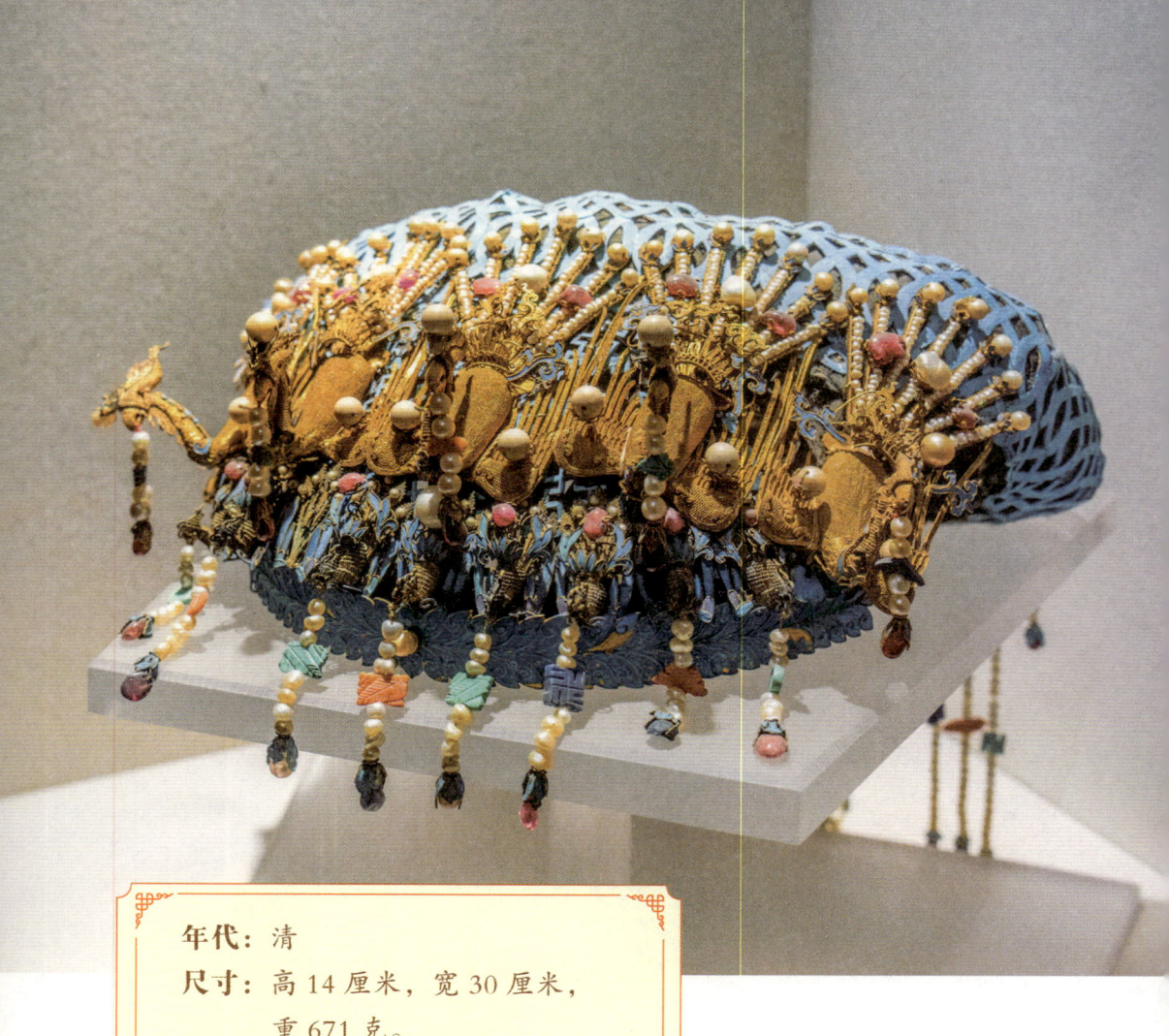

年代：清

尺寸：高 14 厘米，宽 30 厘米，重 671 克。

材质：黄金、点翠、珍珠、宝石等

着细密黑丝线的铁丝被编织成网状，表层全部点翠。凤钿的前面是五只镶嵌宝石的点翠金凤，凤凰口中衔着珍珠和宝石制成的流苏。在金凤下排，是九只银镀金的点翠金翟，一样口衔流苏，流苏用珍珠、珊瑚、绿松石、青金石、红蓝宝石贯串而成，色彩丰富，造型华丽。钿子的脑后位置，是金累丝镶嵌宝石的点翠花篮，花叶、花朵和草虫分布在花篮两边，都用金丝点翠而成。后边缘还缀有六串璎珞，五条挂牌。璎珞和挂牌都用珍珠贯串，间以盘长、

"卍"字、蝙蝠、蝴蝶、金刚杵，底端用点翠花叶装饰的宝石作为坠角。

璎珞珠旒，前垂后覆，凤钿上一片翠色，高贵典雅，珠光宝气，华美非凡。装饰在凤钿上的大珍珠足有五十颗，二、三等珍珠数百颗，宝石二百余块，整体重量达到六百七十一克，珠宝带来的莹莹光华满布钿子。

只佩戴钿子，满族妇女们还不满足，还要在钿子上插簪、钗和各色鲜花，装点自己娇媚的容颜。杨瑛昶《都门竹枝词》中"一条白绢颈边围，整朵鲜花钿上垂"，描写的便是满装女人钿子和鲜花齐戴的场面。在故宫收藏的清人所绘慈禧太后画像里，她身穿吉服，头戴凤钿，还在钿子上插了珠花和口衔流苏的珠凤。

紫禁城最有春意的地方，恐怕就是御花园，那里有最自由的花朵，它们可以按照自然规律，随着季节变化交替绽放。那些行走在花园里，如花一般的女人，头戴镶满珠宝的凤钿，却不能享有自由，她们行走的每一步都受规矩的约束。

花园里的花儿落了，坠入泥土，可是宫中女子钿子上那点翠嵌宝珠的花儿，却永远不会败落，就像是她们永远无法获得自由恣意的人生一样，华丽却冰冷。

国宝故事

满族女子的钿子有四种类型：挑杆钿子、凤钿、满钿、半钿。挑杆钿子与凤钿均由满钿发展而来。其中挑杆钿子增加了垂有长流苏的长杆挑子，在四种钿子中装饰最为繁复华美。凤钿即以凤凰为主题的钿花装饰。满钿这个说法，是相对于半钿而言的，"满"即有完整、完全之意，满钿指的是装饰钿花比较完满的钿子。

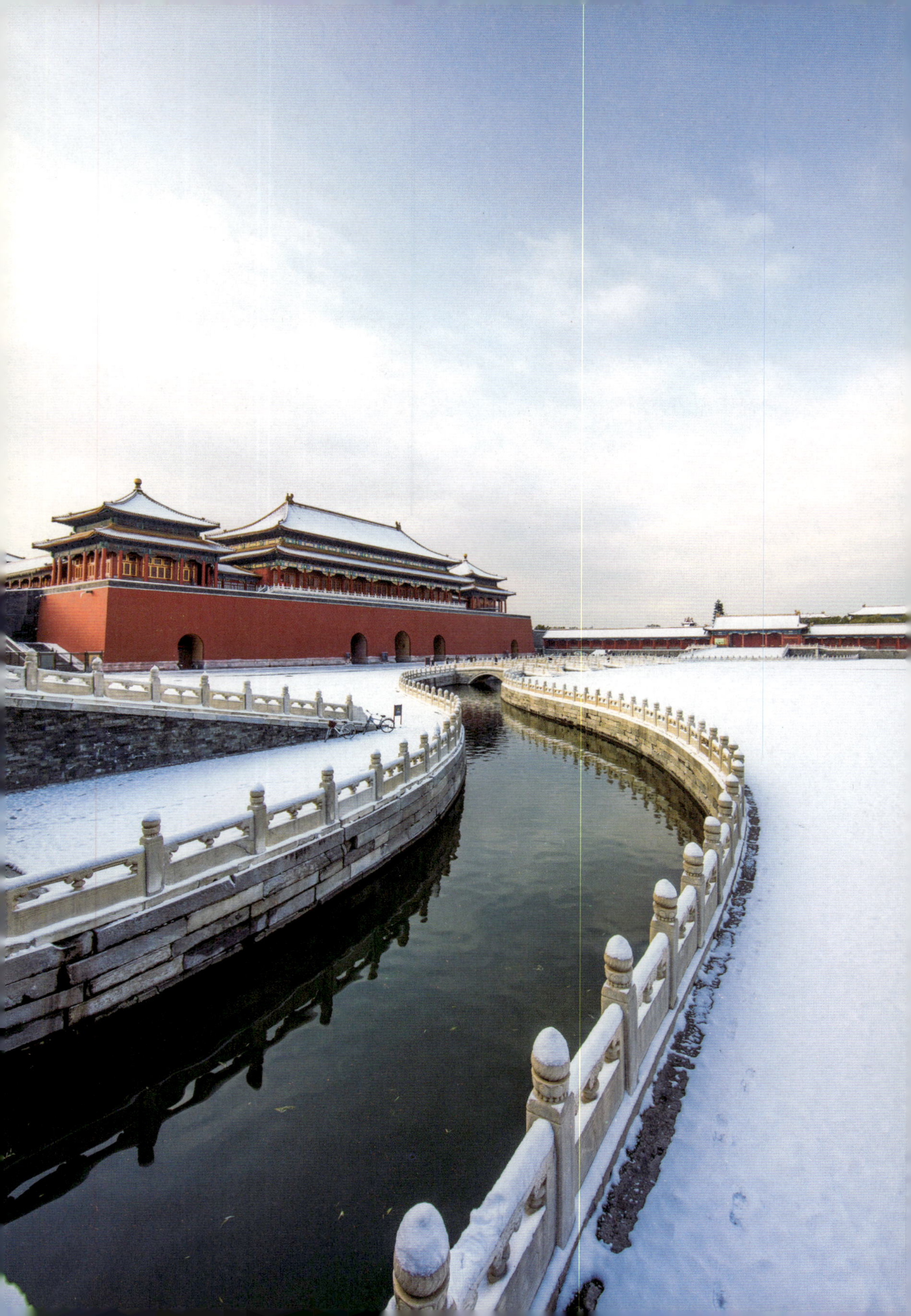

第四章

古音越千年

发现故宫

穿越时空，聆听西周的礼与乐
虎戟镈

镈（bó）是中国先秦时期的一种青铜乐器，是当时的礼乐重器。它演奏出的声音庄严而美妙，专业的乐师试图通过演奏它，来感受天地的回响。这件西周虎戟镈上倒悬的老虎、装饰的雷纹和兽面纹都被视为具有沟通天地的力量。

☁ 春官与乐悬

《周礼·春官》中记载："正乐悬之位，王宫悬，诸侯轩悬，卿大夫判悬，士特悬。"说明在西周时期，使用乐器有严格的制度——乐器的悬挂地点、演奏的曲目和场所都有明确的规定。乐是礼的重要组成部分，音乐的等级恰恰是礼制等级的体现。

"宫悬"规定王可以享受最高规格的礼乐，乐器可以摆列四面，乐舞规格为六十四人；"轩悬"是将乐器摆列三面，赐给诸侯享用，乐舞规格为四十八人；"判悬"是卿大夫的享用标准，只能摆列两面，乐舞规格为三十二人；"特悬"是士的享用标准，只能摆列一面，乐舞规格是十六人。乐悬制度完全体现了礼乐的内核，那就是对统治阶层的明确划分。乐以礼为基础，为礼服务。

甬钟、镈钟、纽钟等青铜乐器是在考古发现中最常见的西周编钟类型，这些乐器也代表了当时青铜铸造技术的水准，乐器发音精准，有的甚至已经达到现代乐器的音准水平。

☁ 钟磬之乐

现藏于故宫博物院的虎戟镈，是西周礼乐古物，与成套的编钟不同，它

年代：西周
尺寸：通高44.3厘米，重16千克。
材质：青铜

发现故宫

四虎镈 · 西周

🐚 这是目前已知年代最早的以四只虎装饰的镈钟。湖北随州叶家山 M111 号墓出土。

形体奇伟，却只有一个。虎戟镈主体纹饰是兽面纹，以花瓣纹和圆涡纹为辅。镈体断面为椭圆形，平口。纽作扁环长方形，饰以云纹。镈体前后各有一个以粗线条组成的兽面纹，兽面正中有一道凸起的镂空扁棱。镈体两侧各有两只张口卷尾头向下的扁体虎，其貌威风凛凛，似匍匐前进，构成镈的两侧扉棱。

像虎戟镈这种以老虎形象装饰的青铜乐器，近年以来屡有发现。最新发现的四虎镈是 2013 年湖北随州叶家山 M111 号墓出土的。这件四虎镈是西周早期的镈钟，它的出土，为研究虎戟镈的年代和特征提供了重要资料。

青铜礼器被用来供奉神灵、祭祀社稷和祖先，上面的虎和兽面纹巨睛凝视，阔口怒张，似乎随时都会发出震撼人心的咆哮。这些根据现实幻化而来的动物，狰狞的面目自带威严和神秘的艺术效果，也增加了乐器演奏的严肃性。

唐宫秘器的音乐传奇
小忽雷

传奇故事总是有很多令人遐想的空间，在唐代这个充满了传奇的时代，小忽雷不再只是一件简单的乐器。它独特的工艺和设计令人称奇，它背后的故事更加让人叹惋。虽然没有多少人会弹奏，但它的吟唱似乎从未停止。

神木为琴

建中二年（781），当朝宰相韩滉向唐德宗献了两件宝物。它们形似琵琶，却只有两根琴弦，根据形制大小，名为大小忽雷。这两件乐器选料讲究、做工精致，是韩滉根据西域曲项琵琶请能工巧匠精心制成的。

据说韩滉偶然发现一棵树，叩击有金石之声，便立刻命人砍了树，用其树干制作了两把琴，大的叫"大忽雷"，小的叫"小忽雷"。大小忽雷除了尺寸有别，最明显的差异在两轴，大忽雷的轴左右各一，小忽雷的轴则同在琴的右侧。小忽雷项上还刻有"臣滉手制恭献建中辛酉春"正书十一字。

宫禁传奇，知音难觅

到唐文宗太和年间，宫中有一位善于弹奏胡琴的乐手郑中丞，她常弹小忽雷，也许是年久失修，小忽雷偶然因为匙头脱，而被送到长安城崇仁坊南的赵家乐器店修理。

小忽雷被送出宫不久，郑中丞就因忤旨而受绞杀之刑，被丢弃到御河，幸被在河边垂钓的小吏梁厚本救出。被救的郑中丞向他讲述了自己的遭遇，为了感谢梁厚本的救命之恩，她便嫁给梁厚本为妻。

侥幸活下来的郑氏想起自己在宫中所弹的小忽雷，便让梁厚本去赵家乐

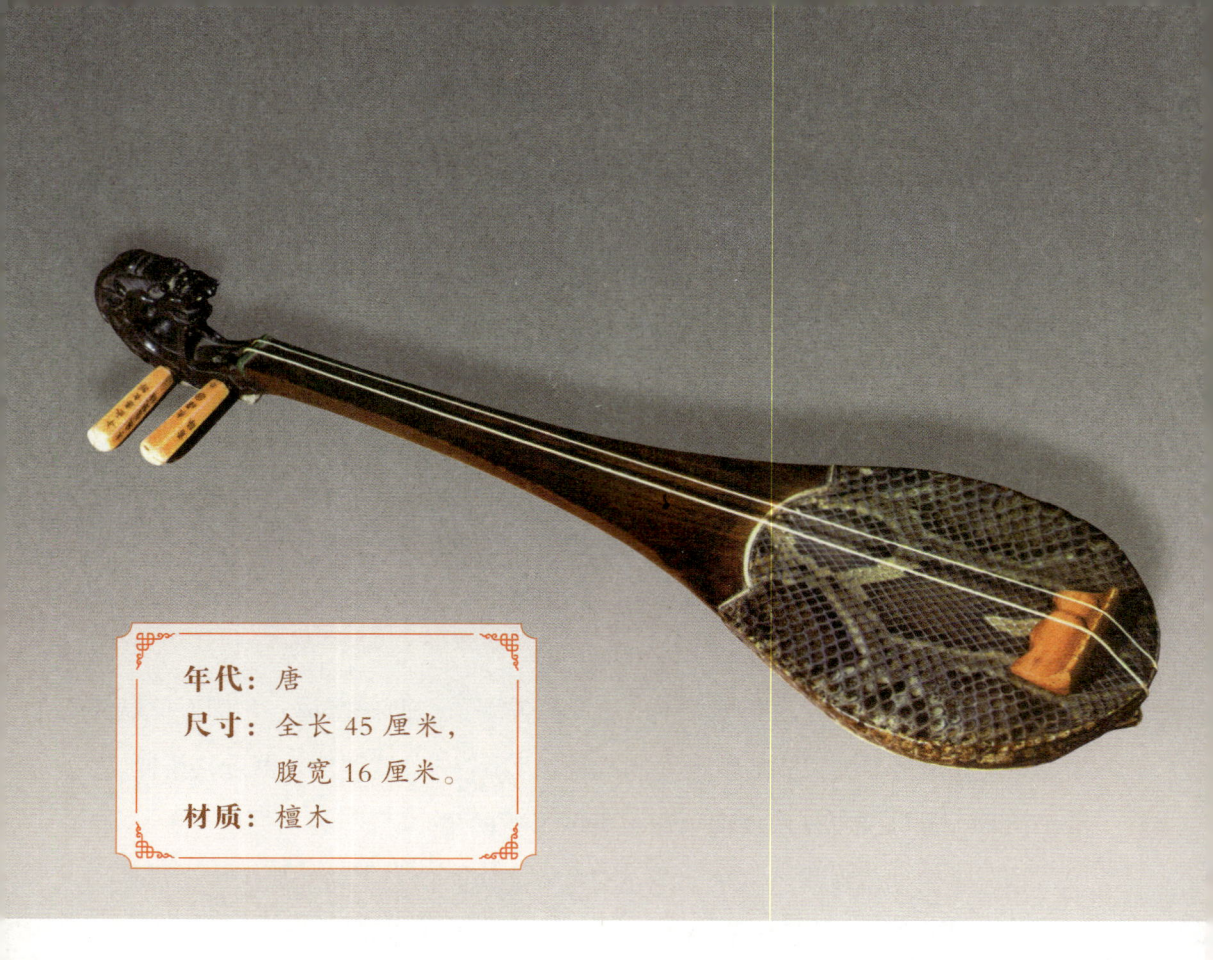

年代：唐
尺寸：全长 45 厘米，
　　　　腹宽 16 厘米。
材质：檀木

器店将其赎回，"每至夜分，方敢轻弹"。有一天二人"饮于花下"，酒酣之时，郑氏不自觉便大声弹奏数曲，恰好被出宫放鹞子（**一种小型猛禽**）的宦官听到。这件乐器声音特殊，宦官听出是郑中丞所弹，便报告给了唐文宗。唐文宗正因赐死郑中丞而懊悔，听到这个消息"至是惊喜，即命宣召"，不仅没有治罪，还对梁厚本大加赏赐。小忽雷便又重归皇宫。

太和九年（835），唐文宗在"甘露之变"中被宦官仇士良等人杀害，大唐江山落入宦官集团的手中，小忽雷也不知所踪。

近千载之后的康熙三十年（1691），清代著名戏曲家孔尚任（**孔尚任是孔子六十四代孙，传世戏曲《桃花扇》便出自他手**）在北京集市上偶然遇见了小忽雷。他大喜过望，凑足银两将其买回家。得到小忽雷之后，孔尚任以古籍所载郑中丞为原型，结合"甘露之变"，与当时著名剧作家顾彩联合创作了传奇戏剧《小忽雷传奇》。

孔尚任之后，小忽雷又历经多人之手。宣统年间，小忽雷被清末收藏家刘世珩收藏。他欣喜欲狂，将自己的书房更名为"小忽雷阁"。刘世珩去世后，他的族人将小忽雷骗到手，转售给了英国商人。后来又被浙江湖州南浔著名收藏家刘晦之所得。

千载重逢，音貌如故

20世纪50年代初，国家文物局从浙江湖州南浔刘氏后人手中购得了这件来自唐代的传奇乐器，并将其调拨给故宫博物院收藏。

如今收藏在故宫博物院的小忽雷，为紫色木质，双弦琵琶形，龙首下的"山口"下方刻有瘦长体篆书"小忽雷"，用唐织锦制的布袋包裹。

小忽雷的两个轸为象牙所制的六面体，上面刻着它曾经的主人孔尚任留下的两首五绝。上牙轸刻：古塞春风远，空营夜月高。将军多少恨，须是问檀槽。下牙轸刻：中丞唐女部，手底旧双弦。内府歌筵罢，凄凉九百年。

一千二百多年过去了，当年郑中丞如何弹奏小忽雷，已无从得知，如今它静静地栖息于宫殿一角，被妥善保管。为避免损坏，自20世纪60年代以后，小忽雷再未公开展出过。

镶螺钿紫檀五弦琵琶·唐

这件琵琶是不折不扣的艺术瑰宝，此种五弦琵琶现已失传，但在敦煌壁画上经常可以看到飞天弹奏。在这一件存世的五弦琵琶上，唐代的螺钿镶嵌技巧发挥到了极致，表现了大唐盛世的繁华。日本宫内厅正仓院北院藏。

窑变万彩，大唐鼓点
鲁山窑花瓷腰鼓

作为中国文化的名片，瓷器是中国工匠带给世界最美妙的礼物之一，而将瓷器和音乐结合起来，则可以称得上是中国古代最跨界、最有意思的想法了。鲁山窑花瓷腰鼓五彩斑斓，是唐瓷绽放的最美花朵。

八音领袖，鼓动人心

一千四百余年前的某一天，唐玄宗和精通音律的宰相宋璟相对而坐，谈乐论道。他们的一句话后来广为流传："不是青州石末，即是鲁山花瓷。"这句话被记录在唐代南卓编撰的《羯鼓录》中。他们称赞的这件瓷质腰鼓是一件乐器，鼓腔的制作材料为鲁山窑花瓷。

中国人制作乐器的材料有八音之说，即金、石、丝、竹、匏（páo）、土、革、木。瓷乐器便属于"土"类。盛唐时，来自西域的羯鼓出现在中原，圆柱细腰的羯鼓成为最新奇的表演乐器。聪明的唐代工匠用瓷代替了木质鼓身，使羯鼓做工更加精细，鼓声更加清脆响亮，有一种神秘莫测而又自然天成的美感。羯鼓瓷质鼓身，两端蒙上皮革，演奏时以手或杖击打之。羯鼓深得唐玄宗喜爱，被奉为唐代音乐"八音领袖"，独享至尊。他还专门为羯鼓创作了《色俱腾》《乞婆娑》等近百首鼓曲，其中不少是羯鼓独奏，可见他有多么沉迷羯鼓之声。

大唐余音，气韵天成

然而，"安史之乱"的战鼓骤然敲响，浮华的大唐盛世如同梦境一般碎了一地，羯鼓也在瞬间流散衰敝。

虽然人们不再烧造花瓷羯鼓，但是它的名字却和大唐风华一起在后世流

年代： 唐
尺寸： 长 58.9 厘米，
鼓面直径 22.2 厘米。
材质： 瓷

传。元代著名学者吴莱的《题唐明皇羯鼓录后赋歌》中有“**宋公守正好宰相，鲁山花瓷闻献豣**”的句子，用鲁山花瓷来称颂一代名相宋璟的品德，可见当时人对鲁山花瓷的评价之高。

20 世纪 50 年代初，故宫博物院学者陈万里、冯先铭、李辉柄、叶喆民等到河南进行瓷窑调查，发现了鲁山段店窑，从散落的瓷器碎片面积推断，这里曾经是一个很大的烧瓷山场，但是并没有发现花瓷标本。二十年之后，冯先铭再次造访鲁山窑，在段店村的田野之中发现了五块花瓷腰鼓碎片。他仔细研究瓷片胎色、厚薄、纹路和装饰，对比故宫博物院所收藏的唐代花瓷腰鼓，确定为花瓷腰鼓的标本。这一次发现让鲁山花瓷的面貌变得更加清晰，证明了花釉瓷是鲁山窑的代表产品。

从已有的发现来看，鲁山花瓷器物主要出土于洛阳和其周围的遗址、墓葬，近年来又在西安大明宫遗址发现鲁山花鼓、盘、碗等器物。仅限于在唐代两京洛阳、西安发现，证明鲁山花瓷是宫廷之中才会使用的品种，具有贡瓷属性。

入窑一色，出窑万彩

现藏于故宫博物院的鲁山窑花瓷腰鼓，是清宫旧藏的唐代宫廷乐器，漆黑匀净的釉面上有一片片蓝白色斑块，犹如黑色绸缎上的彩饰，优美而典雅。和史籍中记载的一样，它广口纤腰，鼓身凸起弦纹七道。

鲁山县在唐代贞观年间划归汝州，处于从伏牛山脉以北到箕山以南的丘陵平原地带，它恰好位于秦岭山脉东段余脉的缓坡地带，山脉自西向东绵延，如同一把扫帚。这里有上好的陶瓷黏土矿藏，发源于伏牛山区的沙河带来了充沛的水源，也提供了水运通道，将登封、平顶山到禹州、许昌、新密的瓷业都连接了起来。这里的窑场出产的瓷器品种丰富，装饰技法多样，工艺优良，除了烧造黑釉、白釉、黄釉、茶叶末釉瓷器，以黑釉、黄釉为基础的花釉瓷器成为它们最独特的作品。从唐代到宋、金，一直到元代，鲁山窑的火从未熄灭过，制造出的瓷品在故宫博物院、大英博物馆等处均有收藏。

鲁山花瓷的色釉流动，互相浸染，呈现出"入窑一色，出窑万彩"的神奇窑变艺术。将蓝、白斑点不规则地施于黑色釉面，烧制过程中的窑变让蓝、白双色交织，自然流淌，形成美丽的斑块，肆意挥洒、气韵天成。花釉胎如磐石，釉质细腻，蓝如宝石，风格厚重。这种斑斓变化的效果因为无法解释、不能重复而显得极其独特，开创了两宋驰名中外的钧窑瓷窑变的先河。

琴弦上玄妙的华夏正音
"海月清辉"琴

宋代文人挚爱古琴,他们认为古琴苍凉雄浑、古雅深邃的乐声,是天地之间最正的声音。"海月清辉"琴是宋徽宗赵佶用汉魏音律改造古琴之后的作品,不管是制琴的木材还是琴的长宽规制,都是宋人最为推崇的正音之琴的代表。

唐圆宋扁,琴瑟相御

乐器的出现顺序与人类社会音乐的发展相关,从打击、吹管、弹拨,到拉弦、键盘及其他种类,与生产力进步息息相关。作为中国古代可考的最早的弹拨乐器之一,琴在上古先民的音乐生活中占据着重要地位。

对于音乐的崇敬和喜爱使得古人对琴的要求极高,从琴材到琴弦都必须选择良材。上古传说中,神农氏削桐为琴,练丝为弦。桐木的优劣取决于它生长的自然环境,琴材和自然之间互相感应,存在关联。桐木疏松脆滑的材质给琴带来了透彻而又悠远的声音效果,蚕丝的颤动也充满了自由的生命律动。

唐代所确立的古琴形制和制造工艺,在后世得到了延传。作为体腔共鸣乐器,古琴的琴体一般由两块木板拼合而成。古琴以桐木为面板,梓木为背板;琴背的两个出音的孔被称为"龙池"和"凤沼";"琴头"的上部为"额";额下端有一块用来架弦的硬木,被称为"岳山";琴尾处用来架弦的硬木被称为"龙龈";琴上调弦的小柱为琴轸,用来支撑琴身和绑琴弦的部位为雁足。

虽然宋代制琴的技艺比唐代有了进步,但宋代文人依旧对唐琴充满了向往。唐琴偏丰腴,宋琴偏劲瘦,被称为"唐圆宋扁"。宋人制的琴线条和棱

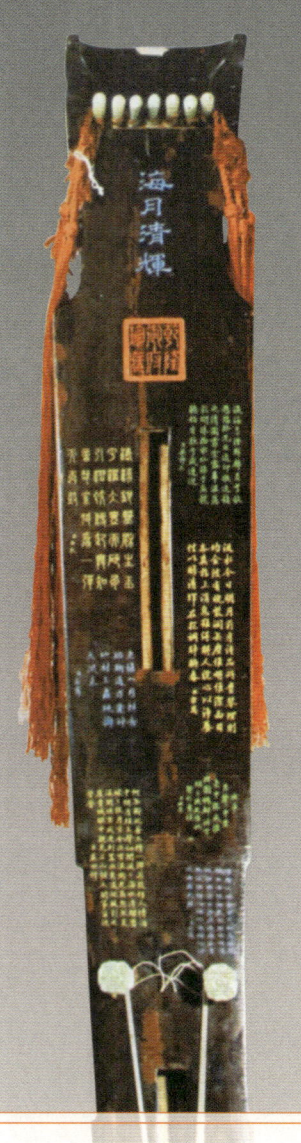

年代：南宋
尺寸：通长117.2厘米，肩宽18厘米，尾宽12.6厘米，厚5厘米。
材质：桐木

角更加分明，琴面也没有太多的装饰，在完成之后还要在琴身涂抹一层灰，以增加香气和质感，"鹿角灰为上，牛骨灰次之"。

"士无故不撤琴瑟"，在士大夫文化非常发达的宋代，士大夫阶层对于琴的流行起到了重要的推动作用。在文士阶层，琴几乎可以称得上是普及型的乐器，从皇室到普通文人，人人都以奏琴为雅事，琴在生活、娱乐、交友和文学等层面产生了不可估量的影响。

宋太宗亲自改制古琴，创制了九弦琴，他还为每一条琴弦命名，君、臣、文、武、礼、乐、正、民、心，充满了象征意义。宋太宗选古琴进行改制更是为了表明宋王朝上继华夏正统、下传雅正之声的决心。他要用琴这种被认为足以通神、平乱的乐器来昭示统治的正统性，用雅乐治心。

为了这次改制，宋太宗还创作了一系列的琴曲，大臣也纷纷献颂，谁料却遭到了著名琴士朱文济的反对。朱文济拒绝演奏被宋太宗增加琴弦的古琴，这让宋太宗很恼火，他先是"不悦"，后又"物诱文济"，但朱文济坚守不让，宋太宗最终也只能"嘉其有守"。皇帝对琴士让步，士人捍卫琴制，足以证明宋代以文治国的理念中琴所占据的重要位置。

清辉在抱，惟明惟洁

北宋结束了五代的混乱局面，文人士大夫阶层的生活有所改善，地位有所提高。宋代利用科举制选拔人才，就算没有中举的文人，也可以通过恩荫、嘉奖、赏赐等方式获得地位。衣食无忧的士大夫们，将更多的时间和精力投入到音乐中。听歌、作词可以算得上是宋代文人娱乐生活中最主要的内容。全民音乐素养普遍提高，古琴名家众多，制琴业自然也发展迅速。

宋徽宗在大观四年（1110）制成了"五等琴"，规定琴弦的数量分别为一弦、三弦、五弦、七弦、九弦。古琴也被运用到宋代诸多重要场合，祭祀和朝贺时的大乐都必须有琴。宋徽宗本人嗜琴成癖，他热衷于搜集古今名琴，专门盖了一间"百琴堂"来收藏古琴。在文人士大夫的引导下，优美悦耳的琴声也得到百姓喜爱，昌盛一时，民间对于古琴的需求大增。除了官方制作的"官琴"，民间"野斫"的琴也精品频出。宋末元初的文学家、书画鉴赏家周密所著的《云烟过眼录》中，记载了北宋的斫琴名家，庆历中有僧智仁、卫中正，崇宁中有朱仁济、马希亮、马希仁，也从侧面印证了宋代古琴繁荣发展的景象。

南宋建都临安，虽然国势衰微，但礼乐制度却不能废弛。当时的官琴和野斫之琴同时存在，"海月清辉"琴便是野斫类古琴代表作。琴身用桐木斫成，琴背龙池上方用隶书刻"海月清辉"琴名，其下方有"乾隆御府珍藏"朱方印，左右还刻着乾隆时期的七位词臣为它而作的铭句，用不同字体雕刻，并填以五种不同颜色，赋予了它别样的文人气质。琴身高耸且窄瘦，虽已传承千年，却依旧发音清越，有松古苍韵、击玉敲金之声。它古朴的音调中有来自南宋的震颤，也伴随着时代的清音，一弦一歌中，有青天秋月、万里长风，每一个旋律都值得缅怀。

"玲珑玉"琴·南宋

通长118.4厘米，隐间110.7厘米，额宽17.4厘米，肩宽19厘米，尾宽13厘米，厚5.7厘米，形制为仲尼式变体，清宫旧藏。琴背铭刻，龙池上刻行书琴名"玲珑玉"。故宫博物院藏。

藏在银行地下室里的国宝
金编钟

编钟是中国古代大型打击乐器，兴起于西周，盛于春秋战国直至秦汉。清朝建立后，在承袭明朝宫廷礼乐的基础上，清政府又花重金制作了一批形制不一的编钟。在故宫博物院中，有一套令人叹为观止的金编钟，是用一万多两黄金铸造的。这套金编钟不仅是艺术珍品，也是乾隆时期清朝国力鼎盛的体现。

八十岁的生日礼物

乾隆五十五年（1790），正值乾隆帝八十大寿，各省督抚为了庆祝乾隆帝的生日，便用一万多两黄金打造了十六件金编钟。

清朝入关后，沿袭明朝的宫廷礼乐制度，在每年的元旦、冬至、皇帝生日、皇帝大婚等重要的日子，皇帝都要在太和殿举行仪式，同时奏响礼乐。编钟专用于祭祀和典礼所奏的中和韶乐，是皇权的身份象征。不同于先秦时期依靠大小不同来定音的铜制编钟，这套用黄金打造的编钟外形尺寸完全一致，主要靠钟体的厚薄不同来区分音程，是世间鲜有的精美乐器。

这套金编钟的每枚编钟上分别铸有倍夷则、倍南吕、倍无射、倍应钟、黄钟、大吕、太簇、夹钟、姑洗、仲吕、蕤宾、林钟、夷则、南吕、无射、应钟等清代乐律的四倍律、十二正律，与现在国际上通用的音律相似。它敲击出的声音明亮、纯美，十分适合朝会典礼的肃穆气氛。

末代皇帝变卖国宝

1922年，溥仪举办结婚庆典时急需用钱，"内务大臣"邵英、耆龄等向

年代：清乾隆
尺寸：架高350厘米，宽340厘米，钟高23.8厘米。
材质：四成金

北京盐业银行借款四十万，以金编钟和一批玉器、瓷器作为抵押品，期限一年，乾隆时期的金编钟就这样被卖出了故宫的高墙。

1923年，清朝皇室和盐业银行的合同到期后，皇室无力赎回抵押出去的文物。1924年，溥仪被驱逐出宫，皇室还款彻底无望。盐业银行便趁机补给皇室一笔现金，这批文物以后就归银行所有了。

但是很快，清朝皇室用文物抵押借款的消息被《京报》捅了出去，北洋军阀得知后也有意染指此事，希望从中获取利润。在报道中，最引人注目的还是这十六件金编钟，虽然盐业银行矢口否认，但是把这批文物放在北京已经不再安全。于是，盐业银行决定将它们转移至天津。

国宝在津蒙难记

1932年的一个深夜，一辆卡车载着这批珍贵的文物从北京驶向天津法租界中街的盐业银行。当时天津盐业银行的经理陈亦侯将金编钟和其他瓷器、玉器等文物存放在库房的夹层中。

1937年"七七事变"之后，日本特务机关得知了金编钟的下落，他们便盯上了陈亦侯。突然有一天，陈亦侯的家里来了一个衣着时髦的日本女性——日本驻天津领事馆副领事的女儿。她带来了名酒、瓷器等昂贵的礼物，还想认陈亦侯和他的夫人做干爹、干妈。日本人企图通过这种方式拉近和陈家的距离，便于打听金编钟的下落。但陈亦侯坚决否认自己曾经见过金编钟。

日本人见怀柔政策没有效果，就采取了武力行动，一群日本兵闯入陈亦侯家搜了个底朝天，但是什么也没有找到，日本人只好失望而归。

日军占领天津法租界之后，陈亦侯立刻给盐业银行的总经理、贵州省主席吴鼎昌发电报，向他请示金编钟的处理办法。因为通讯不畅，陈亦侯一个多月后才收到吴鼎昌的回复，没想到等来的只有一个"毁"字！但陈亦侯觉

发现故宫

得金编钟是祖宗留下来的宝贝,他不能毁掉国宝。

于是,陈亦侯找到了朋友——天津盐业银行董事胡仲文,二人决定将金编钟转移。1940年4月,陈亦侯带着司机杨兰波将金编钟转移至天津四行储蓄会大楼内的一个小库房中,胡仲文又联系到一名亲信工友徐祥帮忙搬运。

日本投降后,金编钟依旧在小库房中珍藏着。不久,国民党高层官员——财政部部长孔祥熙和军统局局长戴笠都派人来打听金编钟的下落,戴笠甚至

金编钟全貌

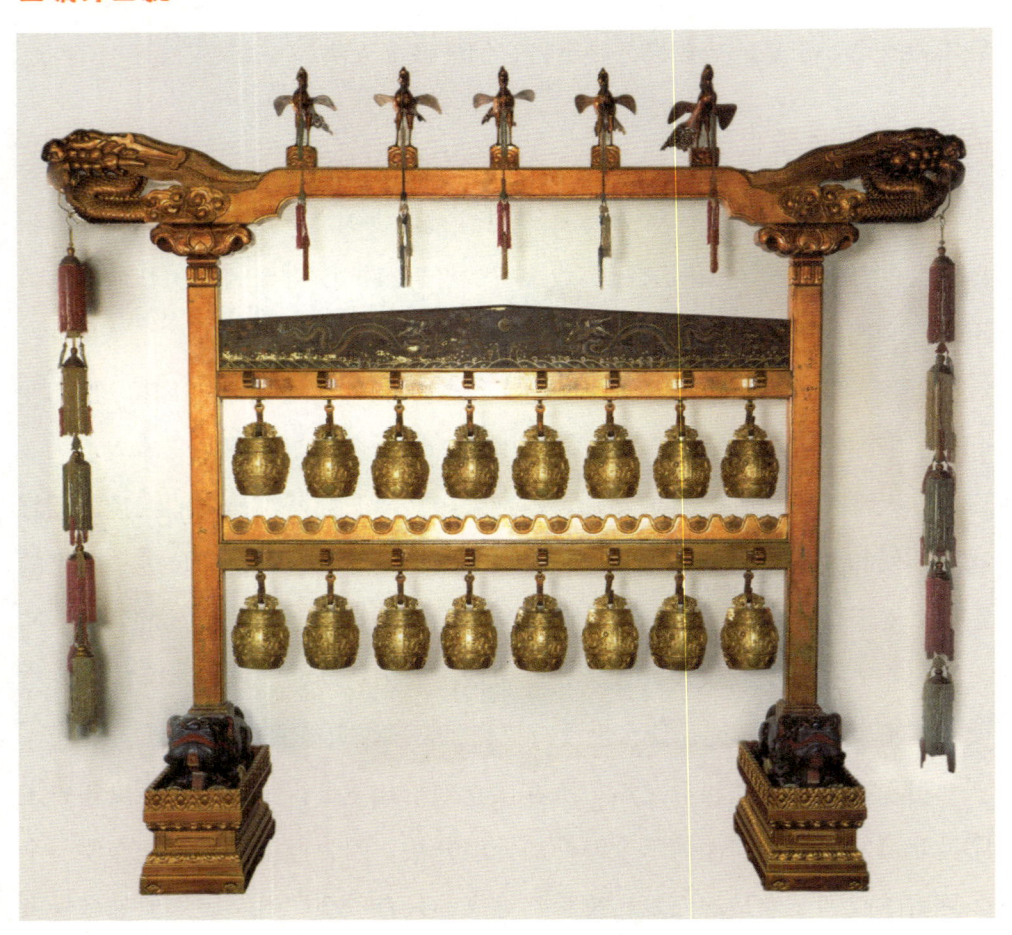

下令天津警察局局长李汉元查找，说金编钟属于"逆产"，必须没收，还要将陈亦侯以"汉奸罪"论处。多亏陈亦侯与李汉元的旧交情，在李汉元的担保下，陈亦侯和金编钟才算躲过一劫。

国民政府的统治即将崩溃时，蒋介石想出了强迫兑换金银来拯救经济的手段，规定凡是举报藏匿金银的人，奖给他们举报数额的百分之七十。这种丰厚的奖励，对于许多人来说是不小的诱惑，但不论是陈亦侯、胡仲文，还是和他们一起藏匿金编钟的杨兰波和徐祥，都不为金钱所动，没有走漏一点有关金编钟的消息。

1949年1月，天津解放，陈亦侯当时正在上海。胡仲文给天津市军事管制委员会写信，讲出了自己保守九年的秘密，表示愿意代表盐业银行将金编钟献给国家。后来，陈亦侯飞回天津，称献金编钟是自己和胡仲文共同的心愿。

就这样，在外漂泊数年的金编钟又重新回到了紫禁城，并被珍藏在故宫博物院中，供成千上万的中外游客驻足欣赏。

乾隆五十五年金编钟·大吕

故宫里的大怪兽

　　故宫是一座城，这城里有皇帝，有皇帝的家人，还有一群祥瑞的"珍禽异兽"。它们装饰着层层宫殿，守卫着亭台楼阁，默默地矗立在宏伟的殿宇中，与一代代帝王相伴。

华表顶端的望天犼

　　天安门是紫禁城的一扇大门，是皇宫建筑群的一部分。天安门前后各有一对华表，华表采用汉白玉制作，基座和柱身都雕刻着神龙，并饰有云纹，顶端承露盘上的蹲兽为传说中的神兽望天犼（hǒu），也叫朝天犼。

　　天安门门前那对华表上的石犼，面向宫外，寓意"望君归"，盼望皇帝外出游玩不要久久不归，应快回宫料理国事。后面那对华表上的石犼，面向宫内，寓意"望君出"，劝诫皇帝不要总待在宫内寻欢作乐，应常到宫外去了解民间疾苦。

慈宁宫门口的鎏金麒麟

　　慈宁宫门口有一对威风凛凛的铜鎏金麒麟，长1.37米，高1.41

米，麟发上耸，两目前视，昂首挺胸，神形俱现。这对麒麟应为清乾隆时期所铸。

中国传统文化中有四大灵兽——麒麟、凤、龟、龙，麒麟居首位，古人认为麒麟能带来祥瑞。麒麟也有雌雄之分，雄性称麒，雌性称麟，二者的区别在于雄性有须。

耷拉着耳朵的狮子

守在乾清门的一对铜狮的耳朵耷拉着，睫毛几乎遮住了眼睛，远不及太和门前的狮子威武凶猛。据说其用意是在警示外朝大臣，跨过这道门乃是后宫禁地，不该看的别看，不该听的别听，不该说的别说，不该管的别管；同时也告诫后宫嫔妃，不得干预政事，守好自己的本分。

储秀宫门前的铜鹿和铜龙

储秀宫是慈禧太后的寝宫。宫外台基下东西分设一对铜龙和一对铜鹿，这也是紫禁城东西六宫中唯一出现龙的特例。

铜龙姿势昂扬，须发飘飞，三足着地，一足抬起，抬起的足中握一宝珠。

铜鹿是在慈禧太后授意之下铸造的，高1.6米，置于0.22米高的铜座上。它有着梅花鹿的犄角，眼神柔美，嘴唇微张，驻足静立，显得俏丽、祥和。

翊坤宫前的铜凤

翊坤宫为西六宫之一，"翊"为护卫、辅佐之意，寓意住在东西六宫的嫔妃要协助皇后，勤修妇德。翊坤宫前面有一对铜鼎炉、一对铜鹤和一对铜凤。铜凤头顶的凤冠、颈部和背部的羽毛，还有长长的尾羽，都雕刻得细密精致、纤毫毕现。

翊坤宫西配殿益寿斋门楣上有一块"翔凤为林"的横匾，殿前也有一对铜凤。

🏛 御花园里的跪象

在紫禁城御花园的北部，走入承光门，就可以看到一对铜造的跪象。这对铜跪象是明代时铸造，高1.1米，长1.6米，宽0.8米，两象相向而跪。两头铜象双眼温顺地向下看着地面，长长的鼻子蜷收起来，四足跪曲，好似在恭迎主人。

🏛 天一门前的獬豸

紫禁城御花园天一门两侧，有一对鎏金铜雕獬豸（xiè zhì）。獬豸是传说中的神兽，大者如牛，小者如羊，长得有点像麒麟，但额头上有一角，全身长毛，是中国版的独角兽。獬豸又称神羊，传说它能辨曲直，是勇猛、公正的象征。天一门前的獬豸是明代所铸，蹲坐门前，昂首张口，颈系铃铛，身披挂饰。这两只獬豸最特别之处在于头尾，毛发直立似烈焰，威风凛凛，似乎在睥睨天下。

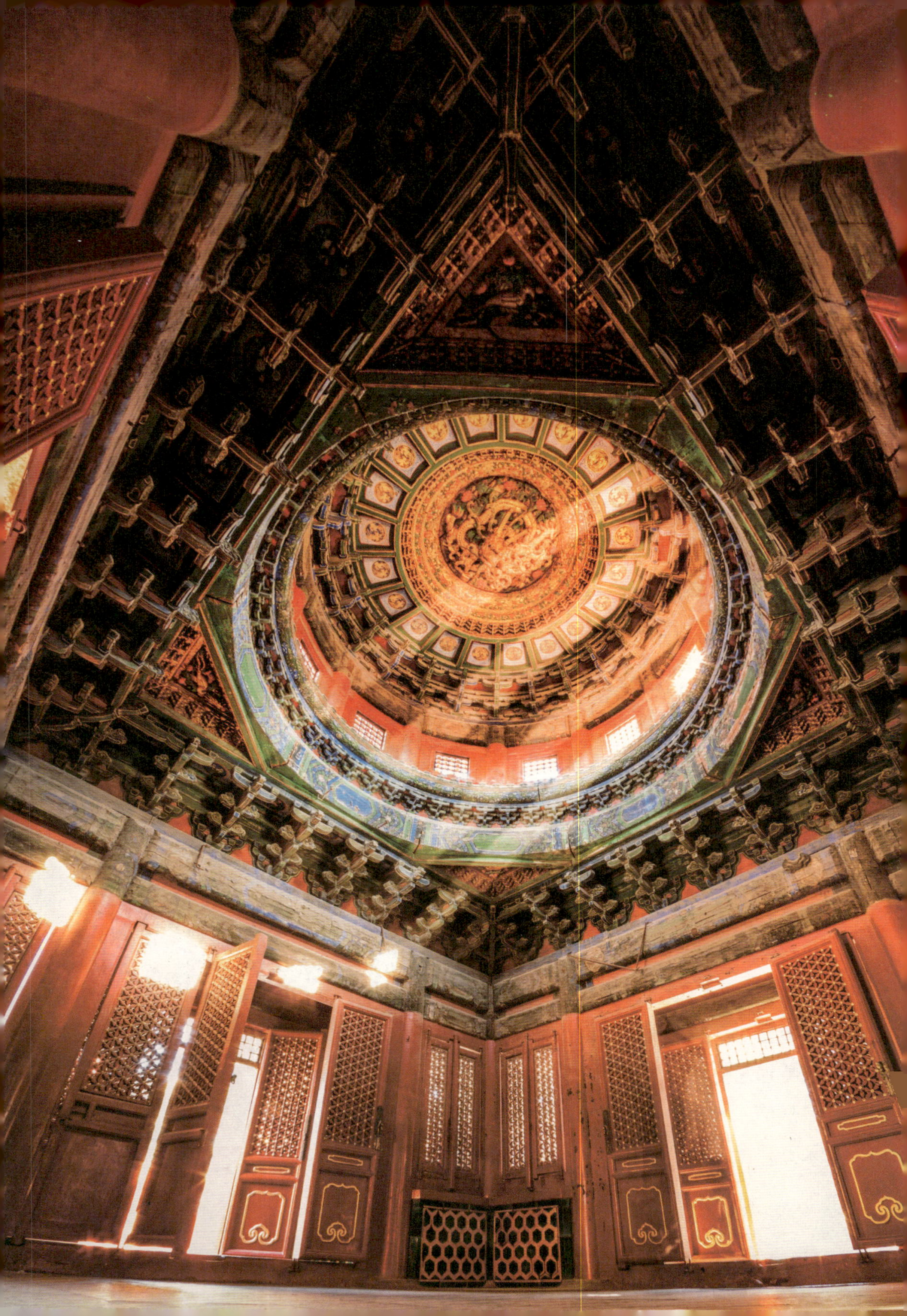

第五章

市井百态，人间烟火

发现故宫

人人都能吃饱饭的太平年
建武二十一年斛

在经历了绿林赤眉起义的战乱之后,新兴的东汉王朝中,汉光武帝刘秀采取抑制兼并、与民休息的政策,社会逐步稳定,农业生产得到恢复。作为一件度量工具,铜斛(hú)除了有实用价值,还有很深的象征意义。

◉ 贵粟重储,天下大命

建武二十一年(45),光武帝刘秀平定了安定属国(今甘肃镇原)胡人的叛乱,寇掠边境的乌桓、匈奴和鲜卑也被驱逐,不敢再来骚扰。鄯善、焉耆等十八国国主贡献珍宝,主动将质子送到朝堂,祈求得到汉朝的保护。

大汉再次成为屹立天地之间的强大帝国,属国臣服,万邦来朝。最重要的是,这一年雨水丰沛,各地都传来丰收的喜讯。内外安定,物产丰足,这令刘秀感觉心情非常畅快。

作为从乱世之中走过来的皇帝,刘秀更是懂得今日的安定生活来之不易,因而具有强烈的危机意识:要想长治久安,必须要让百姓吃饱饭。

农业生产的发展,对粮食存储提出了要求,各种各样的粮仓成为汉代的一道风景线。汉代的郡县都设立了国有粮仓,中原地区的豪强地主也在自己的庄园里修筑储粮仓楼,在一些画像砖石上描绘着他们鳞次栉比的仓房和仓楼。对于普通的农民来说,自家还有简易仓房、土窖等家用粮仓。

◉ 物勒工名,以考其诚

为了庆祝这一年的大丰收,成都铸铜机构为刘秀送来了一件铜斛。这件铜斛由上下两部分组成,上面是一个圆柱状用来装粮食的斛。按照汉代的度

年代：东汉
尺寸：斛高33厘米，口径33.5厘米。
材质：铜，鎏金

量标准，古代一斛等于十斗（**后来改为五斗**），它可以装进二十千克左右的谷子。斛盖向上略微突起，方便打开，盖子中央装饰着四瓣叶纹。斛身两侧对称位置是两个衔环，便于提起。斛身有三只铸成熊样的足，这些熊身上镶嵌各色宝石，显得无比华丽。斛下边的承托盘也有三只熊足，它们将上面的承盘托起。

承盘的口沿下铸有六十二字的铭文："建武廿一年，蜀郡西工造乘舆一斛承旋，雕蹲熊足，青碧闵瑰饰。铜承旋，径二尺二寸。铜涂工崇、雕工业、泹工康、造工业造，护工卒史恽、长氾、丞荫、掾巡、令史郾主。"铭文中详细交代了铜斛的铸造地点、经过和参与者，前面的涂、雕、泹、造是制作铜斛的四个工种，其后的人名崇、业、康、业是执行相应工序的工匠。而之后的护工卒史、长、丞、掾、令史，分别指铸器郡县的官员，恽、氾、荫、巡、郾则是他们的名字。

主造官员和制造工匠的名字被刻在器物之上，是中国古代管理手工业者的一项重要制度——勒名制度，这一制度从战国中期开始出现。铸造者的"名"和器物的质量之间有直接关系，勒名制度在汉代达到了顶峰。汉代长安城未央宫刻文骨签大量出土后，后世被当时勒名制度的精细所震惊。负责官营机构的官员有极其重要的职责，在制作器物时，制作日期、生产机构、官员名、工匠名，以及同期生产产品的数量、编号都要标注其上。就算是内容简化后，也必须要将生产机构、监造机构和官员、工匠的名字铭刻其上，以便在出现问题后，可以很快追查相关负责人员。实名制生产让器物的质量得到了保障，也让这些能工巧匠的名字流传后世。

如今这件铜斛被保存在故宫博物院。原本镶嵌在熊足上的宝石已经遗失了多枚，即便如此，我们依旧可以从它精美的工艺中窥见当时粮食充足，百姓安居乐业的盛况。

让灵魂得到栖息的五谷之地
青釉堆塑谷仓罐

对于死后世界的构想是古代先民思想里非常重要的一部分。制作于三国时期吴国的青釉堆塑谷仓罐，是这一时期墓葬文化的一个缩影。它制作精美，将人们在世时拥有的富足生活堆塑在瓷罐上，寄予死后想要继续享受的美好愿望。一件冥器，能够陪伴逝者，让其灵魂得到宁静的栖息。

◉ 从生活器到冥器

对生的渴望是人类共同的欲望，而如果在人世间享受过无尽的荣华富贵，那么对于死的恐惧就会更加强烈。这种恐惧促使人们以想象力为刀笔，不断刻画那云雾缭绕的去处。但是那些美好的幻想毕竟是虚幻的，眼前的真实世界也就更加令人不舍。当时人们对于死亡的态度可以用"视死如生"来概括，即在墓葬中放置大量随葬品来模仿现实生活中的场景，将死后的世界看作是另一个现实世界。

从东汉到西晋，中国南方墓葬中出现了许多制作精巧的谷仓罐，它源自西汉时期的五联罐。西汉五联罐由五个相连的罐子构成，其中都装满了食物——这虽然是再简单不过的生活场景，却会带给人们快乐和满足。这意味着罐子的主人即使已经离开人世，但他仍能在另一个世界中享受过去平淡却富足的岁月。

东汉晚期，五联罐的造型发生了很大的变化——原来的罐体变成了双层，中罐变得大且高，其他四个罐则逐渐缩小，移至中罐的肩部。最显著的变化是罐子上开始出现简单的楼阁、人物等造型。东吴到西晋时期，这一趋势发展到极致，中罐变得更大、更突出，其余四个小罐几乎要被繁复的楼台淹没了。

发现故宫

战火纷飞的三国时期，吴国重视江南的开发，为中国经济中心南移打下了坚实基础。与此同时，吴地的崇文之风也让文化得到大力发展。

东吴时期，南方的世家豪族不仅经济实力强大，而且拥有各种特权，凭借着占田荫客制，他们圈占了大量的良田，建造了许多大型院落和庄园。在这些庄园里，生活完全可以实现自给自足，庄园中还蓄养了大量家兵僮仆。

和墙外厮杀的乱世相比，这里广起庐舍、高楼相连，俨然是一派世外桃源的景象。如果可以永久地拥有这样的幸福日子，应该是一件令人期待的事吧——谷仓罐便是寄托了主人这种愿望的陪葬品。

国宝故事

三国时期，人才兴盛，英雄辈出，各擅风流，砥砺功名。在这样一个鼓角争鸣的时代，吴国不仅有最发达的经济、文化，也有最英勇的将士。三国历史上最具传奇色彩的三次战役，有两次都是吴国为主力，赤壁之战周瑜击败曹操，夷陵之战陆逊击败刘备，奠定了三足鼎立的局面。三国时期全国四大青铜器铸造中心，有两个在东吴，分别为鄂州和会稽，所出产的铜镜工艺远超北方的洛阳、徐州，而且畅销海外。

告慰亡灵，祝福后世

谷仓罐是南方特有的冥器，多见于江浙闽粤一带的墓葬中。一墓最多有一两件，而且每一件都有自己的特色。

谷仓罐的造型是五罐相连，有五谷丰登的意思。江南盛产稻米，用谷仓罐随葬五谷是豪族拥有肥沃土地的证明，罐顶堆贴或捏塑猪、羊、鸡、鸭、鸽子、青蛙和老鼠等动物形象，反映出墓主人庄园里的勃勃生机。迎宾宴饮的场面也常常出现在谷仓罐上。

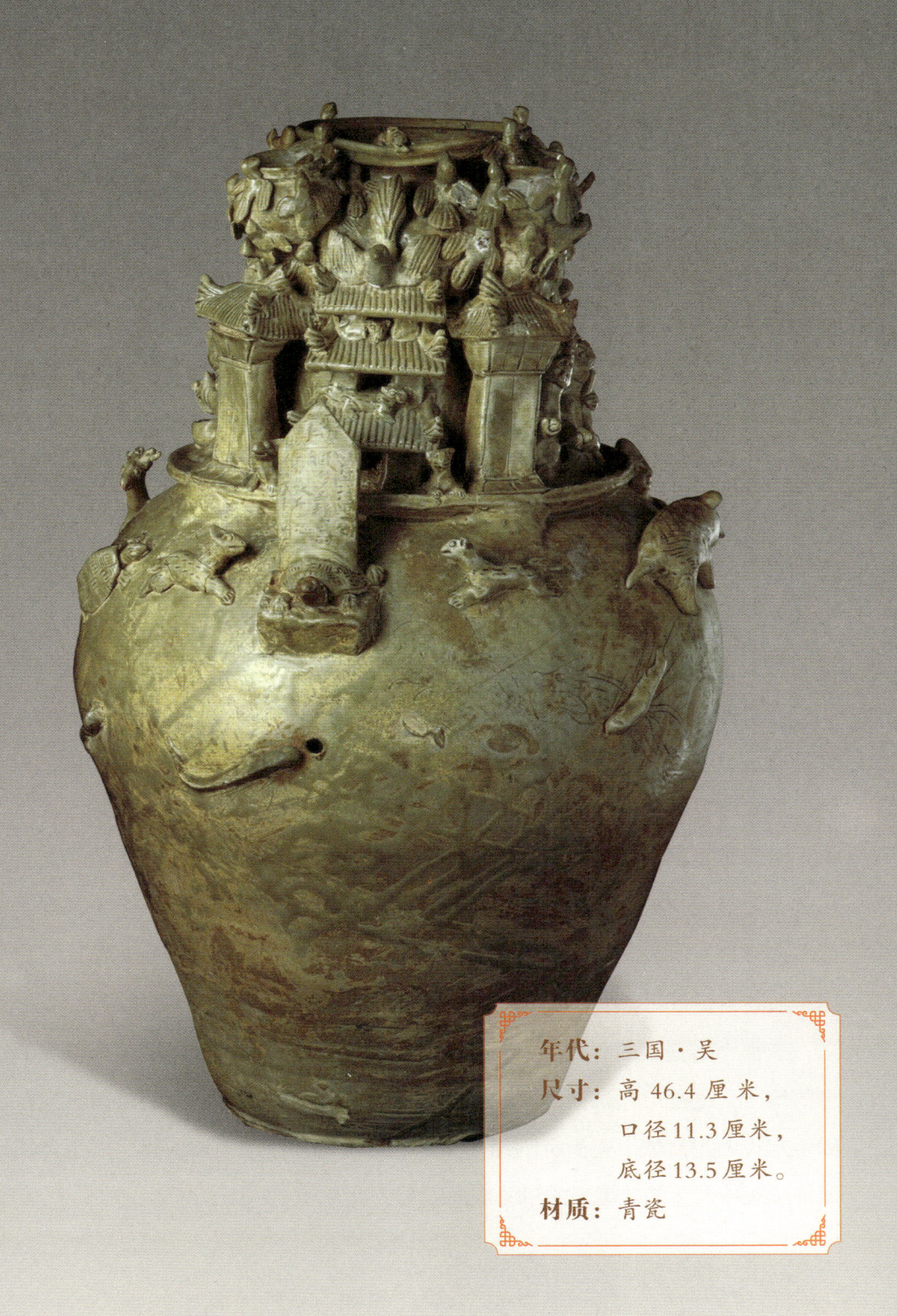

年代：三国·吴
尺寸：高46.4厘米，
口径11.3厘米，
底径13.5厘米。
材质：青瓷

发现故宫

现藏于故宫博物院的青釉堆塑谷仓罐，20世纪30年代后期出土于浙江绍兴的三国墓葬，后被收入故宫博物院。它的罐顶是百鸟争食、欢庆丰收的欢乐场面，牲畜满栏，五谷丰登，江南庄园里富足的生活气息扑面而来。

在这个谷仓罐之上，我们可以看到墓主人生前的安逸生活。它的上半部居中有三层崇楼，一层楼门两侧各有一条狗把守。楼檐上堆塑了很多栖息的鸟和觅食的老鼠。崇楼两侧有亭，亭下是八位手执乐器的侍仆，正在聚精会神地演奏乐曲，墓主人生前宴饮享乐的场面依稀可见。崇楼上面是五只相连的罐子，一只老鼠正从居中的大罐中爬出，小罐分列大罐的四角，周围簇拥着引颈觅食的雀鸟。

谷仓罐的下半部分是一个完整的青瓷大罐，胎体呈灰白色。罐肩塑贴一龟驮碑，碑上刻有二十四字铭文。在龟的周围，还塑贴了不同的人物以及鹿、猪、鱼等动物，其间还夹杂刻划狗、鱼、龙等纹饰，画面丰富，活泼灵动。

碑上的阴刻铭文记录了这件谷仓罐的来历："永安三年时富且洋（祥）宜公卿多子孙寿命长千意（亿）万岁未见英（殃）。"从这一段铭文之中，可以得知该谷仓罐的准确制作时间——永安三年，即公元260年。墓主人生前生活非常美满，烧造这个罐的目的除了告慰死者亡灵，还有一个重要的作用就是为后人祈福，希望这样的幸福日子可以绵延到后世。铭文之中出现了诸多吉祥语，所表达的是保佑子孙和家族后代可以田园富庶、富贵绵延、官运亨通的美好祈愿。

在那个不安定的年代里，它陪伴着墓主人沉睡在地下，是墓主人灵魂栖息的地方，也是后代祈福的寄托物。可即便将那么多美好的愿望堆塑出形，战争年代的生活依旧充满了不确定因素。逝者也许已经不知前路，而生者还要继续跋涉，才能让罐顶的日子变成现实。

第五章 市井百态，人间烟火

一代宰相的田园梦想
《五牛图》卷

中国画家最善于将自己的感受融入画笔，而经历丰富的韩滉更将这种寄情于丹青的方式发挥到了极致，他笔下的牛不仅姿态栩栩如生，眼神之中更透露出普通牛所不曾有的灵动。他是在画牛，也是在画自己，更是在画心目之中向往的田园梦。

稀世名笔《五牛图》

牛作为古代耕作的重要畜力，活跃于乡间的田垄地头。农民一般也将耕牛视作重要财产和农忙时节的重要搭档。但牛、马、驴、骡等家畜却很少成为画家笔下的题材。有一日，唐朝名臣韩滉与友人讨论起这个问题，韩滉说："这些动物是人们所常见的家畜，百姓对它们的熟悉程度要超过很多画家，所以画家在画家畜的时候，很容易被人们挑出破绽来。大概是因为这点，所以才轻易不敢尝试吧。"

有一年春天，风和日丽，韩滉到郊外踏青，见田野间耕牛吃草晒太阳、儿童嬉戏的场景，顿觉心旷神怡。有一些农夫驱赶着拉犁的耕牛，在田间犁地，耕牛的叫声传来，一派欣欣向荣的景象。面对如此大好春光、如此闲适的乡野景象，韩滉心有触动，当即令仆人取出纸笔，将眼前所见的耕牛画出。此后又进行了反复修改，最终完成了这幅传世名画《五牛图》。

没有其他多余的背景衬托，五头牛排列成行、漫步在乡间田垄，神态各异，活灵活现，这要归功于画家对耕牛的细微观察和高超的画技。

《五牛图》画作从右至左依次排开，共有五头形态各异的耕牛，或翘首、或吃草、或纵蹄而鸣、或回首舐舐，非亲身深入田间观察不得状其神。打开

发现故宫

画卷，右起第一头为黄牛，正俯首吃草，表情悠闲自得；第二头牛白褐相间，伸长了脖子，昂着头向前眺望，又似正在反刍，正迈步向前，表情惬意；第三头牛为深褐色，端直地站在画面中央，作微笑状，似正在开口叫；第四头牛亦为黄牛，正回首顾盼，眼神中露出惊异之色，似对方向有迟疑，它还半吐着舌头，显得呆萌可爱；第五头牛为棕色，戴有鼻环，神态严肃，正缓步向前。五头牛有不同的形态，也有不同的心境，它们折射出的是韩滉为官三十载复杂的内心感慨。

韩滉通过细致的勾描来刻画耕牛的不同面貌姿态，将鲜明的性格投射在五头耕牛的动作神态中，极富意趣。他以厚劲有力的线条表现耕牛的强健，将耕牛的骨骼、肌肉的转折和连接用流畅的线条进行简单到位的处理，使整幅画作富有厚重与朴拙之趣。

画家还注重细节的勾描，将眼睛作为重点，适当放大，并以细腻的笔触勾画

● 第五章 市井百态，人间烟火

牛眼眶周围的睫毛、皱纹，口鼻处的绒毛，将耕牛的神情刻画得惟妙惟肖。再通过古朴的设色，层层渲染，浓淡相间。在当时多以贵族人物及鞍马为画作题材的时代，韩滉这幅以耕牛为主题的画作，也反映了唐代鼓励农耕的历史背景，意义深远。

年代：唐
作者：韩滉
尺寸：纵20.8厘米，横139.8厘米。
材质：纸本，设色

《五牛图》于近代八国联军侵占北京后被劫掠，下落不明。中华人民共和国成立后，《五牛图》在香港重现于世，被公开拍卖，藏主要价十万港元，一位爱国人士得知消息后写信告知周恩来总理。周恩来总理立刻指示文化部要不惜一切代价将《五牛图》赎回。最终经协商，由政府出资八万港元将其购回。而此时的《五牛图》已是伤痕累累，残破不堪。文物部门将修复这件国宝的重任交给了书画修复专家孙承枝，凭借孙先生的精湛技艺，《五牛图》终于重现往日光彩。

《五牛图》是中国现存最古老的纸本中国画，被评选为"九大镇国之宝"之一。

纺车上的民生百态
《纺车图》卷

风俗画是北宋画作中很独特的一类，画家们不再以才子佳人、王公贵族或者神仙世界作为创作方向，他们将目光投向了身边最为质朴的人群。风俗画就如同那个时代的纪实摄影，是当时真实景象的记录。

第五章 市井百态，人间烟火

风俗画作，民生百态

宋朝实行"崇文仰武"之策，文人的待遇有了很大的提升。宋代皇帝不仅雅好鉴藏，而且本人工书善画，所以宋代涌现出许多才华横溢的画家。宋徽宗继位后不遗余力地推动画院的发展，他允许在书院

年代：	北宋
作者：	王居正
尺寸：	纵26.1厘米，横69.2厘米。
材质：	绢本，设色

王居正拙之子也俗以其小字呼為
憨哥學丹青有父風師周昉士女
略得其妙嘗於苑囿寺觀衆游之
處必樣高隟以觀士女格態凡欲
命筆則沈祕思慮敢於形似為得
右聖朝名畫評按王拙河東人也
大中祥符間父子以畫馳名海內
延祐四年七月子容燕都有持此
卷相示者因以五十金購之乃賈師
相故物也圖雖尺許而氣韻精
壯命意高古精采飛動真可謂
神品者矣是歲中秋日松雪道人
趙孟頫識
春風楊柳色籠日何清明田家作
苦餘軋軋繅車鳴母子勤紡績不

豐劉繹識

131

发现故宫

任职的官员像普通朝官一样佩戴鱼袋（**象征品阶的鱼形装饰**），且朝会时诸院待招按照官阶品秩站立，以画院为首，书院次之，可见宋徽宗对画院之重视。有了这样的导向，大量的画家也自然涌现出来，花鸟画、山水画的发展都超过前代，还出现了文人画、风俗画等新颖的题材和形式。

回看宋代艺术家的创作，你会发现这是一个充满了人文关怀的时代。宋代的风俗画里，田父村家、丰年乐岁，都是画家最喜欢描述的题材。他们的画中都充满了生活气息，苍茫的山林、潺潺的溪水、农舍和劳动场景，都成为他们眼里最美的景色。

来自底层的风俗画家王居正，生卒年不详，他只是一个从小跟随父亲习画的普通画工。大中祥符年间，为了修筑宫殿、寺庙，政府发布诏令"募天下画流"，他便跟随其他从事建筑彩绘和壁画的民间画匠一起来打工，而他所绘的《纺车图》却成为一卷传世名画。

◉ 真实描绘，大胆突破

描绘劳动情境的画作，在古代画家笔下并不算少见。王居正笔下的妇女形容憔悴，骨瘦如柴，衣着褴褛，那是贫苦农民终年不得温饱的真实形象。

《纺车图》所描绘的是农村妇女纺织的情境。在一棵大树下，年轻的女子坐在木凳上，左手抱着还在吃奶的婴儿，右手摇动纺车的轮子。与她配合的老妪弓着腰扯动手中的线团，显得非常吃力。画面里还有一个幼童正在把玩一只蟾蜍，一只小狗在边上叫个不停。这是农村生活中最为常见的场面，也必定是画家心中印象最深刻的画面。《纺车图》真实地反映了劳动者的艰辛和贫苦。在王居正的笔下，年轻的纺织女侧身给婴儿喂奶，裸露出了胸部，而她年迈的婆婆也"袒胸露乳"，丝毫不在意裸露。这样刻画人物形体的方式，在当时可以算得上是一个极其大胆的突破。

🌀 图虽尺许，命意高古

《纺车图》原本被贾似道收藏，宋灭亡之后，又流入民间。延祐四年（1317），宋室遗臣赵孟𫖯用五十金从大都城一位古董商人手中购得这幅古画。

赵孟𫖯在画上留下了两段题跋，称赞它"图虽尺许，而气韵雄壮，命意高古，精采飞动，真可谓神品者矣"，并描述自己得到这幅画的过程。他还专门为此画写过一首长诗，诗中写道："田家作苦余，轧轧缫车鸣。母子勤纺绩，不羡罗绮荣。"遗憾的是，贵族出身的赵孟𫖯根本不认识纺车，将其当作了缫车，也就是丝绸工业中抽茧成丝的缫丝车。也许，作为赵宋皇族，他并不关心画面中具体的纺织工具是什么，只是从画中缅怀北宋淳朴的乡间景象。

明代汪珂玉所著的《珊瑚网》记录的名画题跋表明，明初此画被袁廷玉获取，明中期杨维新从袁家购得，万历年间周天球也曾收藏《纺车图》，并在正卷前加题"故宋王居正笔"六个字，标明了画作作者。但赵孟𫖯和周天球留下的题跋在后代装裱过程中已被裁掉，现仅留下了清代刘绎、陆心源所写的题跋，并延续了赵孟𫖯的观点，注明作者为王居正。

乾隆年间，此画归江西陈玉方。嘉庆年间，素村用旧拓唐楷碑向陈玉方换取此画。光绪年间，陆心源得此画。清末时，它又被盛宣怀收藏。近代时，画归张大千所有，并题跋："居正此图，俨然唐画风格……终不失为珍宝也。"

20世纪50年代，国家有关部门从香港收藏家手中将这幅画购回，并入故宫博物院收藏。画上有历代收藏者留下的二十九方鉴藏印，展现了它清晰的传世脉络，也记录了它千年来走过的轨迹。

发现故宫

北宋市民社会的真实写照
《清明上河图》卷

如果要用一幅画来回答宋朝有什么魅力的话，那必须是家喻户晓的《清明上河图》了，透过这幅宋代市民生活的全景图，我们可以看到北宋时期繁华的市民社会，领略宋人的多彩生活。

富贵繁华汴京城

宋代农业、手工业和商业兴旺发达，城乡市镇都有很大发展，是当时世界上经济最发达的国家。宋代以前，城市布局有严格的市、坊（**市是贸易区，**

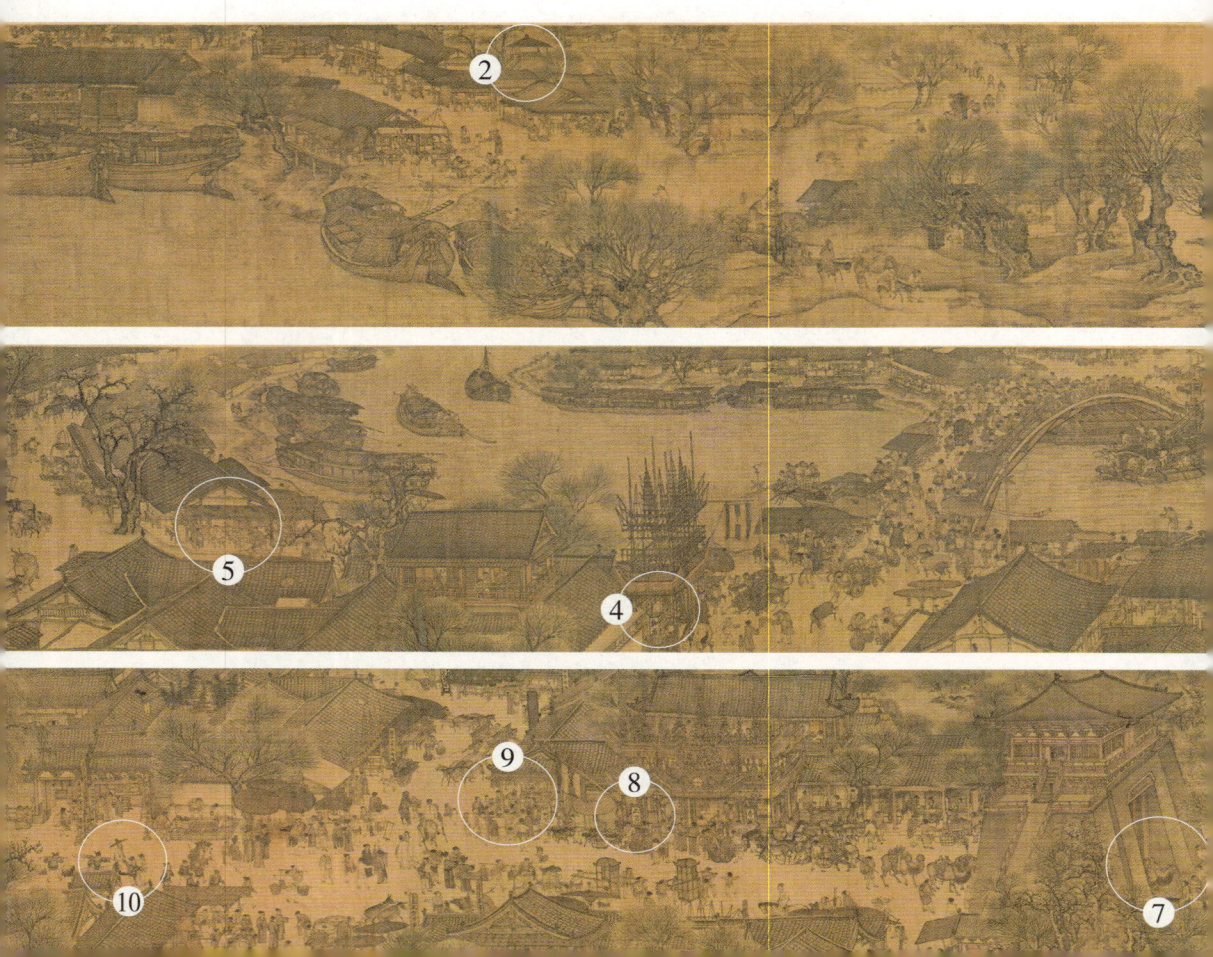

第五章 市井百态，人间烟火

坊是住宅区）界限，对商业贸易时间也有严格的管控，且实行严格的宵禁制度，晚上城门关闭后，谁也不能在街上闲逛，而进入宋代，市、坊的界限被打破。此外，宋代还出现了夜市，商贩们可以通宵达旦地做生意。

生活在北宋汴京（今河南开封）的人，最喜欢去的地方是大相国寺。大相国寺每个月定期举办庙会，不仅有各种商品供游客选择，还有傀儡戏、杂技等娱乐节目。元宵节时，大殿前有皇家乐队的演奏会，城里的人都赶来聆听演奏，欣赏烟花表演。

《水浒传》里借鲁智深的眼睛，

年代：	北宋
作者：	张择端
尺寸：	纵24.8厘米，横528厘米。
材质：	绢本，淡设色

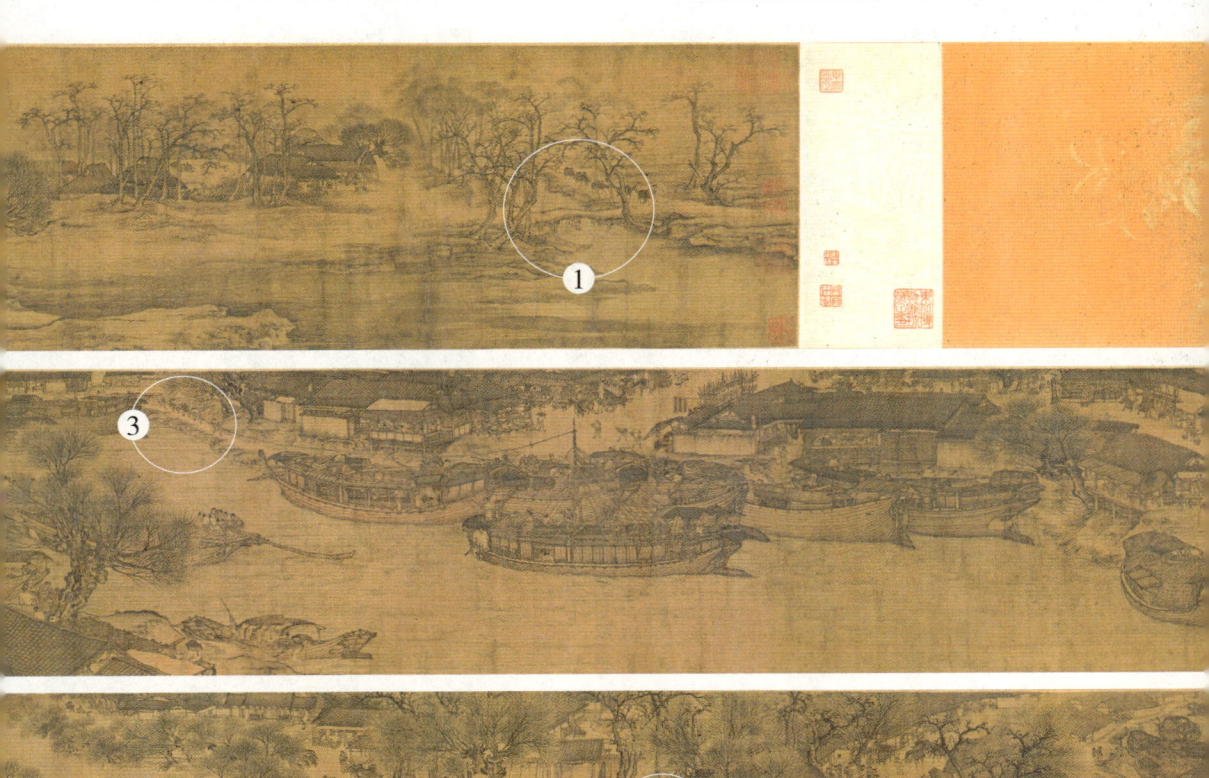

① 汴京的郊外风光

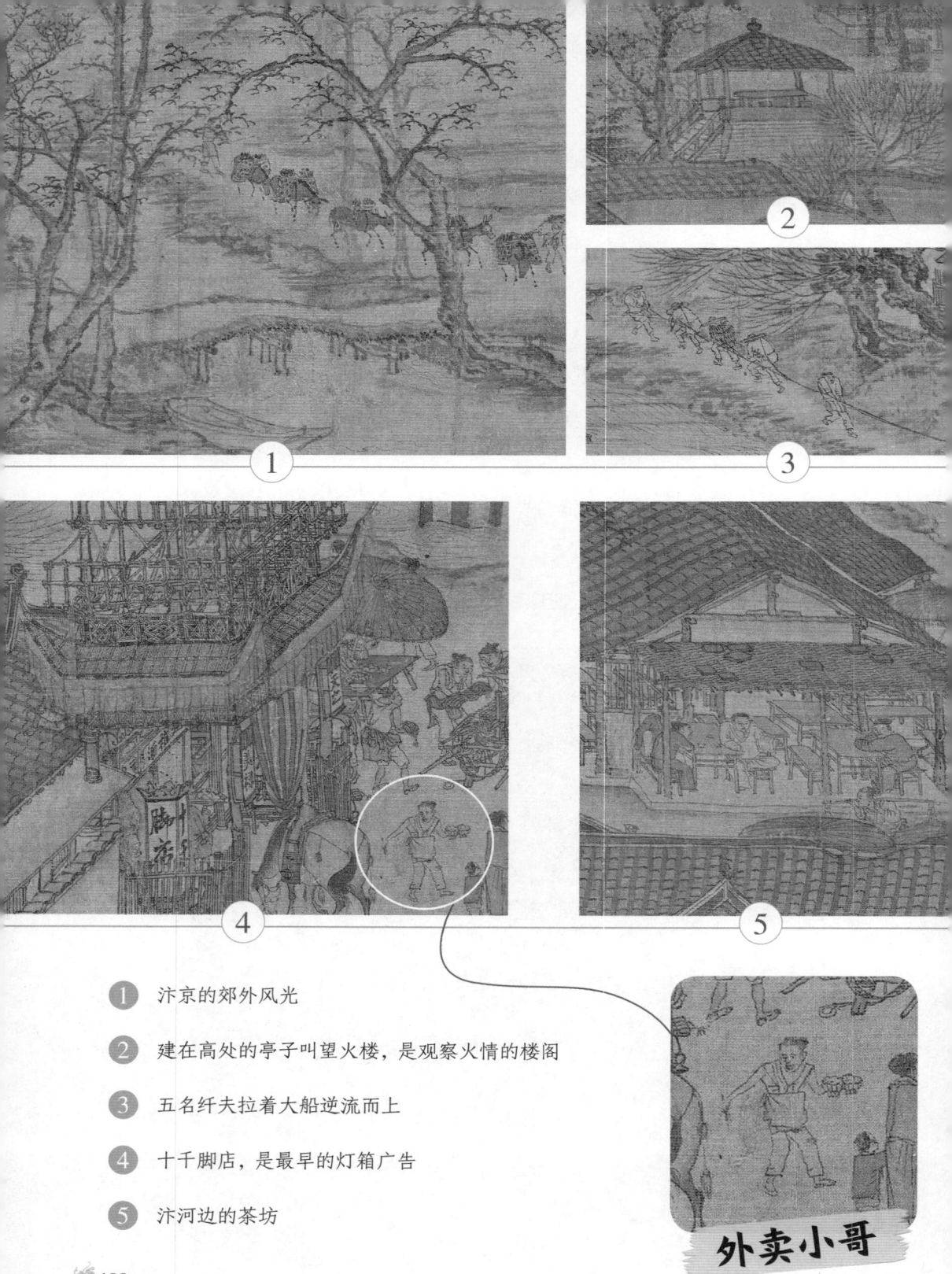

② 建在高处的亭子叫望火楼，是观察火情的楼阁

③ 五名纤夫拉着大船逆流而上

④ 十千脚店，是最早的灯箱广告

⑤ 汴河边的茶坊

外卖小哥

⑥ 卜卦决疑，正中端坐的是一位算命先生

⑦ 牵骆驼的人身着胡服，说明北宋已开展国际贸易

⑧ 正店——全图中最大的酒店

⑨ 孙羊店前有一位正在说书的大胡子艺人

⑩ 《清明上河图》中只有二十匹马，说明当时马匹比较珍贵

发现故宫

向我们展现了北宋汴京的繁华景象——"千门万户，纷纷朱翠交辉；三市六街，济济衣冠聚集。凤阁列九重金玉，龙楼显一派玻璃……满目军民相庆，乐太平丰稔之年；四方商旅交通，聚富贵繁华之地。"而张择端的《清明上河图》为我们的想象增添了更多绚烂的色彩。

清明盛世画中留

《清明上河图》用五米多的长卷，尽情展现了北宋都城的繁华，汴河两岸的市民生活如一曲交响乐般淋漓挥洒于纸上。

画中各行各业的人物形象鲜活生动、神态栩栩如生，各色商店应有尽有，还有牲畜五六十匹、车轿等二十多乘、船只共计二十多艘。这些写实的创作，使《清明上河图》如同一本内容丰富的百科全书，将北宋的商业、交通、建筑、饮食、服饰等，完整地保存下来。

画卷右起是汴京郊野的场景，一派郊野田园风光，茅舍溪桥、老树扁舟、农夫劳作，是郊野特有的欣欣向荣之景。轿夫抬着轿子走在路上，后面跟有挑夫和骑马者。

与郊野之景形成鲜明对比的是汴河码头，码头上人烟稠密、货船云集。两段画面的对比充分展现出画家超强的掌控能力，整体景象安排疏密有度，富有节奏和韵律之美。这部分以横跨在汴河之上的虹桥为中心，桥上人群摩肩接踵、熙熙攘攘；桥下满载货物的舟船来来往往、络绎不绝；码头上的人拉纤卸货，忙得不亦乐乎。岸边的街市店铺拥挤排列，宾客往来，生意红火。看到这里，似乎可以听到汴京市民在街市上攀谈呼喊的声音。

最后描绘的是汴京街市的繁华之景，将汴京街市的各行各业都生动地展现在画作中。以高大宏伟的城楼为中心，旁边两条路上布满了商铺房屋，有茶馆、酒肆、旅店、庙宇、珠宝店等，也有各行各业的行人以不同的交通工具出行。行人在街上往来不绝，形象鲜活而生动，使观者如临其境。

☁ 宋人的幸福生活

《清明上河图》中店家商铺林立，宋代商贸之发达由此可见一斑。在此时，店家已经开始使用抓人眼球的广告来吸引顾客了。比较特殊的是虹桥附近的一家"脚店"（**即酒店**），门口悬挂了一个"灯箱广告"，上面写有"十千脚店"（**"十千"代指美酒**）四字，非常引人注目。这种方形"灯箱广告"能够使行人不论在哪个角度都能看到店家的营业内容，实用又美观。

现在发达的网络使我们足不出户就能在网上订外卖，很快就会有人送饭上门，而这种便利生活，早在北宋，汴京的市民就享受到了。《清明上河图》中，就有一位手提饭盒正在为客人送外卖的酒店伙计。宋代许多饮食店家都提供"送外卖"服务，客人下单，店家随时送货上门。汴京城中售卖的食品多达二百余种，各种小吃令人垂涎三尺，直到现在，开封夜市小吃都闻名全国。

☁ 繁华背后藏危机

张择端不仅看到了北宋商贸的繁荣和市民生活的丰富多彩，还敏锐地发现了盛世中潜藏的社会危机，并借助他的画笔，巧妙地绘进了这幅现实主义长卷之中。

《清明上河图》中绘制的运输粮食的船只都是私人船只，而非官府监运的漕船，不见押运官的身影。由此可见，北宋末年官方对粮食的管控开始松懈，出现了官粮危机。市民阶层兴起后，依靠漕运将农村生产的粮食运送到城市中，提供给不从事农业生产的市民，对于保障社会的稳定十分重要。尤其是对于汴京而言，市民所需的生活物资主要依靠汴河漕运源源不断地保障供给。而宋徽宗为满足奢靡生活，令官府漕船停运粮食，改运花石纲。官仓空虚，致

发现故宫

《清明上河图》卷（局部）

使汴京及周围的物价上涨，这种潜在的粮食危机激化了北宋末年的社会动荡。

汴京城大多数建筑为木石结构，因而城市的防火工作是重中之重。在北宋初年，城内夜晚实行火禁，每个坊都设有望火楼，以便及时发现火情。而《清明上河图》中仅有一座已经荒废的望火楼，且没有官吏在望火楼上看守，这正是宋徽宗时期消防废弛的反映。

虹桥边正上演着整幅画作的高潮，一艘航船已经驶近了虹桥，但是船上高耸的桅杆却没能及时放倒，眼看就要撞上虹桥。在此危急时刻，不仅船工在争分夺秒地忙碌，桥上和岸上的行人也都在紧张地观望。这种焦灼紧张的气氛正是对盛世潜藏危机和社会矛盾的一种渲染。

《清明上河图》现收藏于故宫博物院，是故宫博物院的镇馆之宝。因为这幅画太过珍贵，所以其真迹2000年后只展出过四次：第一次是2005年10月10日庆祝故宫博物院八十岁生日时，在故宫展出；第二次是2007年7月献礼香港回归十周年时，在香港展出；第三次是2012年1月5日，在日本展出；第四次是2015年9月8日，在故宫武英殿举办的"石渠宝笈特展"中展出。所以看过此图真迹的人是非常幸运的。

市井小民生活的片刻欢愉
《货郎图》卷

人间烟火气，最能让人感受到生活的美好。宋代风俗画家深谙此道，他们笔下的市井小民一个个都生动自然、栩栩如生，就好像随时会说话一样。行走在街头巷尾的货郎，带来的是孩子们眼中最美好的世界。扁担上挑起的，不只是琳琅满目的货物，更是社会富足和生活安稳的剪影。

民生百态，世俗图景

宋朝皇室南迁，宋徽宗之子赵构在应天府（今河南商丘）称帝，史称宋高宗。随着战火逐渐平息，偏安一隅的南宋王朝在临安（今浙江杭州）得到了短暂的喘息，社会经济开始缓慢复苏。在江南柔暖的微风里，让人有一种太平盛世又回来了的错觉。

宋高宗在绍兴元年（1131）订立秘书省献书赏格，恢复了翰林图画院等内廷的艺术机构，对于流亡的人才也积极延揽，大批曾经供职于北宋宣和画院的旧人南渡到临安。南宋画院成就最高的是人物画，题材更加多样，内容更加丰富，充满了生活情趣。虽然在技法和风格上与北宋并没有本质上的变化，却掺入了一些新的元素，形成了自己独特的风格。在绘画题材上，货郎图、婴戏图成为主要的表现形式。

货郎图专门描绘民间货郎和叫卖艺人，表现平常人家的生活。在宋代，随着城乡经济的繁荣，货郎成为新兴的市民阶层最为常见的形象。

宋代是货郎图发展的高峰期，其中又以南宋最为兴盛。李公麟、王居正、勾龙爽、刘松年、苏汉臣及李嵩等都是善画货郎的名家。

发现故宫

年代：南宋
作者：李嵩
尺寸：纵 25.5 厘米，
　　　 横 70.4 厘米。
材质：绢本，设色

🌀 生于其间，笔绘真情

南宋时期，江南地区社会安定，商品贸易十分活跃。挑着货担走街串巷的货郎，货架上摆放着琳琅满目的日用品和美味食品。他给城乡的妇女和孩童送去便利和喜悦，所到之处都是一幅幅温暖而富有生活气息的风俗画卷。

李嵩少年时期是江南一个普通的木工，后被绍兴画院待诏李从训收为养子，跟随李从训系统学习绘画。后来，李嵩历任宋光宗、宋宁宗、宋理宗三朝画院待诏，是南宋画院的代表人物。据《南宋院画录》记载，李嵩"工人物，尤精于界画"，而他的人物画又以民俗生活题材，特别是日常生活中常见的乡村货郎、村妇幼童最为突出。

如今流传于世的李嵩货郎图画迹很多，其中最负盛名的是藏于故宫博物院的《货郎图》卷。

故宫博物院收藏的《货郎图》左下方署款"嘉定辛未李从训男嵩画"，画幅中央有乾隆帝的御笔题诗："肩挑重担那辞疲，夺攘儿童劳护持。莫笑货郎痴已甚，世人谁不似其痴。"但画中的货郎并不疲惫，更没有乾隆

第五章 市井百态，人间烟火

帝所想象的贫苦寒酸。他衣着整洁、神情愉悦，颇受妇女和儿童的喜爱，一群孩子追逐在他的身前身后，货郎也颇为享受货担中的货物给孩子们带来的快乐。

李嵩十分善于描绘真实的劳动者，《货郎图》中画了一位老货郎、两位妇人和十二个村童。当货郎来到春草初长的乡间，带来的商品有几十种，有木叉、竹耙，也有风筝、风车，还有碗盆、蒲扇，以及各种食品、药品，货郎的身上、腰间也挂满货物。孩子们看到琳琅满目的小玩意儿都雀跃而至，围绕在老货郎的身边。这些孩子有的刚会走路，有的急切奔跑，有的伸手阻拦，有的举钱高呼，每一个婴童的神色都活灵活现。这其中，有五个胖孩子格外引人注目，他们或背对观者露出圆滚滚的屁股，或敞怀露出胖乎乎的肚子，似乎是富足的江南生活中最可爱的代言人。老货郎一手招揽生意，一手护住担子，仿佛害怕孩子们撞倒货物。就连村口的狗也被这快乐吸引，跑了过来，想要参与其中。

依据画上落款"嘉定辛未"，可知李嵩《货郎图》创作于嘉定四年（1211）。

发现故宫

经历了多位收藏者之后，它流入清代内廷，成为乾隆帝窥视民生百态的小小窗口。画上乾隆帝与历代收藏家的十多个钤印，反映了它流传的足迹，代表着它曾驻足的地方。

窥视过往，皆有春意

风俗画如同是历史的一个小小窗口，就算过去了千年，后人依旧可以从中窥见时人的生活场景。

宋代的祈子风俗为货郎图的兴盛提供了丰富的素材。宋代，婴儿的夭折率非常高。根据统计，宋代皇帝的子女共计一百八十余人，其中近一半夭亡。养尊处优的皇室尚且如此，民间情形可想而知。正因如此，宋代民间有丰富的生育礼俗——人们喜欢在家中摆放泥塑童像，也盛行婴孩题材的绘画。邓椿的《画继》记载，时人绘制各种婴孩图画，每次数百本，一经上市就会抢购一空。货郎图可看作是宋代生育礼俗中的一部分，寄托着皇室贵胄和民间百姓对多子多福、子孙昌盛的美好祈愿。

一幕幕动人的江南世俗生活图景，赢得了大批画家的喜爱，还得到了皇室对风俗趣味的接纳。

宋代文化的一个显著特点就是注重反观内省，他们更多地关注现实生活，在平凡的烟火气里感悟生活，这样的世界"万物皆有春意"，更能够进入他们的内心。

绘画是一种再现，欣赏者的目光可以穿透时空的阻隔，这一点和后来出现的摄影、电影一样。在那个没有现代影像手段的年代，我们有时只能通过画家的笔知晓当时发生了什么，这就让绘画有了更加深刻的意义。

货郎的叫卖声和孩子的嬉闹声已经远去，带着南宋梦里的浮华，成为发黄的卷页，而那一刻的快乐却在一次次展出和欣赏中被反复回放。

绢纸上的鸟语花香
《果熟来禽图》页

宋代的诗人和画家对于生活的深入观察也是前所未有的。他们可以绞尽脑汁地赞美一朵平凡的花，也愿意为描摹一只普通的鸟儿而废寝忘食。在当时画家林椿的画笔下，一只悄然飞来的雀鸟落在枝头，从此便再也没有离开。

绘事之妙，寓兴于此

中国画充满了哲学性，飘逸的线条蕴藏着无限的寓意。正因如此，花鸟远不止一朵花和一只鸟那么简单，它们内在的寓意在世界画坛都是一种独特的文化现象。北宋《宣和画谱》中有一章专门论述花鸟，称："绘事之妙，多寓兴于此，与诗人相表里焉。"所以牡丹和鸾凤必须要形态富贵，松竹梅菊和鸥鹭雁鹜必然要在幽谷中相见，白鹤要表露悠然之情，鹰隼（sǔn）要展现搏击之态，杨柳梧桐都要在微风中轻摇缓摆。这不仅是造化的神奇，还是人们的精神意识在绢纸上得到了具体的展现。

宋代是中国花鸟画的成熟期和鼎盛期。北宋政权建立后，皇帝们大多都喜好文艺，他们大力倡导艺术，从南唐画院演变而来的翰林图画院人才济济、经久不衰，是两宋绘画艺术的中坚力量。《宣和画谱》记载的宫廷藏画有六千多幅，其中一半以上是花鸟画。

花与鸟相伴出现，源自人们对它们天然关系的理解。在自然的世界里，它们共同点缀了天地春色，这种关系一直到南宋时才在画家笔下得到深化。南宋画家用工笔画鸟儿的翎毛，用粗笔画树木和石头，工细和粗放巧妙地融合在一起，而穿插的花枝也让鸟儿更显生动。他们更专注于一角小景，以截

年代：南宋
作者：林椿
尺寸：纵26.9厘米，横27.2厘米。
材质：绢本，设色

第五章 市井百态，人间烟火

取自然花卉最动人的局部入画，更加细腻，呈现出清淡典雅的情趣。

现藏于故宫博物院的《果熟来禽图》页中，画家林椿描绘了枝头小鸟欲飞又止的情态，沉甸甸的果子坠在挺拔的枝头，果熟蒂落前被虫儿肆意吞噬，毛茸茸的鸟儿有着圆滚滚的身材，它似乎被画外的新奇吸引，振翅欲飞。力量和动感都集中在一瞬间，鸟儿的情态和枝叶果实之间的细节意趣，完美地展示了这一时期的花鸟风格。

应物象形，笔造意境

清代人厉鹗编著的《南宋院画录》记载，这一时期的院画以山水成就最高，人物次之，花鸟又在人物之下。九十余名记录在案的画家中，以花鸟为主或兼及花鸟者占据半数以上，林椿、李嵩、马远等人都是其中的佼佼者。

《果熟来禽图》受画面尺幅的限制，整体构图更加简单，画面也更集中，人们的眼睛也就会更关注画中的精彩细节。其中，不仅鸟儿起飞前用力俯身蹬腿的微妙细节活灵活现，连树叶枯萎、出现锈斑和果子上被虫叮咬的细节都被描绘了出来，这精妙的一刻能够被记录，和画家高超的写生能力密不可分。

《果熟来禽图》从宋内府传到清内廷，一路延传到故宫博物院。虽然时光已经流转了近千年，但是那只欲飞的雀鸟却依旧瞪着圆圆的眼睛，没有飞出这小小的尺寸世界。艺术的真谛就是通过画面让观者产生心灵上的共鸣，纵然它飞不出画卷，却早已飞入无数观者心中。

格格不能乱叫

关于乾隆帝，琼瑶小说《还珠格格》中有这样一段情节：乾隆帝东巡期间，爱上了济南大明湖畔的一位美丽女子夏雨荷，并生下女儿紫薇。若干年后，紫薇带父亲当年留下的信物前往京城，最终被封为明珠格格。而京城中一名本来和皇室毫无关系的女飞贼小燕子，也阴差阳错成了还珠格格。民间女子华丽转身成为高贵格格的故事因满足了万千少女的美丽幻想而大受欢迎。

固伦、和硕，都是公主

清朝入关以后，皇太极在既参考汉族礼制同时保留本民族特色的基础上，制定了清朝的封号系统。

皇帝的女儿小时候可以按照满族惯例被称为"格格"，但成年后就要进行特定的册封仪式，由此获得正式封号。但公主也是有等级的：皇后的女儿可以获得"固伦公主"的封号，"固伦"在满语中的意思是"天下"；妃子的女儿和皇帝的养女只能被封为"和硕公主"，"和硕"为"一方"之意。

不过也有妃子所生女儿被破格封为固伦公主的例子——乾隆帝的第十个女儿和孝公主的母亲惇妃汪氏只是

固伦和孝公主像·清·佚名

个嫔妃，但她13岁时就破格成了固伦公主，后来还下嫁给了当朝大红人和珅的长子丰绅殷德。据说这位公主不但长相酷似乾隆帝，而且不爱红装爱武装，经常女扮男装跟随乾隆帝骑马打猎、拉弓射箭。乾隆帝对这个女儿颇为宠爱，甚至曾说过如果十公主是男儿身，就要将自己的皇位传予她。

格格也分市、县、乡三级

贵族之家的长女在成年后会由中央政府根据其父亲爵位而统一颁发正式封号，作为对其贵族身份的权威认证。"格格"共分五级：和硕亲王的女儿称为"和硕格格"，汉名为"郡主"；多罗郡王的女儿称为"多罗格格"，汉名为"县主"；

❀ 道光帝第六女寿恩固伦公主 ❀

❀ 第七女寿安固伦公主 ❀

多罗贝勒的女儿也叫"多罗格格"，汉名为"郡君"；固山贝子的女儿称为"固山格格"，汉名为"县君"；镇国公、辅国公之女没有前缀，直接称"格格"，汉名为"乡君"。

镇国公、辅国公以下的女子一律不授封号，统一称"宗女"，目的是报上名号能够让人清楚自己好歹也是跟皇帝沾亲带故的宗室之女，在接待规格上和普通人有所区别。虽说她们的皇族血统其实很淡很淡，但有一点也是有，因此含糊不得。

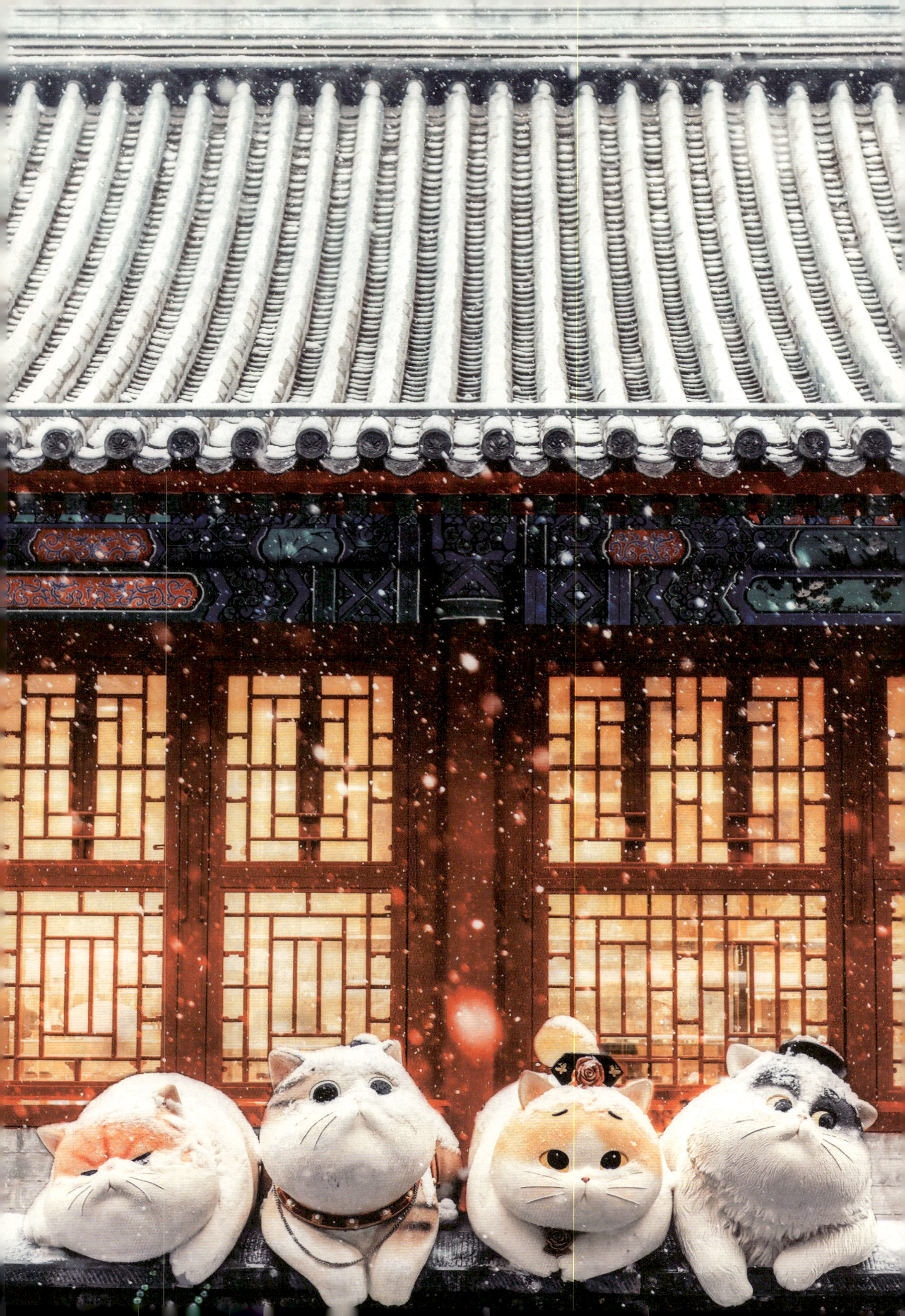

第六章

江山如此多娇

发现故宫

天才少年巨笔下的壮美山河
《千里江山图》卷

　　《千里江山图》卷是中国的十大传世名画之一，也是中国现存篇幅最长的青绿山水图卷。如此宏大而令人叹为观止的画作，却是出自一位十八岁天才少年之手，这无疑为这幅作品增添了几分传奇色彩。北宋时期的两幅巨制《千里江山图》卷和《清明上河图》分别从理想与现实的角度，向世人展示着那个繁荣时代的面貌。历经九百余年的沧桑，北宋的千里江山依旧在这幅画中熠熠生辉，璀璨夺目。

◉ 天才画家初长成

　　宋徽宗时期，宫廷画院发展至鼎盛，汇集了来自全国各地的优秀画家，

第六章 江山如此多娇

年仅十余岁的王希孟以出色的成绩考入了画学。在那里，他接受了系统而专业的绘画培训。但从画学毕业后，王希孟却没能进入画院任职，而是被分配到文书库做一些抄写账目的工作。

年轻的王希孟依旧对绘画抱有极大的热忱，为赢得宋徽宗的赏识，他曾屡次进献自己精心绘制的画作。深谙书画艺术的宋徽宗觉得王希孟虽画工尚显稚嫩，但是个可塑之才，又见他如此执着，便召他入宫，决定亲自培养这个不可多得的好苗子。在宋徽宗的指点下，王希孟的画技有了很大提升，已初露不俗的创作水平。

正是年少疏狂、雄心勃勃之时的王希孟决定创作一幅展现大宋锦绣江山的长卷献给宋徽宗，既能将自己的学习成果汇报给老师，也能借此表达对大宋江山永固的祝祷。放眼无限江山，要将目之所及之景与遥不可及之景全都展现在一幅画卷之中，谈何容易。而王希孟却做到了，他在绘制了大量写生

年代：北宋
作者：王希孟
尺寸：纵51.5厘米，横1191.5厘米。
材质：绢本，设色

稿和参阅前人画作之后，仅用半年时间就创作了这幅工致的高头大卷，以近似全景镜头一样的视角，引领我们观看一部北宋江山的纪录片。

江山千里望无垠

　　这幅近十二米的长卷气势宏阔，以独特的散点透视法，将千山万壑、渔村野渡、水榭长桥、楼台殿阁等尽收眼底。对于如此繁复的景物和宏阔的场面，王希孟却将它们安排处理得细致而生动，以鸟瞰的视角，使画面呈现纵深之感，"咫尺有千里之趣"。

　　《千里江山图》卷以江南的清秀山水为主体，用写实的手法描绘了美妙的江南风光。北宋末年，全国的经济重心继续南移，南方的经济发展基本已经超过北方，财富殷实、风景秀丽的江南，成了画家们争相创作的素材。史载，宋徽宗喜好江南风光和奇山异石，他曾在汴京建造"艮岳"，以搜罗来的江南奇石装饰这座皇家花园。王希孟此举可能受当时风气的影响，也许还有投

宋徽宗所好之意。

　　画卷中江河交错，烟波浩渺，其间又有生活气息浓郁的渔舟游船、行人飞鸟、古刹隐士，既有山河壮丽的浑阔茫远，又有山野渔樵的幽微细致，如此桃花源般的山水园林生活，大有粉饰太平之意。

　　诚如画家陈丹青所言，《千里江山图》卷满溢着王希孟这位天才画家的放逸雄心和精妙细腻，对于江山之景的处理不拘泥于枝枝蔓蔓，构图巧妙而不显繁杂，"通篇贵气，清秀逼人"。

宝石青绿历千年

　　《千里江山图》卷是青绿山水的旷世杰作。画卷展开后，映入眼帘的是浓淡相宜的各种青绿色调，江山被层叠铺垫的青绿颜料渲染得生机盎然。画作中的主要颜料是由孔雀石（**绿色**）、蓝铜矿（**青色**）、青金石（**绿色**）、赭石（**红色**）、砗磲（**白色**）等珍贵的矿物研磨成粉末后调汇成的，用这种

发现故宫

矿物质颜料描绘出的山石更为苍翠厚重，色泽更为绚烂，历经千年而不褪色。对天然矿物颜料的灵活运用，是中国古代青绿山水画家的独到技艺。

据专家研究，《千里江山图》卷其实是由五幅图叠加而成的，先以黑墨勾勒出山石的轮廓，后以赭石色轻染铺垫，再以石绿染出底色，通过改变手法造成色彩上的巧妙变化，以变幻的石绿重新叠加，施以重彩，最后再以青色完成点睛。通过这层层步骤，既使整幅画作统一于青绿的基调中，又将锦绣山河描绘得绚烂多彩，远近合宜。整体布局精巧，疏密有度，使观者如临其境。

历经千年，画作中部分颜料已经脱落，但整幅画作的青绿色泽却始终鲜明，整幅画作呈现出富丽堂皇的气韵。《千里江山图》卷被誉为北宋宫廷画院的"山水神品"。元人赞誉称："在古今丹青小景中，自可独步千载，殆众星之孤月耳。"

一生一画俱传奇

王希孟完成这幅旷世巨制后，将它呈献给宋徽宗。宋徽宗边看边赞叹："天下士在作之而已"，对王希孟作品的赞誉之情溢于言表。宋徽宗将它赏赐给了宠臣蔡京，蔡京书法造诣颇深，便在画上写下题跋，后世凭此短短几句才对王希孟的生平稍有了解。

在完成了《千里江山图》卷后，王希孟便杳无音信了，但《千里江山图》卷足以令他跻身最伟大的画家之列。正如陈丹青所说："在《千里江山图》中，我分明看见一位美少年，他不可能老，他正好十八岁。长几岁，小几岁，都不会有《千里江山图》。"这幅鸿篇巨制，永远地将那位十八岁少年的不朽灵魂和他耀眼的青春保存其中。

这幅旷世名画历经坎坷才得以完好地保存下来。蔡京在宋钦宗时被抄家，

第六章 江山如此多娇

《千里江山图》卷（局部）

此画再度回到北宋宫廷，后又进入南宋内府，至元代时流出宫廷，由一位名为李溥光的和尚收藏，此后再无消息。直到清乾隆年间再度出现，并被记录在专门记载宫廷书画珍藏的《石渠宝笈》中。

1924年，西北军阀首领冯玉祥将"末代皇帝"溥仪驱逐出紫禁城，溥仪将此画携带出宫，随他辗转至长春。为筹集资金，溥仪将这幅画转卖给文物贩子，最终由古董商靳伯声购得。1953年，在中央政府的号召下，靳伯声将《千里江山图》卷捐赠给国家文物局，画作后被妥善安置在故宫博物院中。

2008年北京奥运会开幕式上，一幅绝美的山水长卷在世界观众面前徐徐展开，这便是《千里江山图》卷，它向全世界展现了中国古代灿烂的艺术以及泱泱大国的壮志豪情。2013年《千里江山图》卷在北京故宫博物院首次全卷展出，一经开展，便吸引了众多观众前来观赏，引起了极大的轰动。它那近千年而不衰的青绿色泽和宏伟壮丽的山河风光，将永远惊艳每一位观者。

半壁江山的艺术记忆
《踏歌图》

宋金绍兴和议后，南宋朝廷很快忘记亡国之辱，安守半壁江山。渐渐地，从皇帝到黎民，都沉浸在江南好风光中乐不思蜀。宋高宗恢复北宋时期画院建制，建立新都画院，云集了一大批名家画手。一时间，朝野间画风大盛，以山河为主题的山水画及表现恬静富足生活的风俗画蔚然成风，将半壁江山的绮丽与奢华定格为永恒，留下了一帧帧秀美绝伦的艺术记忆。

西湖风暖游人醉

绍兴和议后，南宋朝廷以俯首称臣、年年进贡的屈辱姿态换来表面和平。政权稳定了，又身处风光明媚的鱼米之乡，皇帝朝臣们开始恣意享乐。而杭州胜景，全在西湖，西湖自然成为天潢贵胄们出游的必选之地。不过，皇帝游览西湖阵仗虽大，却能与民同乐，任由士人百姓随处游玩，摆摊做小生意的也一如平时，不会因皇帝出游有所封禁。

《武林旧事》中记载了南宋淳熙年间宋孝宗携百官游览西湖的盛况。宋孝宗乘坐"大龙舟"，后面随行着数百艘"大舫"，舫上载有宰执、诸司等重臣。因不禁百姓游玩生计，西湖上的画楫轻舫一如平常，画舫湖畔有被称为"水仙子"的盛装歌伎舞女，有吹拉弹唱的民间艺人，还有起轮、走线、踏混木等杂技表演，热闹无比，让观者目不暇接。

民间花样已是如此之多，御舟上更是气象非凡。舟上四面垂着珠帘锦幕，帘幕上装饰着七宝珠翠。帘幕内外有官女侍立，个个装扮得像仙女。一旦皇帝看中什么新奇事物，御舟上的侍者就会乘小船"宣唤赐予"。比如著名的宋五嫂鱼羹，就是因为皇帝吃过后大加赞美，才在当时形成人们争相品尝的盛况，又流传至今，成为杭州特色名菜。

皇帝好冶游，百姓也纷纷效仿。西湖景色宜人，春夏秋冬各有特色，但又以春天最为明丽，长堤之上繁花似锦、绿柳成荫。因此，春天的西湖水面上游船众多，游人们整日嬉游，不醉不归的大有人在。

丰年留客足鸡豚

南宋早期，偏安一隅的朝廷重文轻武，虽然在军事上少有作为，但经济与文化却蓬勃发展起来。南宋社会仍以农耕经济为主，南渡后大量人口随皇室迁移至南方，劳动力骤增，加上江南地区的稻谷可以一年两熟，南宋经济迅速发展了起来，一部分百姓过上了富足安乐的生活。

南宋诗人陆游在《游山西村》中有"莫笑农家腊酒浑，丰年留客足鸡豚"的诗句，描述出普通百姓丰衣足食的状况。温饱不成问题，百姓自然有更多精力投入娱乐活动中。论起宋代最为老幼咸宜的娱乐活动，莫过于踏歌了。

早在唐代，教坊就在民间踏歌的基础上编演出《踏歌》舞曲。到了宋代，踏歌这一载歌载舞、随处可舞的艺术形式更是广为流行。张耒在《田家三首》中，有"连臂踏歌村市晚"的诗句，《武林旧事》中也有"踏歌声度晓云边"的描述。而南宋画家马远的《踏歌图》，更是直观、形象地绘出乡间踏歌的情形。

马远出身画院世家，他的高祖为"佛像马家"传人。马远的山水画师从李唐，在宋光宗、宋宁宗、宋理宗三朝均任画院待诏。马远的作品深得皇帝喜爱，经常在他的画上题写诗跋，还将他的画作赐给大臣。《踏歌图》中，就有宋宁宗的亲笔题诗："宿雨清畿甸，朝阳丽帝城。丰年人乐业，垅上踏歌行。"这首诗是王安石所作的《秋兴有感》，但宋宁宗将最后一句"垅上踏歌声"改为"垅上踏歌行"，以贴合马远画意。

顾名思义，《踏歌图》的主旨是几位农民在路上踏歌的场景。画面下部

宿雨清畿甸
朝陽麗帝城
豐年人樂業
隴上踏歌行

年代：南宋
作者：马远
尺寸：纵192.5厘米，
　　　横111厘米。
材质：绢本，设色

第六章 江山如此多娇

尽是水田，田中作物长势喜人。田垄上，以走在最前方且须发皆白的老者形象最为生动：他右手扶杖，左腿抬起，头向侧方转动，肢体语言协调丰富，充满动感。老者身后，一位中年男子双手打着节拍，右腿高高抬起，且舞且行，正在迈步过桥。中年男子身后，另有一男子抓住他的腰带，躬身舞动，与中年男子踏歌的节拍相若。走在最后的男子肩上扛着葫芦，正在迈步前行追赶同伴。老者前方，一位青年妇女携带幼儿，望向踏歌的四人。

与一般风俗画不同的是，《踏歌图》仍以山水为主体。画面上部奇峰耸立，林木葱茏，中部云遮雾绕，云雾及枝叶掩映间，宫阙楼阁若隐若现，配上仙境般的峻岭苍林，更显得气象森严。《踏歌图》虽形象绘出踏歌情境，但马远绘此图的主旨更为偏重颂扬太平盛世。

国宝故事

在宋代画坛，山水画成就最大。前期有"毫锋颖脱，墨法精微"的李成、擅长"雨点皴"的范宽、"笔墨秀润，善为烟岚气象，山川高旷之景"的巨然等山水大家。李、范之后，受社会风气的影响，山水画走向"惟摹"的保守之途，郭熙、王诜是北宋中期山水画成就较大的画家。尤其是王诜的青绿山水启发了北宋后期的"复古"山水画风。以米芾、米友仁为代表的文人山水画把景物情趣与笔墨效果相融合，丰富了山水画的形式和表现力。南宋李唐所创立的"水墨苍劲"的山水画风风头最健，而马远、夏圭在截景构图、水墨技法上又各有所创。

发现故宫

四季流转中的山水图景
《四景山水图》卷

　　山水是中国画代表性题材之一，每一位中国文人似乎都有隐逸情结，而每一缕想要隐逸的情思都能够在山水画中找到归宿。与北宋时期相比，南宋的山水画不再磅礴大气，而是通过边角的展示来抒发画家的心情。刘松年将自己眼中和心中的四季山水描摹在绢纸上，在四季流转之中表达了他对自然的向往。

☁ 残山剩水，边角取景

　　文学和艺术都获得了长足发展的两宋时期，在山水画的创作中也出现了一个高潮。南宋时山水画的构图由北宋的"全景式"，变成了"边角式"，

年代：南宋
作者：刘松年
尺寸：纵40厘米，横69厘米。
材质：绢本，设色

④ 　　　　　　　　　　　　　③

162

秉承以自然为主的观点，创造出了以小见大、讲求意境的边角山水。这是因为宋皇室南渡之后，偏安一隅的政治环境，以及哲学、宗教的耳濡目染，让画家的审美价值观和艺术观察角度发生改变，简约的景物更能烘托出凄清淡薄的氛围，也给观者留下想象的空间。

"南宋四大家"（**李唐、刘松年、马远、夏圭**）之一的刘松年擅长人物和山水，他将南宋山水画推向了更加精细严谨、秀润典雅的风格。刘松年是钱塘（今浙江金华）人，居住在清波门外，因而得名刘清波。清波门毗邻位于凤凰山东麓的皇宫，与西湖紧密相连。因此，刘松年对西湖的魅力了然于胸，他最常画的题材便是西湖园林小景，典雅而又精妙的画风常令人有耳目一新之感，明代张丑有诗赞叹："西湖风景松年写，秀色于今尚可餐。"

诗情入画，别具一格

现藏于故宫博物院的《四景山水图》是刘松年传世的代表作之一。四幅画描绘了春、夏、秋、冬四季中西湖不同的美景。

《春景图》描绘的是二三月间西湖之畔的景色。春花开得烂漫，杨柳葱翠可人。画中近处有长堤、亭园，远处有山峰。有两人牵着马儿从柳林深处

① 《四景山水图》卷之《春景图》

🌀 图中近处长堤蜿蜒，楼阁秀丽，远处山峰若隐若现，处处春花烂漫，一派春意盎然。

② 《四景山水图》卷之《夏景图》

🌀 《夏景图》中湖边水阁里有人乘凉，微风似乎从碧荷点点的水面之上徐徐吹来，画面更显清润。

③《四景山水图》卷之《秋景图》

《秋景图》中黄叶红枫,色彩斑斓,苍松翠柏多了几分苍劲,而坐在庭院中的老者却依旧闲适,似乎深秋的氛围并未影响到他的心境。

④《四景山水图》卷之《冬景图》

《冬景图》里苍松劲挺,白雪茫茫,院外桥头有人骑驴打伞前行,而远处的群山已经被皑皑白雪覆盖。

走了出来，他们边走边说笑，气氛融洽，似乎能让人感受到和暖的春风。

《夏景图》描绘的是湖畔纳凉的休闲场景。画面左侧浓荫茂密，右侧则是碧荷点点。在湖边有一座水阁，一男子正坐在里面乘凉，他面朝湖面，似在歇凉。桥面上还有一伫立远望的男子，正在享受湖面吹来的微风。

《秋景图》以观山为主题，秋高气爽，霜叶尽染。画面的右侧是一座精巧的庭院，一位老者坐在庭院中，正在眺望远处的山峦。

《冬景图》以赏雪为主题。画中是一座掩映在白雪之中的院落，苍松翠柏在白雪之中显得更加挺拔苍劲。画家用留白的手法，画出了大雪覆盖远山、河流和水岸顽石的冬日美景。从小院延伸出的小桥上，有一个老翁打伞骑驴，冒着大雪出门。仆从在前方牵着驴，一边走一边回望主人，似乎是在说什么。

在画卷最后，有明代大学士李东阳的题跋："刘松年画。考之小说，平生不满十幅，人亦难得。此图四幅，作写数年乃成。今观笔力细密，用心精巧，可谓画中之圣者。"李东阳对此画的评价甚高，认为它是绘画中的精品。

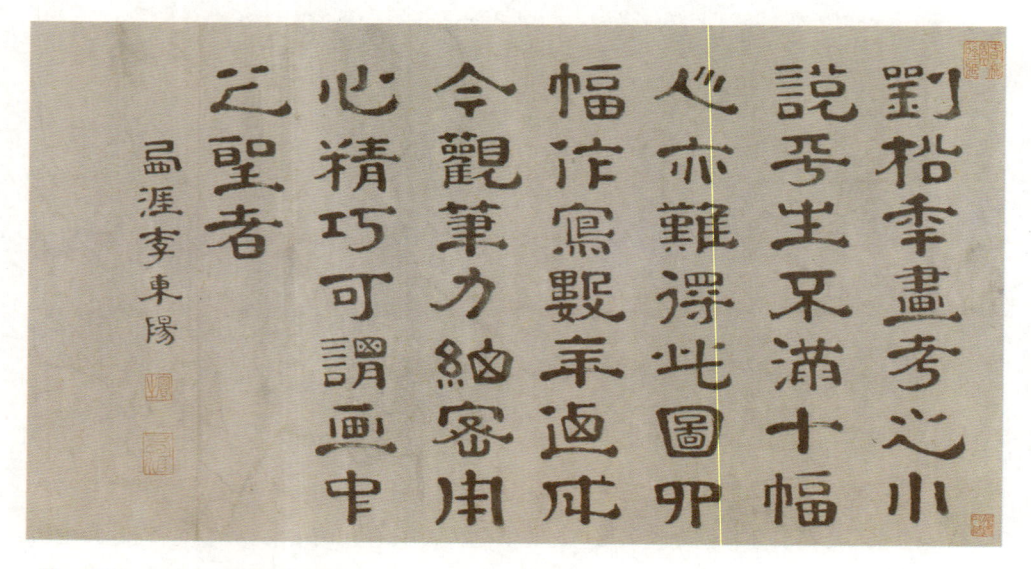

《四景山水图》卷（题跋）·明·李东阳

规矩准绳下的界画艺术
《岳阳楼图》扇页

如何将原本没有生命的建筑，画出气韵和精神，是画家面临的难题，中国画中将这类以建筑为描述对象，以界尺为辅助工具绘制的画作称为界画。因为绘画题材的限制，在许多人眼里，界画画家更像是一个技术工种。但夏永却扭转了这种刻板看法，他的界画不再是简单描绘建筑的形态，而为建筑赋予了生命。

心手合一，中规合度

在中国传统的绘画艺术中，界画是历史最为悠久的门类之一。它主要用于表现楼台殿阁等建筑，所以又叫"屋木""宫室"或"楼阁"画。

最初的界画源自古代绘制的建筑工程图，因为是借助界笔、直尺所画，所以得名"界画"。秦始皇在统一六国的过程中，每攻破一国，就命人将各国的宫殿建筑形制画下来，以便在咸阳仿造。随着建筑手法的丰富和绘画艺术的发展，建筑设计图也不断演化，最终成为一门独立的画科。

界画发展的黄金时代是宋代，宋徽宗注重绘画的政治教育作用，讲究法度、强调形似，追求细节的绘画美学思想深深地影响了宋代画学的发展。而界画和宋徽宗的要求高度吻合，因而很受他喜爱。

《宣和画谱》高度赞美了界画家郭忠恕的作品："画之中规矩准绳者为难工，游规矩准绳之内而不为所窘，如郭忠恕之高古者，岂复有斯人之徒欤？"建筑技术的发达为界画提供了广阔的施展空间，建筑者将构建奇特的楼宇变成现实。

进入元代后，以水墨写意为特征的文人画开始兴起，界画的地位一落千丈。

在士大夫眼中，界画成了不登大雅之堂的工匠之作。因此民间界画家夏永的生活十分艰难。即便如此，夏永所绘制的《滕王阁图》《黄鹤楼图》《岳阳楼图》，依旧以极高水准惊艳了世人。

除了夏永在《岳阳楼图》的自题款识之外，史册中几乎没有留下任何关于他的记述，唯一提到他的是成书于清嘉庆年间的杂谈笔记《花间笑语》。夏永传世的作品，全部都是小幅界画作品，形制以纨扇和页为主，没有长卷和轴。夏永画的多为宋代著名的楼阁建筑，光是《岳阳楼图》他就画了许多幅。

年代： 元
作者： 夏永
尺寸： 纵25.2厘米，横25.8厘米。
材质： 绢本，墨笔

此外，夏永还会在每一幅图上都题写相应的诗句或文章。如在《滕王阁图》，他题写了唐代王勃的《滕王阁序》及诗；在《岳阳楼图》，他题写了宋代范仲淹的《岳阳楼记》。

这些描绘祖国大好河山、记述太平景象的诗文，也许勾起了夏永对已亡故国美好的情怀，也让他借此感慨历史无情的变迁。

细若蚊睫，侔于鬼工

夏永现存的作品，均用墨笔白描，无一着色。构图多在画面的一侧用精细笔墨描绘建筑和树木、石头，而另一侧会用写意法绘制远山，画面的空白处会有水泽或者"小如蚁目"的小楷题写的多行长款诗文。

夏永画中的建筑都很雄伟，线条细若毫发，却纤而不弱。细若蚊睫的题款书法不失矩度，在精微之中见宏大。图和文的搭配犹如秤和秤砣，互相压制，又互相成就，虚与实、疏与密、精微与宏大，虽然矛盾，却又得到了游刃有余的展现，让整个画面有了均衡感。

现藏于故官博物院的《岳阳楼图》扇页为夏永在至正七年（1347）完成的扇形画，图中的岳阳楼建在城墙之上，高高矗立，檐角飞翘，九脊歇山顶，门窗斗拱精致之极，形貌蔚为壮观。

岳阳楼是古代的巴陵郡（今湖南岳阳）的西城楼，因李白、杜甫、孟浩然、白居易等人都曾在此赋诗而闻名天下。夏永所绘的应为庆历五年（1045）滕子京主持重建的楼宇，范仲淹曾为它作《岳阳楼记》。它气势恢宏，矗立在洞庭湖畔，和滕王阁、黄鹤楼并称为"三大名楼"。

夏永在百年之后描绘它每一个建筑细节，并在画面右上方用蝇头小楷写下范仲淹的《岳阳楼记》，心中的万千情绪，后人只能通过画面去体悟。

元代和元之前的界画作品能够流传于世的并不多，民间画家的作品就更少了。在敦煌、山西芮城永乐宫等处的壁画里虽然也有一些界画墨迹，却不能算纯粹的界画。

界画之美在夏永的笔下淋漓展现，他的作品内容真实，风格独特，为后人研究古代民间界画的发展提供了宝贵而翔实的材料。

鞍马人物画中的悠远诗意
《秋郊饮马图》卷

作为元代的代表画家,赵孟頫的一生充满了悲情色彩。这种心态从他的诗文、画作之中流露出来。他笔下的马虽然有健硕的身躯,却不能自由奔跑,反而垂首失神、黯然沮丧。为什么它不能肆意驰骋?这其中的苦闷与压抑,也许只有赵孟頫自己知晓。

◉ 宋室皇族,元时能臣

赵孟頫,字子昂,是宋太祖的儿子秦王赵德芳的后裔。赵孟頫自幼聪颖过人,读书仅一遍就能背诵,写文章拿起笔来一气呵成。南宋末年,十四岁的赵孟頫入仕为官,曾任真州司户参军。南宋灭亡后,赵孟頫闭门不出,每日发奋读书。

至元二十三年(1286),元朝廷命行台侍御史程钜夫在江南地区寻访隐逸乡野的贤良之人,程钜夫请赵孟頫随自己觐见元世祖。《元史》以"才气英迈,神采焕发,如神仙中人"来形容赵孟頫面圣时的从容气度,元世祖越看他越喜欢,当即赐座。有大臣认为,赵孟頫是宋朝宗室子孙,不适合留在朝廷。但元世祖爱才心切,力排众议留下了赵孟頫。

这时,尚书省刚刚成立,元世祖让赵孟頫拟写诏书,赵孟頫写完后,元世祖大为称赞,认为他写出了自己的心里话。不过,赵孟頫并未因皇帝的器重得意忘形,而是不畏权贵,敢于直言,时刻以百姓及国家利益为先。

至元二十九年(1292),赵孟頫出任济南路总管府事。在任期间,赵孟頫夙兴夜寐,对大小政事都亲自垂询。曾经有一位名叫掀儿的年轻苦工,嫌在盐场服劳役的工作太过艰苦,就逃走了。掀儿的父亲带着其他人的尸首去衙门告状，说是一同服劳役的人杀害了掀儿。赵孟頫认为其中必有隐情，留下案卷不予审理。一个月后，掀儿自己回来了，因此济南的百姓都称赞赵孟頫料事如神。

在济南任职期间，赵孟頫不仅政事清明，对济南风物也了然于胸。元贞元年（1295），赵孟頫与一众友人在浙江吴兴聚会。席间，赵孟頫谈及济南山水，在座文人无不悠然神往，唯有好友周密黯然神伤。原来，周密祖籍济南，祖上随南宋朝廷南迁，周密虽未踏上济南半步，却始终不忘自己的故乡。

为抚慰友人思乡之情，赵孟頫铺展画纸，挥毫绘下济南鹊山与华不注山的胜景。两山相对而立，左侧鹊山地势平缓，顶端圆平，右侧华不注山高峰耸立，陡峭挺拔。为突出两座主山之间的风景，赵孟頫设计出层层叠叠的汀渚，间有林木平原、房屋渔船，一派和乐景象。这就是后来被收入清朝内府收藏的《鹊华秋色图》。

西风瘦马，荣辱半生

赵孟頫前后历经五朝，最后官至一品。作为元代地位最为低下的"南人"，却能"荣际五朝，名满四海"，这在元代历史上是独一无二的。然而，人们更多地看到的是他享有的殊荣，却忽视其内心的苦衷：侄子和他绝交，长辈友人对他不满；因出身亡宋宗室，元廷不时地给他各种虚职，使他空怀才华、无法施展。

赵孟頫常常借助绘画来暗喻人生，所画骏马也多被人役使，如现藏于故宫博物院的《秋郊饮马图》。画中一位着唐装的牧马官正在秋日的郊外放牧十匹骏马，苍劲的红枫和绿松之间，马儿姿态各异，有的互相追逐，有的低头遐想，有的饮水吃草，有的回眸顾盼，神态生动，刻画细腻。但其中有一

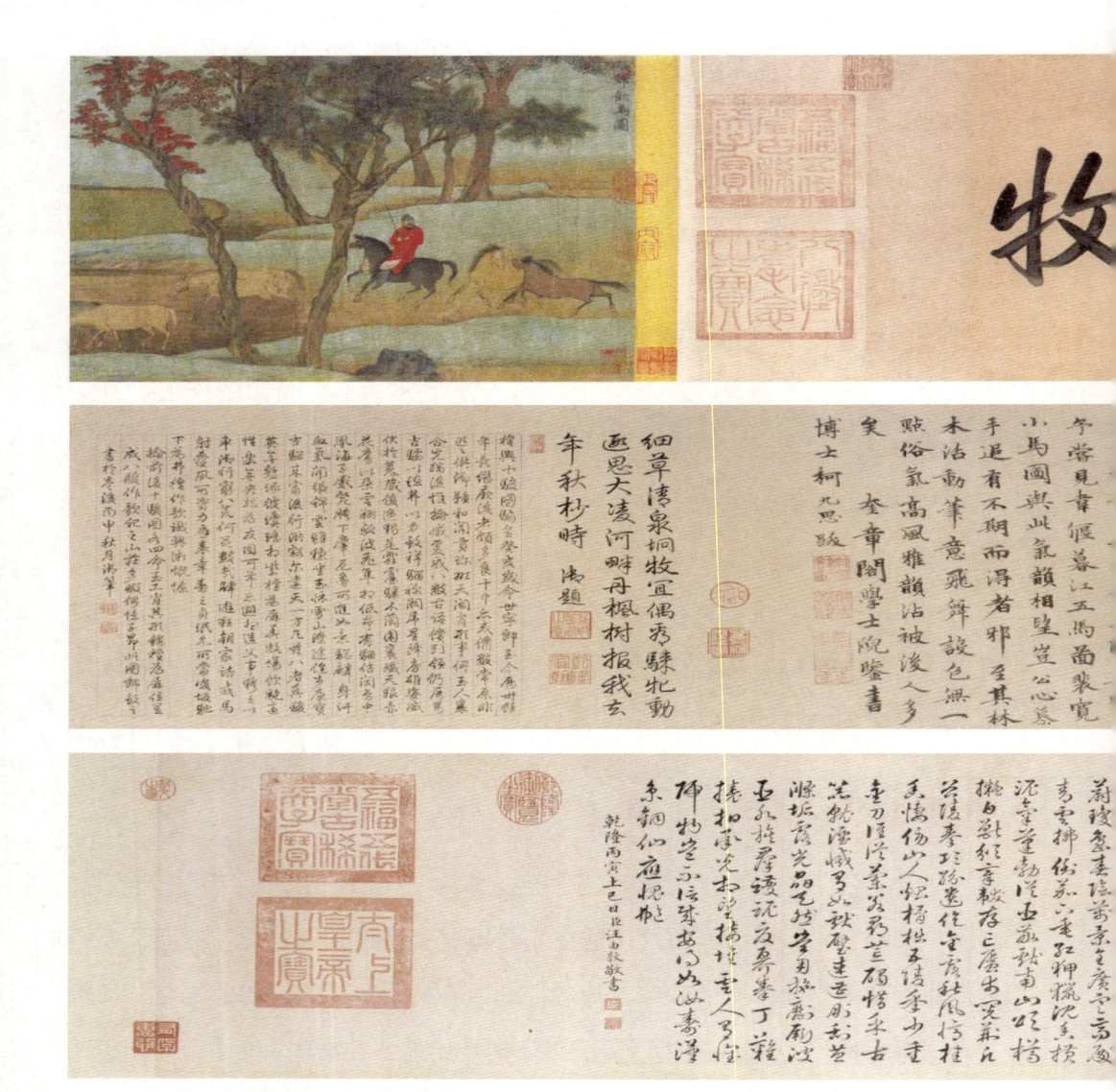

匹被束缚着的老马表情沮丧，与图中的其他马形成鲜明对比，表现出赵孟頫年过半百却不能一展才华、有所作为的苦闷心情。堤岸和溪水向着画面左方延伸而去，人和马也在向左行走，将来处藏在了画外，让人不由得想象出许多未曾展现的画面。

第六章 江山如此多娇

年代：元
作者：赵孟頫
尺寸：纵 23.6 厘米，横 59 厘米。
材质：绢本，设色

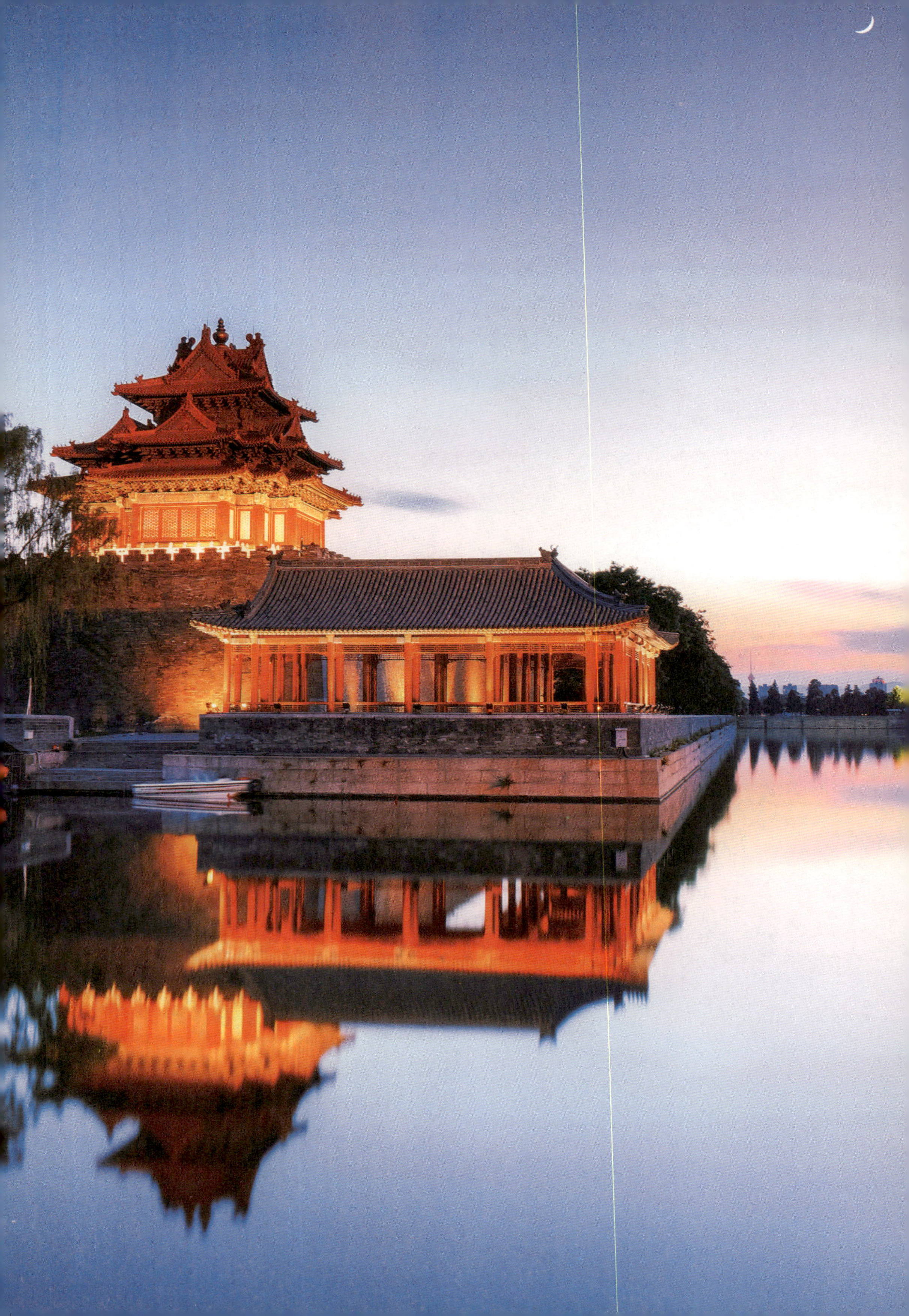

第七章

皇帝的娱乐生活

发现故宫

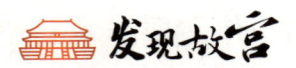

"烧脑"名画之中的政治隐喻
《重屏会棋图》卷(宋摹本)

坐在朝堂上的南唐皇帝李璟,虽然面带微笑,他的内心却乌云密布,变化莫测的朝局令他殚精竭虑,和兄弟们之间的博弈让他疲惫不堪。他既是皇帝,又是兄长,既要江山稳固,又要兄弟和睦。这种矛盾的心情,全部被周文矩用画笔记录了下来,每一条意味深长的线条里都隐藏着野心和哀愁。

◉ 危机四伏,风雨飘摇

南唐中主李璟虽然是高祖李昪(biàn)的长子,但他二十五岁才被立为皇太子,因为他"少喜栖隐"的文人气质,李昪本来并不属意于他,而是更

第七章 皇帝的娱乐生活

喜欢四子李景达，并且"**欲以为嗣**"，但因为"**难于越次**"，最终只能作罢。

李璟即位时，长子李弘冀还不足以承担大任，三个手握兵权的弟弟便成了李璟的心头大患。

混乱的五代时期，兄弟、父子之间为了争夺权力而刀兵相向、血溅当场的事时有发生。李璟的内心时常感到不安，他似乎总能感受到弟弟目光之中的野心。为了安抚弟弟们，李璟向南唐全国宣布国主位的继承采用"兄终弟及"的模式，即哥哥传给弟弟，然后弟弟再传给他的弟弟，依次往下传。李璟希望通过这种方式让弟弟们放心，并且他还在李昪墓前赌咒发誓。

年代：五代（原作），宋（摹本）
作者：周文矩（原作）
尺寸：纵40.3厘米，横70.5厘米。
材质：绢本，设色

景遂　　李璟

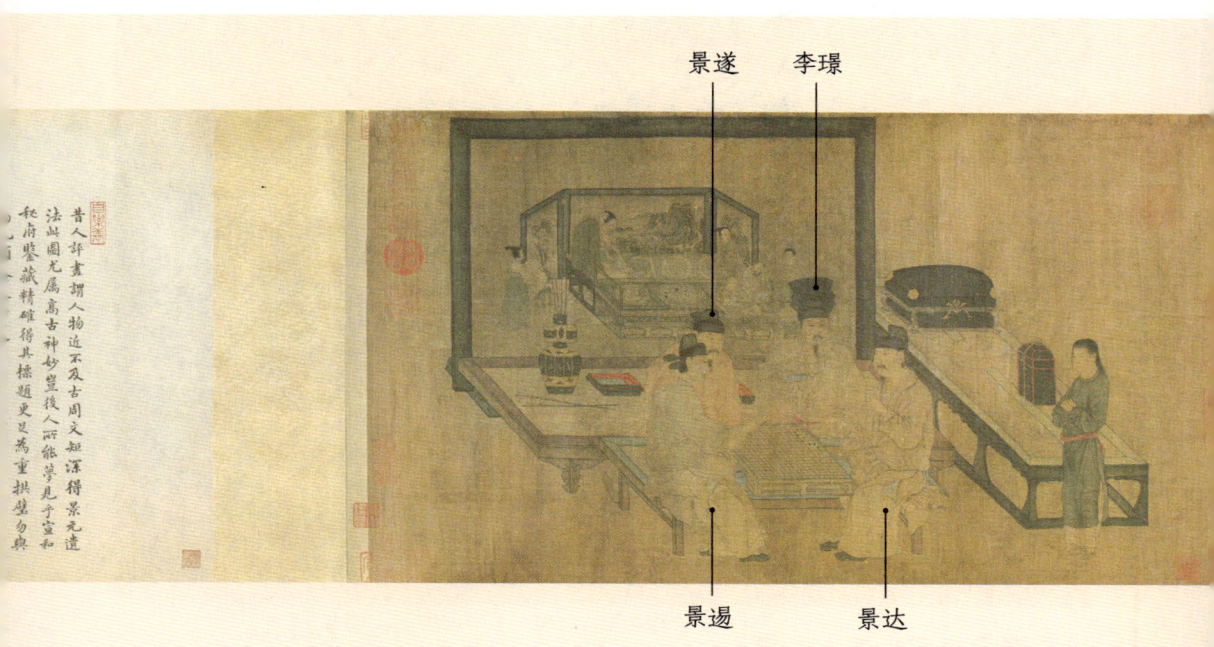

景逿　　景达

发现故宫

这天，李璟传召了宫廷画家周文矩，要求他将自己和弟弟们之间下棋的场景描绘下来。

千年棋局，隐喻"烧脑"

在这幅传世的《重屏会棋图》中，根据唐宋座位"尚左尊东"的礼仪，中间头戴高帽的李璟坐在主位，他面庞丰满、仪态出众，他右手持一书册，似乎正在思考棋局。和李璟一起下棋的是他的三个弟弟。坐在李璟左边（**即次左位**）的是他的三弟晋王李景遂，景遂的一只手搭在画面右侧的四弟齐王李景达肩上，眉宇间透露出关爱的神色。李景达则面带微笑，手指棋盘，从容镇定。李景达的对面是江王李景逿（dàng）。这样的座位安排也暗示了日后南唐皇位的继承顺序。

《重屏会棋图》卷（局部）

第七章 皇帝的娱乐生活

在李璟身后,立着一幅巨大的屏风,屏风之上写着一首白居易的《偶眠》:"放杯书案上,枕臂火炉前。老爱寻思事,慵多取次眠。妻教卸乌帽,婢与展青毡。便是屏风样,何劳画古贤?"屏风里的主人公留着络腮胡子,醉倒在卧榻上,妻子正在帮他脱帽,两个婢女在铺床,远处还有一个抱着被褥赶来的婢女。画中的屏风上又有一幅山水屏风,上面山水起伏,辽远壮美。

这幅画被称为"重屏会棋图",正是源于此。一画有三重,李璟兄弟对弈的现实场景,屏风中白衣隐士纵情诗酒的场景,以及另一重屏风里的山水,构成了视觉的纵深感,形成了画中画的效果。

整个画面的核心是棋盘,然而棋盘之上的棋局却只有黑子没有白子。执黑子的景遹用一个黑子占桩,用另外七个黑子在盘面上组成北斗七星的格局,而斗口指向的人正是李璟。周文矩在用这一细节表示,棋局的当下,李璟尚是南唐的国主,身处权力中心,三个弟弟认同李璟的最高地位。

由此可见,这幅画想表达的也并不仅仅是兄弟间和睦对弈的悠闲场景,而是摆出一幅天相来,用天相来反映人事。

激烈的权力斗争常是不动声色的,虽然它可能瞬间定人生死,但刀光却常以最隐秘的方式出现。

棋局终了,悲歌不止

当李璟授意周文矩画这幅画的时候,他所要传达的真实含义若隐若现。在那个混乱的时代,这是一种巧妙的交流方式,他的弟弟们自然也可以从中领悟出李璟的用意。

与兄弟的内斗让李璟疲惫不堪,到他统治的末期,南唐又在后周世宗柴荣发动的淮南之战中大败。无力支撑的李璟只能上表归顺,自去帝号,易称国主,甚至为了避后周信祖郭璟的名讳,将自己的名字从"璟"改为"景"。

发现故宫

《重屏会棋图》卷（局部）

第七章 皇帝的娱乐生活

后周显德七年（960），赵匡胤黄袍加身，建立宋朝。李璟因为都城金陵（今江苏南京）隔江即是宋境，决定迁都洪州（今江西南昌），意图避其锋锐。但迁都后"群下皆思归"，李璟自己也是"北望金陵，郁郁不乐"，当年六月便忧虑而终，年仅四十六岁。

周文矩以画艺侍奉了南唐王朝三代，后主李煜还曾将他的画作《南庄图》进贡给北宋，而北宋《宣和画谱》更将他归入宋代人物画之首位，可见周文矩在当时画坛的地位。

《重屏会棋图》被后世的许多画家临摹，并被宋内府《宣和画谱》、明张丑《清河书画舫》、清卞永誉《式古堂书画汇考》等多书著录。现收藏在故宫博物院的《重屏会棋图》，经书画鉴定大师徐邦达先生鉴定，为宋人摹本。

许多年后，棋局虽然已经终止，南唐的悲歌却依旧在画中。在悲欣交集的时代里，王朝黯然消亡的背后，谁又不是其中的一颗棋子呢？

琴声背后的危机
《听琴图》轴

书画皇帝宋徽宗不仅精通书画，还擅长声乐、辞赋，可谓多才多艺。他所创的"瘦金体"书法，别具一格，是书法艺术大花园中的一朵奇葩，但在他统治时期，北宋却面临亡国的危机，最终宋徽宗自己也落得国灭北狩的下场。后人评价宋徽宗"诸事皆能，独不能为君耳"。

👁 奸臣当道"花石纲"

宋徽宗即位之后极尽豪奢之能事，整日寻欢作乐，还重用蔡京、童贯、王黼（fǔ）、梁师成、朱勔（miǎn）、李彦，这六人祸乱朝纲、贪赃枉法、盘剥百姓，将朝政搅弄得乌烟瘴气。

宋徽宗非常欣赏蔡京的书法，他曾出两万钱买下一面蔡京题字的扇面。宋徽宗视蔡京为艺术上的知音，十分宠信他，将他提拔为宰相。但蔡京却滥用职权打击异己，聚敛钱财；还和童贯沆瀣（hàng xiè）一气，把持朝政，祸国殃民。当时民间流传的歌谣："打了桶（童贯），泼了菜（蔡京），便是人间好世界"，可谓唱出了百姓的心声。

蔡京为讨宋徽宗欢心，迎合上意，勒令江浙一带每年进献大量奇花异石。后来索性在江南地区设置杭州造作局和苏州应奉局，以朱勔为首，专管搜寻名花奇石之事，并以大船将它们辗转运送到京师，十艘船为一"纲"，时人称"花石纲"。花石纲途经的地区，百姓供给钱谷，承担劳役，负责看守被选中的花石，稍有不慎，就会获罪。遇到一些较大而不方便搬运的花石，还要拆毁民房、桥梁。百姓无力承担花石纲沉重的赋役，被逼到卖儿鬻（yù）女的境地。江南百姓对花石纲恨之入骨，对北宋王朝的不满情绪也逐渐高涨。

画上题字：

聽琴圖

吟徵調宮徵下桐
松間疑有入松風
仰窺低審含情客
以聽無絃一弄中
　　　　　京譂題

宋徽宗瘦金书题款『听琴图』

蔡京题诗：
吟徵调宫徵下桐，
松间疑有入松风。
仰窥低审含情客，
似听无弦一弄中。

年代：北宋
作者：赵佶
尺寸：纵147.2厘米，
　　　横51.3厘米。
材质：绢本，设色

宋徽宗花押：
"天下一人"

发现故宫

宣和二年（1120）十月，在两浙路爆发了声势浩大的方腊起义。加上前一年宋江等人在河北路的起义，此时的北宋王朝已是危机四伏。

抚琴论道《听琴图》

将朝政当作儿戏的宋徽宗任命道士林灵素为温州应道军节度使，允许他随意进出宫廷。林灵素气焰熏天，横行作恶，狂傲不可一世，逐渐激起百姓的怨愤。他仗着宋徽宗的宠信，不但不把王公大臣们放在眼里，连见了太子赵桓都不礼让退避。

宋徽宗每日沉迷于享乐之中，对国家的危机视而不见，甚至幻想通过道教法术来威慑敌国和臣民。他常常作道士装扮，与群臣讲经说道，作于此时的《听琴图》便是直接的证明。

《听琴图》的背景为一株葱郁苍劲的古松，凌霄花攀附其上，将古松点

"天下一人"冠古今

花押，又称"押字""画押"等，在要签写名字时，将一些笔画或字进行艺术化处理，变成可以代替签名的特殊符号，极具艺术性和标志性，类似于今天的个性签名。唐宋时期，花押在文人墨客中流行起来。宋徽宗的花押看起来像"天"字，又像是"开"字，有人解读说是"天水"的合写，因天水（今属甘肃）为赵氏郡望，宋徽宗可能以其作为自己的代称；也有人说是由"天下一人"四字组合而成，表明自己是天下至尊，后面这种说法被广泛接受。这个"天下一人"的花押虽是四个字，却仅由四笔写成，令人玩味称奇，难怪被人称为"绝押"。

缀得生机盎然。松树旁有几竿青翠的竹子侧出。放琴的石台、摆放熏香的小几、对面奇石上插有花束的小鼎,简单的陈设,将环境衬托得静谧安宁,富有逸趣。中间抚琴者作道士打扮,头戴黄冠,身着缁服,颔首正襟,正垂目抚弄琴弦。左右分坐奇石之上的两位大臣,或说为童贯和蔡京,正凝神恭听。左侧为着绿袍者,双手交于袖中,微微昂首,似随琴声有所思,身旁有童子侍立;右侧着红衣者,一手支撑在石墩上,一手执扇垂于膝上,神态悠闲,侧坐倾听。画作中的奇石,当为宋徽宗时期花石纲的佐证。

画家通过简洁的背景和陈设,使观者如置身其中,松风习习,熏香袅袅,仿佛有琴声透过画面回荡耳畔。画家用笔工巧,敷色典雅清丽,人物形貌细节刻画得生动细致,极具神韵。画上有宋徽宗花押"天下一人",又有瘦金体题名为《听琴图》。上附蔡京题诗:"吟徵调商灶下桐,松间疑有入松风。仰窥低审含情客,似听无弦一弄中。"整幅画作和谐融洽,可谓书画双绝。

国灭北狩靖康耻

面对危机四伏的国内形势,宋徽宗没有及时吸取宋江、方腊起义的教训,反而加重了对百姓的盘剥。此外,宋徽宗还好大喜功,妄图从辽朝手中收回燕云十六州。

宋徽宗早在政和元年(1111)就曾派童贯去打探辽国的内部虚实,辽人马植见辽国气数将尽,特意结交童贯,并献上灭辽之计:宋与辽东北的女真结盟,南北夹击辽国。

宣和二年(1120),宋派遣使者出使金国,达成盟约,约定金国攻打辽国的中京大定府(今内蒙古宁城西),宋朝派兵攻打辽国的燕京(今北京),等辽国灭亡后,燕、云(今河北及山西北部)十六州归宋朝所有,宋朝将每年给辽国的岁供转缴给金国。但在攻辽战争中,宋朝却暴露出军队腐朽、不堪一击的问题，目睹了这种情况的金国对北宋的军事实力有了清醒的认识。攻灭辽朝后，当宋廷还沉浸在收回燕云十六州，建立了旷世伟业的满足自得中时，金军已经撕碎了"盟友"的面具，准备进攻宋朝。

宣和七年（1125），金军已经渡过黄河，宋徽宗却轻信道士刘知常所炼"神霄宝轮"能够震慑敌军，派遣使者带着"神霄宝轮"到各地宫观中镇守，以消弭四方兵灾。金军势如破竹，很快便大举进攻宋朝都城汴京（今河南开封），恐慌之中，宋徽宗将皇位禅让给太子赵桓，是为宋钦宗。宋钦宗登基后，立即将蔡京流放岭南，这位恶贯满盈的宰相最终饿死在流放途中，而昔日气焰熏天的宦官童贯也被斩首。但金军的铁蹄已经呼啸而来，即将踏碎摇摇欲坠的大宋山河。

靖康元年（1126）十一月，东西两路金军兵临城下。此时，宋徽宗还沉浸在道术可以御敌的迷梦中不肯醒来，以"能六甲法，可以生擒金二帅"的道士郭京统御"六甲神兵"，开城迎敌，结果却是金军趁机攻占了汴京城墙。

靖康二年（1127）三月，宋徽宗、宋钦宗连同妃嫔重臣、府库积蓄等都被金兵掳走，即历史上有名的"靖康之耻"。而宋徽宗坐在金军的囚车之中时，身上穿的仍是道袍，其执迷不悟若此，真是令人啼笑皆非。

宋徽宗、宋钦宗二帝在被囚禁后受尽凌辱，宋徽宗懊悔不迭，却为时已晚。靖康二年六月，他派臣子曹勋潜逃出金朝，令他将自己亲书"速来援救父母"的内衣，交给康王赵构。殊不知，康王赵构此时已经登基称帝了，历史的车轮已经滚滚前行至崭新的南宋王朝。徽钦二帝被敌军掳走的耻辱在若干年后被岳飞写进了悲壮的词中："靖康耻，犹未雪，臣子恨，何时灭！"而北宋末年的两位帝王有生之年都未能再回到中原土地，最终凄凉地死于囚禁之地。

"贪玩"皇帝的盛世风华
《朱瞻基行乐图》卷

明代的每一位皇帝都极具个性，明宣宗朱瞻基作为明朝第五位皇帝，与其父明仁宗朱高炽共同开创了"仁宣之治"。朱瞻基不仅熟谙政事，而且极具艺术天赋，如果不做皇帝，他一定会成为纵情于山水的诗人或者画家。这样一位工作、生活两不误的皇帝，称得上是现代人所推崇的"职场典范"。

锐意文治，游戏翰墨

明宣宗朱瞻基是明成祖朱棣的长孙，明仁宗朱高炽之子。他从小就受到祖父明成祖的宠爱，不仅睿智好读书，而且晓谙兵事。明成祖曾经多次带着他远征，让他亲历战事，还指派了贤能的臣子辅助教导他。在明成祖的眼里，想要成为一个好皇帝，"天下事不可不周知，人生艰难不可不涉历"，明成祖也用这样的标准去培养朱瞻基。明代前期的著名文臣胡广、杨荣、金幼孜都是朱瞻基的老师。即使是出征的时候，只要有了闲暇，老师们也会应明成祖之召到朱瞻基的营帐里讲解经史。

经历了帝王标准下严格的"职业培训"后，朱瞻基果然不负众望，成为一位文武双全、骁勇善战的皇帝。他革除了前朝留下的弊政，发展社会经济，轻刑罚、薄赋税，和他的父亲明仁宗共同开创了明初三大盛世之一的"仁宣之治"。

明宣宗的文化造诣极高，尤其善于绘画。明末清初画史著作《无声诗史》称他"天藻飞翔，雅尚词翰，尤精于绘事，凡山水、人物、花竹、翎毛，无不臻妙"。清代《石渠宝笈》也说明宣宗的花鸟画承继了五代花鸟画大师徐熙、黄筌的技法，且有自己的独创性。

发现故宫

明宣宗流传于世的画作数量颇丰，仅著录在《石渠宝笈》和《秘殿珠林》的书画作品就有三十一件，再加上其他书画著录所记载，大约有四十八幅作品传世。

御笔亲赐，笼络人心

明宣宗刚一登基，面临的第一个挑战就是两位叔叔的谋反。宣德元年（1426）八月，汉王朱高煦在乐安州（今山东惠民县）起兵造反，朱瞻基御驾亲征，擒获了朱高煦。朱高煦供认这次起兵是自己和赵王朱高燧同谋。群臣都要求将赵王按照同谋的罪名处置，但明宣宗想到祖父和父亲都曾经庇护过这位皇叔，因而他并不愿对这位皇叔下手。朱高燧察觉到了皇帝的意图，

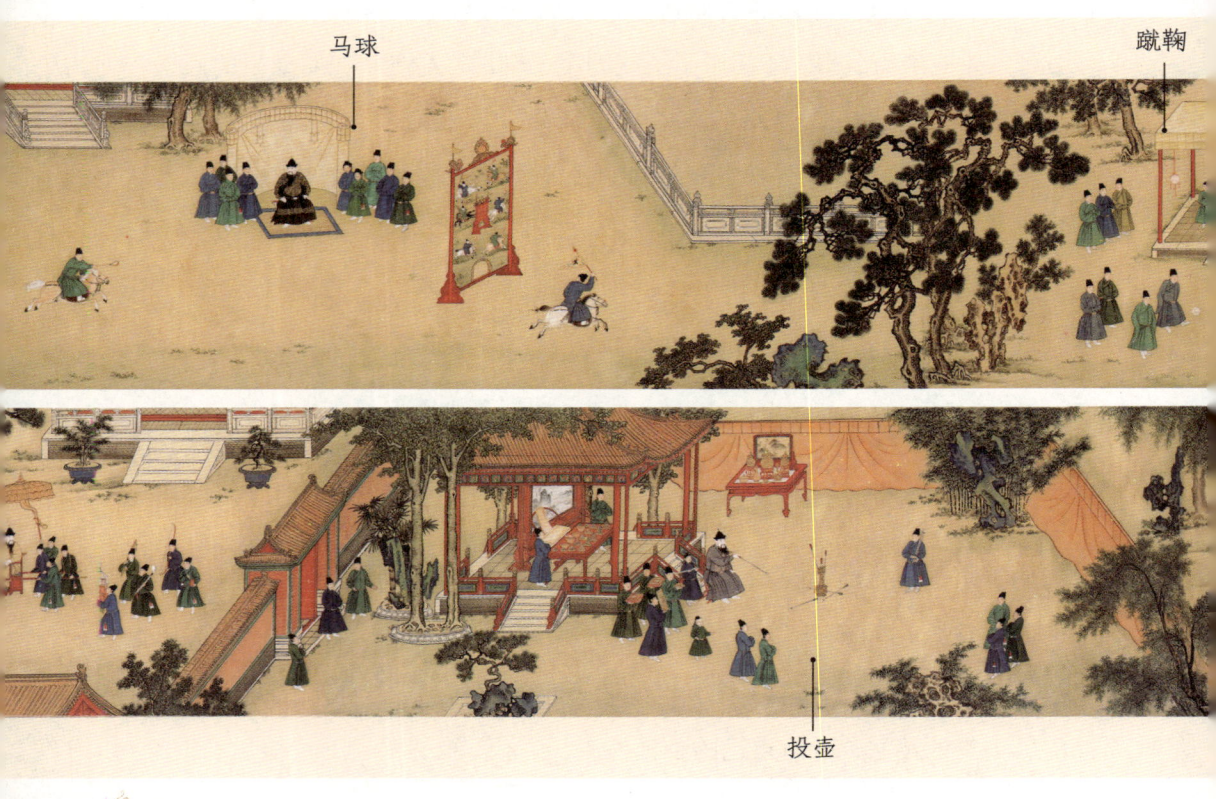

马球

蹴鞠

投壶

第七章 皇帝的娱乐生活

主动认罪，态度诚恳地解散了赵王府护卫部队。宣德二年（1427）五月，明宣宗画《松云荷雀图》赐给朱高燧，画中古松寓意长寿，萱草数丛代表忘忧，荷花有洁身自好之意，"荷"与"和"谐音，也有叔侄齐心之意。这幅画作代表了朱瞻基对皇叔的嘱托：只要洁身自好，莫与奸佞结为邪党，就可以无忧无虑，安享富贵。

宣德四年（1429），明宣宗亲笔绘制《武侯高卧图》卷给平江伯陈瑄，画中诸葛亮袒胸仰卧在竹林中，举止疏狂。此图绘制的应是诸葛亮出山辅佐刘备之前隐居南阳的形象。这幅画表达了明宣宗求贤若渴的心情，

年代：明
尺寸：纵36.7厘米，横690厘米。
材质：绢本，设色

射箭

捶丸

《武侯高卧图》卷·明·朱瞻基

也希望借此激励平江伯效仿诸葛亮,为国家鞠躬尽瘁。

赏赐御笔书画给朝中大臣,是帝王的笼络手段,而明宣宗的画除了赏给大臣,还频繁地赐给身边的太监。明朝开国时,明太祖明确要求内臣不可干政,并且立下禁令不许宦官读书识字。但明宣宗不仅设立内书堂培养了一批知识型宦官,为了减轻自己处理政务的负担,还让宦官代表皇帝行使"批红"的权力。这种纵容的态度为日后宦官干政埋下了伏笔。

超级玩家的宫廷之乐

现藏于故宫博物院的《朱瞻基行乐图》为长卷,构图精致严谨,笔法均

第七章 皇帝的娱乐生活

匀细腻,设色明暗有度,将整个宫廷建筑以及诸般人物形象描绘得真实生动。整幅画卷以红墙、庭院为界,自然分为五个部分,每一部分都有明宣宗的身影,画面以他为视角中心而形成。画中的明宣宗身形高大,侍从身材低矮,画家以工整细腻的写实笔法画出了宫廷中的大量建筑,对明代皇宫的楼台殿阁作了既真实又概括的描绘。

画卷刚开始,明宣宗戴黑色便帽,着黄色便服安坐于帐中,观赏侍臣射箭的场景。这部分有宫中射手十四人,其中一人正张弓欲射,其余人都散立在他左右。侍臣们手握弓箭,或在做准备工作,或聚在一起说话,或袖手旁观,形象各异。

过红墙,明宣宗移步到一个长方形的亭子中,观看侍臣踢蹴鞠。蹴鞠类似于现在的足球,是一种对抗性运动。在古代,蹴鞠最开始是一项军事训练活动,用来训练士兵的身体素质和作战能力。后来,蹴鞠逐渐从训练变成了一项娱乐活动。明代蹴鞠在京城十分盛行,据传明成祖也是一个不折不扣的蹴鞠迷,闲来无事的时候就经常组织人一起踢球。

接下来,是明宣宗观看侍臣打马球的场景。马球就是人骑在马上,挥杖击球的一项运动。打马球对骑手的骑术要求很高,抢球、击球要快、准、狠,非常考验骑手的骑术、反应能力和胆量。同时它还需要参赛队员之间相互配合,十分考验参与者的智谋,因此马球运动还带有一定的军事色彩。

再过一面红墙后,是明宣宗自己亲身参与的两个项目——捶丸和投壶。捶丸是一种用球杆击打小球的游戏,有点类似现在的高尔夫球。比赛时,分队比拼,将球击入对方球门即为胜利。在左侧有一张桌子,上面放着筹码,桌后还有两个放筹码的人。最后是明宣宗投壶的场景。明宣宗端坐在马机上,离壶有一定的距离,从图上可以看出,他之前投的三支箭都已经稳稳落在壶中,可见在这个游戏上,明宣宗是个真正的高手。

发现故宫

卷末，乘着轿撵回宫的明宣宗还不停地回头张望，一副还没玩够的样子。

透过画院画师的笔，明宣宗自在的宫廷生活再一次展现在世人眼前，"仁宣之治"所带来的安定也可从中窥得一二。

朱家起名规划远

作为一位称职且优秀的开国皇帝，朱元璋为子孙后代的名字操碎了心，经过一番研究，朱元璋给每个儿子创作了一首二十字的诗，以后每一代人按顺序使用其中一字作为名字的第一个字。比如长子朱标这一支，用的诗是"允文遵祖训，钦武大君胜，顺道宜逢吉，师良善用晟"，所以，朱标的儿子叫朱允炆，孙子叫朱文奎、朱文圭。燕王朱棣这一支则是按照"高瞻祁见祐，厚载翊常由，慈和怡伯仲，简靖迪先猷"的顺序起名，于是，朱棣的长子叫朱高炽，长孙叫朱瞻基。

朱家每一代人名字中的第二个字都取"五行"作为偏旁部首，以火、土、金、水、木为序：三代建文帝朱允炆（火）、仁宗朱高炽（火），四代宣宗朱瞻基（土），五代英宗朱祁镇（金）、代宗朱祁钰（金），六代宪宗朱见深（水），七代孝宗朱祐樘（木），八代武宗朱厚照（火）、世宗朱厚熜（火），九代穆宗朱载垕（土），十代神宗朱翊钧（金），十一代光宗朱常洛（水），十二代熹宗朱由校（木）、思宗朱由检（木）。朱由检的太子朱慈烺（火）没来得及接班，明朝就灭亡了。

不过，这么操作遇到的问题是，皇家子孙以几何级数增长，以五行做偏旁的汉字必然供不应求，因此，只好来个造字运动，于是，朱氏家族成了各种生僻字的集合地，几乎凑齐了半个元素周期表：永和王朱慎镭、封丘王朱同铬、瑞金王朱在钠、益阳王朱恩铜……

少年天子的远大抱负
《康熙帝便装写字像》轴

在中国历史上，一共出现了四百多位皇帝，但得到当世乃至后世认可的皇帝并不多，文韬武略兼备且对历史进程、社会经济文化发展有大贡献的皇帝更是寥若晨星。在这些皇帝中，清代入主中原的第二位皇帝康熙帝爱新觉罗·玄烨正是这样一位明君。康熙帝在位六十一年，勤政爱民，平定内乱外患，促进多民族国家统一，开创了康雍乾盛世。

勤苦自持的少年帝王

康熙帝是顺治皇帝的第三子，他在幼年时期就展现出与其他皇子不同的气质。六岁那年，玄烨与诸位皇子一起向顺治帝请安。顺治帝问皇子们以后想干什么。皇二子福全说："当个贤德的王爷就够了。"玄烨却回答"愿效法父皇"。

《清史稿》评价康熙帝"智勇天锡"，有"经文纬武"的雄韬伟略。确实，康熙帝极为博学，通晓数国文字及蒙、满、汉、藏各族语言，对天文、地理、算数、化学等领域均有涉猎。不过，康熙帝的"智勇"并非天赐，而是他自幼努力学习的结果。

康熙帝自五岁起，他的祖母孝庄太皇太后就按照祖制，让他入乾清宫参加朝会，在上书房读书并勤练骑射技艺。在太皇太后的严格要求下，康熙帝的一举一动都十分规范严谨。就拿坐姿来说，自小"俨然端坐"惯了，康熙帝成年乃至老年时，但凡坐着，都挺胸抬头，目不斜视，姿态端正。因功课过于繁重，康熙帝多次累到吐血，身体一度极为虚弱，但即便如此，他仍勤苦自持，终其一生好学不辍。

年代：清康熙
作者：宫廷画家
尺寸：纵50.5厘米，横31.9厘米
材质：绢本，设色

《康熙帝便装写字像》轴描绘的便是康熙帝伏案写字的场景。图中康熙帝身着灰色便装，表情凝肃，右手持笔，左手微扶纸面，即将挥毫习字。康熙帝面前的书桌采用传统透视技法，背后的屏风却用了西方焦点透视法，书桌与屏风形成画面中无法调和的矛盾。由此可以推断，这幅画作是西方画法刚传入中国时所作。画师尚未彻底明白西洋画法中的透视原理，但此画仍不失为中西方绘画技法交融下的一次大胆尝试。

擒鳌拜，执掌朝政大权

顺治十八年（1661），顺治帝驾崩，遗命让八岁的玄烨即位，由出身正黄旗的索尼、正白旗的苏克萨哈、镶黄旗的遏必隆和鳌拜辅政。四位大臣中，鳌拜独揽辅政大权。

康熙六年（1667），十四岁的康熙帝举行了亲政大典。虽然在名义上亲政了，但他对朝政几乎没有话语权和处置权。鳌拜在朝堂上依然说一不二，甚至曾僭越本分，强行在奏章上写下批示。

康熙帝知道要想掌控实权，必须除掉鳌拜。他先假意申斥了弹劾鳌拜的大臣们，又拜鳌拜为太师太傅，将鳌拜推向权力巅峰。与此同时康熙帝还找来一群少年，日日与他们摔跤打斗，练习扑击之戏，甚至在大臣们前来面圣时也不回避。久而久之，鳌拜便认为康熙帝懦弱贪玩，逐渐对这些少年也放松了防备。

康熙八年（1669）五月，趁鳌拜觐见之时，康熙帝安排这些少年与侍卫一拥而上，制服了鳌拜。朝中大臣罗列出鳌拜"大罪三十"，提出要把他满门抄斩。康熙帝却认为鳌拜战功赫赫又是朝中老臣，虽有罪，但罪不当死。于是，康熙帝拘禁鳌拜，诛杀了他的一批亲信，其余党羽或降职，或充军。

从鳌拜事件可以看出，康熙帝不仅谋略出众，且懂得隐忍、宽容，已经初步展露出一代明君的风范。

削三藩，拔除谋逆隐患

清朝入关时，耿仲明、尚可喜、吴三桂三位明朝降将因平定南明有功，分别被封为靖南王、平南王、平西王，驻守福建、广东及云南。

早在康熙元年（1662），康熙帝就规定，官员的选任与升迁，应该划定统一的规范。而吴三桂却在云南、贵州地区自行任命官吏，还委派亲信去其他省份任职，美其名曰"西选"。此外，平南王尚可喜与继承父亲爵位的靖南王耿精忠，也在辖地为所欲为，利用沿海地利之便，组织船队走私，谋取暴利。

康熙十二年（1673）二月，年近古稀的平南王尚可喜上表请求告老还乡，留下儿子尚之信镇守广东。康熙帝批准了尚可喜的还乡请求，但不允许尚之信袭爵继续镇守广东，准备借此机会宣布撤藩。

吴三桂与耿精忠也先后上疏请求撤藩，试探康熙帝的态度。吴三桂认为，康熙帝年少，必定会忌惮他的势力，驳回撤藩申请。可让他始料未及的是，康熙帝竟然批准了。

当康熙帝批准撤藩的时候，朝堂之上一片反对之声，认为仓促撤藩会引起三藩的不满而引发叛乱。面对朝堂上的反对声浪，康熙帝的态度十分强硬：现在撤藩，吴三桂会反；不撤藩，他还是会反，不如干脆撤了占据先机。

同年，见康熙帝竟然真的撤藩，吴三桂打着"反清复明"的旗号，起兵造反，先后攻陷了湖南的常德、长沙等地，不少地方大员开城接纳吴军。

见吴军势大，朝中一片恐慌。康熙帝却临阵不乱，一边时时去景山狩猎以示气定神闲，一边对部分摇摆不定的吴军将领施以优厚的条件进行分

康熙戎装像·清·佚名

纵 112.3 厘米,横 71.4 厘米。康熙帝骑射技艺相当高超,每年秋季,他都会带领妃嫔群臣,赴南苑或木兰围场举行围猎活动,表示不忘祖宗马上得天下的辛劳。在《康熙戎装像》中,康熙帝头顶战盔,身披甲胄,腰间挂着宝刀与弓箭,正襟危坐于椅上。

发现故宫

化瓦解，表示一旦归降既往不咎。吴三桂毕竟背叛明朝在先，舆论上未能占据制高点，手下很多将领又陆续被朝廷招抚，吴军逐渐陷入四面楚歌的境地。

康熙十七年（1678）八月，吴三桂在衡州（今湖南衡阳）病死。此后，吴军形势每况愈下，至康熙二十年（1681）十月，经过八年的战争，清军最终平定三藩之乱。

◉ 扬国威，平定四方边患

除去三藩内患，康熙帝又重用台湾降将施琅，带领水军进攻台湾。在施琅的军事打击下，台湾郑氏集团的郑克塽于康熙二十二年（1683）八月降清，台湾重新回到了祖国大家庭。

此时，国内不安定因素已基本消除，康熙帝又把目光投向北方为祸已久的沙俄。早在顺治年间，沙俄军队就已在黑龙江流域烧杀掳掠。康熙四年（1665），沙俄悍然占领雅克萨（今黑龙江漠河额木尔河口对岸），还曾两次派使者来清朝，让康熙帝向沙皇称臣纳贡。

其时恰逢三藩之乱，康熙帝无暇顾及沙俄。平定三藩次年，康熙帝当即御驾东巡，从盛京（今辽宁沈阳）直到乌拉（今吉林省吉林市），乘船巡游松花江流域，勘察东北地区地势。东巡结束后，康熙帝派遣副都统郎坦、彭春假借捕鹿，率领小股军队深入雅克萨侦察敌情。综合东巡所见及侦察结果，康熙帝决定在黑龙江流域设置军营，派遣军队戍边。

康熙二十四年（1685）五月，清军首战告捷，沙俄军队被迫出城投降，清军第一次收复了雅克萨。七月，清军撤离，沙俄援军再次占据了雅克萨。康熙二十五年，清军将领萨布素率部再次包围雅克萨。清军从五月末围城至十一月，沙俄军队损失惨重，其头目托尔布津被击毙。沙俄遣使求和，康熙

第七章 皇帝的娱乐生活

帝这才下令解围。康熙二十八年（1689），清朝与沙俄缔结了《尼布楚条约》，确定了中俄东北一段的边界线。

康熙帝在位期间，注意缓和阶级矛盾，采取轻徭薄赋与民生息的农业政策，重视农耕，发展经济，改革税收，疏通漕运。康熙帝努力调节满族与汉、蒙、藏等族的关系，尊崇儒学，开博学鸿儒科笼络汉族士大夫；实行"多伦会盟"安抚蒙古各部，下令编修《理藩院则例》，确定巩固边疆的统治方针；册封藏传佛教的五世班禅为"班禅额尔德尼"，派兵驱逐入侵西藏的准噶尔汗国；还开海设关，发展内外贸易，重用海外传教士，学习西方近代科学，为之后百余年的康雍乾盛世奠定了坚实基础。

国宝故事

油画进入中国后，一直深受宫廷重视，一度盛行。传言中国皇帝不喜欢油画，强令供奉内廷的欧洲油画家改用水墨作画，其实这样的说法并不符合事实。雍正帝、乾隆帝不仅允许欧洲画家作油画，而且还下令让中国的宫廷画家向他们学习油画技艺。清宫档案多次记载皇帝命中国画师到郎世宁处学画，有名有姓的就不下几十个，只是由于当时制作技术的局限，以及存放保管条件较差，如今留存的油画画作已极为稀少。

发现故宫

几时归去，做个闲人
《胤禛行乐图》册

雍正帝是一个充满矛盾的人，在不同的故事里，他有不一样的面孔，即便是在宫廷画师为他绘制的画像里，雍正帝也展现出了多变的形象和气质。在描绘帝王生活的行乐图中，他在每一幅画卷之中都扮演了不一样的角色，或文人士子，或渔樵老翁，或修道仙人，这样的反差让后人看到了一个不一样的雍正帝，也看到了一个帝王内心最真实的向往。

● 双面帝王

雍正帝继位后励精图治，铁腕反腐，设立军机处，让中央集权制度更加稳固，割富益贫的举措也让百姓税负更加合理。他在位十三年，每天坚持亲自批阅奏折，现存的某些折子上留下的批语达数千字，如此繁重的工作量让他每天只能睡四小时。

世人皆以为雍正帝是个铁血帝王，但他也有温和的一面。在给河南总督田文镜奏折的批语里，他说"朕就是这样的汉子"；在给抚远大将军年羹尧的奏折上，他写"朕亦甚想你"，"朕实在不知怎么疼你"；在回复文渊阁大学士高其位的奏折上，他又写"朕躬甚安，不必挂朕，你好么？好生爱惜身体"。

此外，雍正帝还是一个亲情缺失的人。他幼年时，因清朝防止"母后擅权"（如果后宫嫔妃的位分低于"嫔"，那她就要将自己的皇子交给位分高的嫔妃抚养）的规定，他不能由生母乌雅氏抚养，只能被寄养在孝懿仁皇后佟佳氏身边，这让母子心中留下了一生无法逾越的隔阂。他的亲兄弟皇十四子胤禵（tí）深得生母宠爱（此时乌雅氏已被封为德妃），和他并不亲近。胤禵和胤禛个性迥异，一母同胞的两兄弟成了皇子争储斗争中的敌人。这些原本该是他最亲近的人，却在残酷的宫廷生活中与他越走越远。

雍正八年（1730），和雍正帝手足情深的和硕怡亲王胤祥因病去世，在空荡荡的皇宫里，他再也找不到一个可以倾诉的亲人。

酷爱"自拍"

雍正帝如果活在现代应该是一个特别热衷于自拍的人。在故宫博物院收藏的宫廷画中，以雍正帝为主角的行乐图就有百余幅，数量远超其他帝王的同类画作。

在诸多宫廷画师为雍正帝所画的行乐图中，大多数的画作并没有描绘他真实的宫廷生活，反而以刻画超脱、闲适的归隐田园生活为主。在画中，雍正帝变身为各种身份，在清雅的意境之中寻找着生活的乐趣。

生活在紫禁城里的是一个正襟危坐、指点江山的铁血帝王，而行乐图里的他却充满了文人风雅的气度，这让雍正帝矛盾的个性再一次显现。

雍正帝爱眼镜

雍正帝因工作勤奋，很早就近视了，他曾在雍正元年（1723）交代造办处：按照十二时辰做十二副近视眼镜，哪些时辰用得多，就加做六副。雍正帝对眼镜材质的要求也很高："将水晶、茶晶、墨晶、玻璃眼镜每样多做几副，都要质量上好的。"据不完全统计，自雍正元年至七年，雍正帝收到造办处为他打造的眼镜多达三十五副。

寒江垂钓	书斋写经	围炉观书
看云观山	观花听鹂	沿湖漫步
水畔闲坐	临窗赏荷	岸边独酌

停舟待月 　　　　　　乘槎升仙 　　　　　　清流濯足

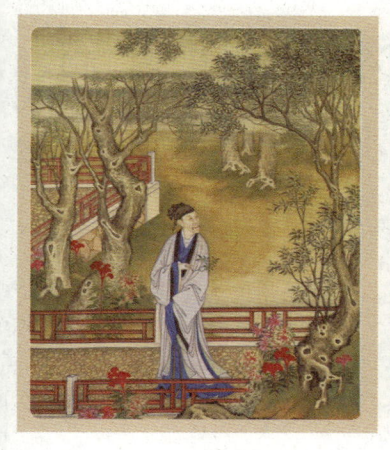

園中折桂　　　　　　採菊東籬　　　　　　披風松下

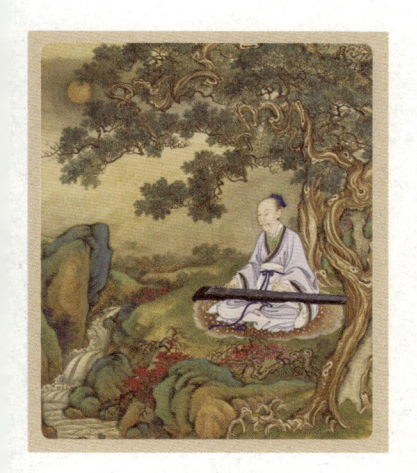

松澗鼓琴

年代：清
尺寸：縱37.5厘米，橫30.5厘米
　　　（共十六開）。
材質：絹本，設色

斋宫藻井

雍正九年（1731），雍正帝在紫禁城内兴建斋宫，在此举行祭祀天地前的斋戒仪式。

第七章 皇帝的娱乐生活

◉ 清风为伴，隐逸之梦

现藏于故宫博物院的清人绘《胤禛行乐图》，作者和创作时间不详。图册由十六幅人物肖像画组成，分别是雍正帝身着各种装束，以不同的身份，出现在不同的情境之中。雍正帝神态安然澹泊，怡然自乐，画中的景致与他亲自编纂的《悦心集》中诗文的内容和意境几乎一致。

《悦心集》从他做雍亲王时起开始汇编，一直到雍正十二年（1734）刊印，共收录作品二百八十八篇，绝大部分是东汉至明代的作品。"悦心"就是胤禛采选作品的唯一标准。

在这套行乐图中，雍正帝时而变身农叟，在夏日河畔濯足；时而变身仙风道骨的道人，在山岭上伫立；时而手持团扇在水边漫步，赏满池荷花盛开。有时候，他会扮作文士，或泛舟湖上，或自斟自饮；有时候，他又会变成仙人，或乘槎浮海，或松涧鼓琴。每一幅图都营造出了诗意的境界，这种闲云野鹤一般自由自在的生活一定是雍正帝心目中最向往的。

推开门，他是帝王，一声号令，山河变色。而摊开画卷的那一刻，他只想做一个在山水之间穿行的老叟，安然笑看花开花落，伴随着四季交替，享受独属于自己的那一份宁静。

深宫高墙内的娱乐活动

没有手机、电脑、电视、电子游戏的生活对现代人而言似乎无法想象，然而在清朝，即使没有这些，生活一样可以有滋有味儿。异彩纷呈的连台大戏，让乾隆帝看得津津有味；清宫上下从妃嫔到宫女太监都喜欢的棋牌游戏，为他们打发了许多无聊时光；更不消说那热闹盛大的冰嬉活动了。事实证明，在没有电子设备的时代，照样能拥有有趣的生活。

冰嬉

传说后金天命年间，努尔哈赤被蒙古巴尔虎特部落的大军围困于嫩江城，费古烈奉命率部队火速北上救援。当时正值隆冬季节，行军不便，巴尔虎特部落以为蒙古军可以凭此优势，几天之内就攻破嫩江城。没想到不到两天，费古烈就指挥八旗士兵出现在了嫩江城下，蒙古军队遭到前后夹击，只好撤退。天寒地冻，却能一日前进七百里，援军是怎么做到的？原来士兵们人人

脚踩溜冰鞋"乌拉滑子",在结冰的嫩江上滑冰行军,这才成功解围。

入主中原后,冰上运动作为八旗冬季训练项目也被继承下来,每年冬至到三九期间,皇帝都会举办盛大隆重的冰嬉大典。冰嬉大典属于严肃的军事常规训练,设冰鞋处专门负责管理:先要从八旗健锐营的官兵中挑选一千六百名擅长滑冰的高手,组成"技勇冰鞋营",由教练在冰冻的太液池上集中培训,然后才能在冰嬉大典上正式亮相。因为地处紫禁城内部,所以冰嬉大典属于皇帝、大臣、嫔妃的专场。

《冰嬉图》(局部)·清·金昆等

清朝入主中原以后,皇室每年入冬都要从各地挑选上千名"走冰"能手进宫训练,到了冬至这一天就在西苑三海进行盛大的表演。《冰嬉图》描绘的是队伍在表演"转龙射球"时的场景。旗手和射手排成一行,犹如行进的巨龙,中间有一个门,上面悬挂着的球称为"天球"。队伍走到球门处的时候,朝球门射箭,射中者有赏。

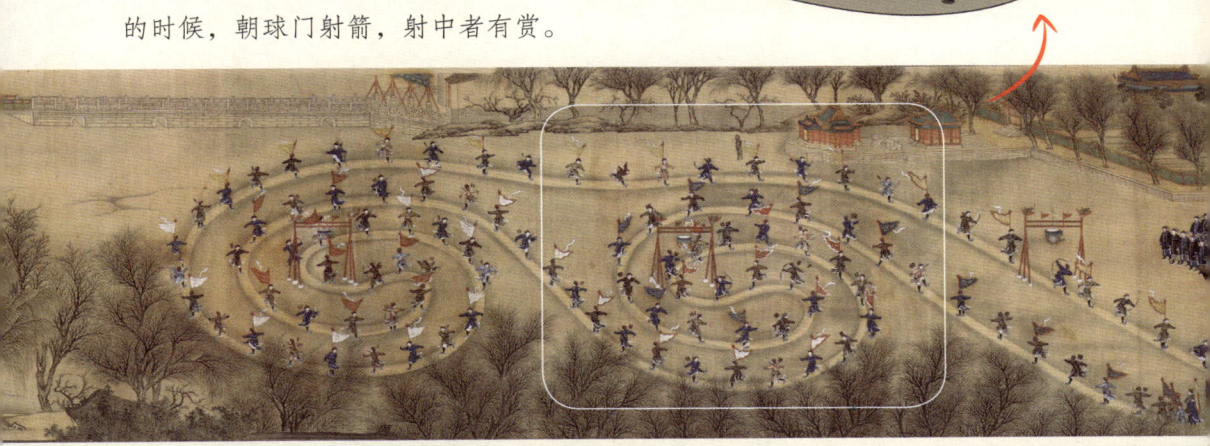

宁寿宫畅音阁大戏台

畅音阁三重檐，卷棚歇山式顶，覆绿琉璃瓦、黄琉璃瓦剪边。畅音阁与南边五开间扮戏楼相接，平面呈凸字形。上层檐下悬"畅音阁"匾，中层檐下悬"导和怡泰"匾，下层檐下悬"壶天宣豫"匾。内有上中下三层戏台，上层称"福台"，中层称"禄台"，下层称"寿台"。

看戏

宫廷里，每逢皇帝大婚、皇子诞生、帝后生日、外国使臣来访以及元旦、元宵、中秋等重要日子，都会安排上演戏剧节目，这叫"庆典承应"制度，是乾隆帝在位时期制定的。

当然，最痴迷的非慈禧太后莫属。慈禧太后对皮黄情有独钟，归政给光绪帝后在颐和园里闲来无事，参与了昆腔《青石山》的改编，将昆腔改成皮黄腔。1898年至1900年，她还利用晚上就寝前的时间完成了对《昭代箫韶》的审定。慈禧太后看戏的时候相当认真，每次都拿着剧本边看边对照，发现演员的唱词与剧本上不一致时立即暂停，当场纠正。

打牌

雍正十三年（1735），雍正帝驾崩辞世，乾隆帝为了缓解母亲崇庆皇太后的丧夫之痛，特意让皇后富察氏和妃子们经常去慈宁宫陪太后打牌。后妃们陪着太后有说有笑，经常故意让她赢牌，老人家自然玩得开心。

乾隆三十年（1765），乾隆帝第四次下江南巡视，杭州知府刘纯炜知道太后酷爱打牌，为了讨太后欢心，他集合当地能工巧匠，选用黄金、紫檀、牙雕精心打造了一副紫砂陶质牌。崇庆皇太后收到后非常喜欢，几乎到了"饭可以一日不吃，牌不可一日不打"的地步。

象牙麻将牌·清

麻将牌是由明中期的马吊牌发展而来的。这套麻将牌为象牙质地，主牌的牌面上刻有《水浒传》里的人物，花牌则刻的是春、夏、秋、冬、福、禄、寿、喜的文字和梅、兰、竹、菊的纹饰。宫廷麻将牌中将民间麻将牌里的中、发改为龙、凤，体现皇家特色。整套牌放在木制的手提盒中，最下面的抽屉装麻将牌，上面的四个小抽屉分别放筹码、骰子、定庄等。

马吊

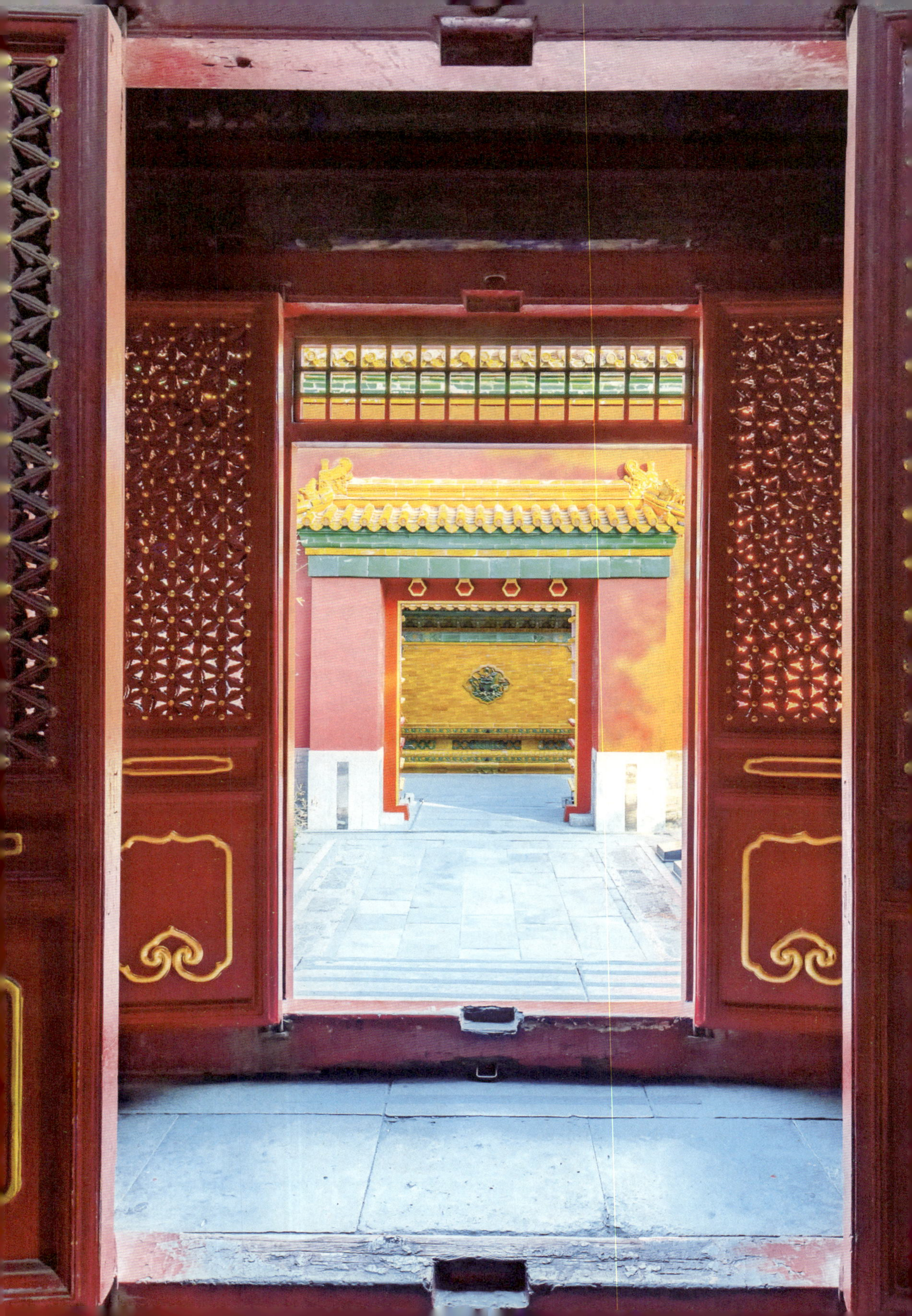

第八章

国之大事，在祀与戎

发现故宫

远古文明的一块基石
十二节玉琮

玉琮是中国古代最早出现的玉器之一，它内圆外方，古代的先民们认为，它能贯通天地和神明。玉琮几乎出现在每一个新石器时代的遗址中。现在，当人们来到故宫博物院，看到这件良渚文化遗址中出土的玉琮，感受到的绝不只有震撼，还有来自远古时期的神秘力量。

◉ 良渚文化遗址中的玉琮

1936年，浙江省立西湖博物馆的职员施昕更在浙江省杭州市余杭区发现了一处新石器文化遗址。1959年，考古学家夏鼐将以良渚遗址为代表的史前遗存命名为"良渚文化"。良渚文化距今5300—4300年，这里的先民已经掌握了诸多生活技能，农业和手工业都达到较高水平。从墓葬来看，当时的贫富差距十分明显，等级差别出现，已经有了早期国家的雏形。

玉琮是良渚文化的典型玉器，是十分重要的祭祀礼仪用器，后世有"苍璧礼天，黄琮礼地"之说。良渚文化出土的玉琮不仅数量多，而且制作十分精良。每件良渚玉琮上都有纹饰，这些纹饰后来被统一叫作"神人兽面纹"。

在以神权为主导的良渚文化社会系统之中，玉琮肩负着神的物化的责任。如果说良渚文化各聚落是通过神祇系统连接在一起的，那么玉琮便是其中主神的代表。

作为主神最主要的物质载体，玉琮是神的形象之集大成者，若形制是它的"魄"，那么纹饰则是点睛的"魂"，二位一体，让玉琮成为良渚神权的完美象征物。拥有了玉琮，便是掌握了神权和号令聚落的权力。但也只有少数人才有这种权力，玉琮的断续、跳跃，便体现着权力传承的轨迹。

年代：新石器时代
尺寸：通高31厘米。
材质：青玉

发现故宫

良渚文化遗址之中，良渚古城的城中央是贵族们的居住区，也是他们活动的主要场所。这里不仅有环绕的河道，每个方向的城垣还有水门。古城中央的高台，实际上就是古国的宫城，这里不仅有大量的粮食，还有贵族的墓葬。古城中的贵族墓葬和距离政治中心稍远的大祭司墓葬，是玉琮出土的主要区域。神权不断延续的一些聚落之中，玉琮会频繁地出现，它代表着聚落拥有的神权得到了稳定传承。其中一些墓葬中的玉琮，被沿着分割线打破成数片，安置在墓主的头部。将玉琮从横线位置截开，或许就是他们传递神权的方式。

良渚文化晚期的玉琮大部分是多节，便于分割。玉琮上刻着的横线，成为截断的切口。每一节之上的神人兽面纹，代表着它能赋予拥有者的神权。这些神人的面目通常为倒梯形，头上戴着羽冠，脸上重点描绘圆眼、宽鼻和阔嘴。他们伸展着上肢，耸肩，将双手五指张开叉在腰部，作蹲踞状。

高节玉琮，影响深远

现藏于故宫博物院的十二节玉琮，外形看上去像一根上宽下窄的方柱，中间有上下相通的圆孔。玉琮本为青玉质，但因为年代久远，现在沁成了黑褐色和暗红色。玉琮共分十二节，每节以棱为中心，雕琢简化的神人兽面纹，冠、嘴均简化，大多眼纹已模糊不清。中间圆孔应该是从两头对钻，呈喇叭口状。

良渚文化早期和中期的玉琮，大部分为单节，也有一些玉琮可分为二至五节。但到了晚期，则以多节玉琮为主，有的甚至多达十五节。玉琮越做越高，上面的纹饰却越来越趋于简化，以至只用圆圈表示眼睛，横线表示嘴巴，有的甚至连眼睛都省略。可见神权被不断分解，纹饰的宗教意义也逐渐变淡，政教慢慢分离。

史前文明的战争记忆
玉鹰攫人首佩

玉鹰攫人首佩虽然不大，但我们可以从犀利的鹰眼、恐惧的人面中感受到来自战场的惊悚。玉佩线条简洁，对于鹰和人的刻画特点突出。这样的玉佩会被什么人使用？又会给他带来什么力量？这枚神秘的玉佩勾起了人们无尽的遐想。

猛禽崇拜

在中国传统文化里，鹰性格凶狠、冷酷，自带危险气质，凡是有它出现的场合，必然会伴随着厮杀和死亡。它钢铁一样的利爪和强健的翅膀，是力量的象征，代表了锐不可当的勇气。

中华民族对鹰的崇拜从远古时代就已经存在，新石器时代东部沿海地区的龙山文化遗址中就有以鹰为纹饰和形象的物品。在长江流域，鹰的形象集中出现在石家河文化遗址出土的文物中。中国北方的匈奴、突厥和蒙古等民族都盛行鹰崇拜，鄂尔多斯阿鲁柴登匈奴墓中发现过鹰形金冠，蒙古国突厥毗伽可汗墓中也曾出土鹰形金冠，成吉思汗所在的乞颜部是以海东青（**一种猎鹰**）作为自己的图腾。

鹰攫人首

石家河文化距今有 4500 多年的历史，下限年代约 4000 年，是长江中游地区新石器时代文化的典型代表之一。在石家河遗址中出土的玉器形成了独具特色的"玉文化"，石家河玉器以简驭繁，雕琢古朴，只是通过简单的结构、直线和圆形的线条以及和谐的比例，就给人们以美的享受。

年代：新石器时代
尺寸：长9.1厘米，
　　　厚2.9厘米。
材质：玉

第八章 国之大事，在祀与戎

现藏于故宫博物院的玉鹰攫人首佩，是用一块青黄色玉料雕琢而成，因为时间久远，局部有褐色玉沁。雕刻工艺和风格与新石器时代的石家河文化十分相似。

玉佩两面的图案相同，镂刻出了一只雄壮的鹰和两个人首图案。鹰双目圆睁，侧首正身，钩嘴特征明显，正展翅而飞，双爪各攫一个人首。两个人首各背向一侧，大小和形制相同，似乎是短发、长须的男子。玉鹰昂首向天，鹰首、鹰翅都呈现向上的姿态，宽厚的钩喙、锋利的趾爪，被攫取的人首脸上所表现出的痛苦，通过简单的线条和镂刻，就得到完美呈现。先民对于鹰类猛禽的强大生命力充满了敬意，也为玉鹰赋予了澎湃升腾的生命气息。

飞禽高立于人之上——这种形式极具深意。史前文明之中，人和兽的组合往往是为了表示巫师和动物之间密切而又互相依赖的关系，而随着氏族集团的不断扩大，复合图腾的组合方式也越来越复杂。鹰攫人首究竟是为了营造恐怖氛围还是表达和谐，其间的深意被后人反复揣测。

军权和神谕结合的冰冷权杖
玉刃矛

用脆弱而又美好的玉来做兵器,并不是荒诞的想象。玉代表至高无上的权力,矛代表了不可侵犯的武力,以玉为矛便是尊贵而又威严的象征。在战场上,玉制兵器虽然不能用来杀敌,但它的威力却一点儿不输给其他兵刃,当它被握在领军者的手中时,就是一件振奋军心的神器。

以玉为兵器

在古代,祭祀和战争是国家最重要的两件大事。以玉制成的兵器是权力的象征。最早的玉兵器出现在新石器时代的凌家滩遗址,墓葬中出土的玉戈形制似矛,表面灰黄,光亮润泽。以戈随葬,正是墓主人手握军事权力的体现。

商代是中国玉器发展制作的一个高峰,这一时期出现了大量精美的玉器,其中玉兵器更是具有较高的审美价值。

商代的玉制兵器主要以战场上实用的兵器为模板,并在此基础上进行一定的艺术加工,主要的玉兵器有玉钺、玉矛、玉戈、玉刀、箭镞等。不同身份的人所使用的玉兵器的形制、纹饰都有严格的等级划分。

商代国力强盛,对于玉兵器的崇尚也从商朝统治中心蔓延到了其他地区。殷墟妇好墓中所出土的玉器,也包含几十件玉兵器,其中一件带有铭文的玉戈,经过考证,为"卢方"国君向商王朝进献的贡品,可见商朝的各个封国也在使用玉兵器。

商代后期和西周时期,玉兵器的形制逐渐变小。春秋时期,随着奴隶制的崩溃,玉兵器作为礼器的地位一步步走向衰落。青铜剑上的玉饰品开启了以玉饰剑的风气,玉兵器也彻底和军事告别,它不再代表军威,而是变为贵

年代：商
尺寸：通高18.3厘米，宽4.8厘米，重0.1千克。
材质：青铜，玉

族的玩物和饰品。

　　玉兵器的衰落伴随着礼制的衰微，也和中华玉文化的发展息息相关。曾经玉兵器在统治者的手中犹如"权杖"，但随着玉从神坛走向世俗，丧失了礼仪功能和武器意义的玉兵器也不再拥有昔日的光环。汉代时，玉兵器已经极为罕见。

锈迹斑斑，存世稀少

　　现藏于故宫博物院的玉刃矛保存较为完整，分为青铜柄和玉刃两个部分。青铜柄呈锥形，中空，两侧各有一系，饰兽面纹及叶形纹，虽然青铜柄布满了绿色的锈迹，但是它精湛的制作工艺依旧令人赞叹。雕刻成叶片状的玉刃镶嵌在青铜柄上，玉刃的底部由于铜锈的侵蚀呈现出淡淡的绿色。自然的色泽在岁月的洗礼之下显得分外雅致，即便已经过去了数千年，玉石所特有的温润光泽也并没有衰减。

　　千年之后，玉矛再也刺不穿攀登权力巅峰的野心，也透不过遮蔽战场血腥的历史帷幔，但它的斑斑锈迹与玉色纹路中，依旧有金戈铁马铮铮的回响，依旧有坐拥天下的王者气息。

第八章 国之大事，在祀与戎

传承家族荣耀的宗庙彝器
小克鼎

小克鼎是西周时期青铜艺术的代表作，是一个名叫克的官员为了感念祖宗功德而铸。小克鼎威严的器形和流畅的花纹体现了西周时期高超的青铜铸造技术，反映了青铜文明在西周的发展水平。在它的身上，铭刻了一个家族的故事，也铭刻了那个时代赖以运行的社会规则。

明尊卑，别上下

鼎最初是一种用来煮肉或是贮藏肉的器物，自从有了禹铸九鼎的传说后，鼎便从炊具逐渐成为古人祭祀宗庙和神灵的礼器，也是权力的象征。从商至周，都把建立王朝或定都称为"定鼎"。《左传》中还有楚庄王"问鼎"的记载，楚庄王向周天子的使者询问鼎的轻重，大有取而代之之意。

西周早期的青铜器在造型和纹饰方面都接近商代，到中期则出现了更多创新纹饰，比较写实，逐渐走向规范化，礼制色彩变得浓厚。西周晚期，青铜艺术更趋于生活化，纹饰变得活泼、世俗，而铸有长篇铭文的青铜礼器开始增多，列鼎制度开始出现。

所谓列鼎，就是鼎的造型和装饰相同而大小依次递减组成一组。不同等级的人使用不同数的列鼎，《春秋公羊传》注："礼祭，天子九鼎，诸侯七，卿大夫五，元士三也。"列鼎制度是西周贵族在祭祀、丧葬和宴飨等礼仪活动中区别身份和等级的标准。现藏于故宫博物院的小克鼎就是西周列鼎的代表作品。

西周孝王时期，宫中有一个官员名克，因为他的祖父协助周王立功，所以他受到封荫担任了膳夫这个职位。感念祖父的功德，克制作了一组器群，

> **年代**：西周
> **尺寸**：通高35.4厘米，宽33.6厘米，
> 　　　　重12.54千克。
> **材质**：青铜

鼎大小八件、编钟六枚，另有镈两件、铸一件。鼎形制为圆形，宽阔方唇口沿，双立耳，腹略鼓，下承三粗壮蹄足。鼎上的铭文主要歌颂了其祖父的功绩，感念周王赏赐的土地和奴隶。小克鼎为研究西周土地制度、社会制度提供了珍贵史料。

据《陕西金石志》记载，光绪十六年（1890）秋天，陕西省扶风县法门镇任村一位农户在耕作的时候挖出了这套古物。小克鼎共有七件，造型纹饰

第八章 国之大事，在祀与戎

基本相同，大小依次递减。器内壁都铸有铭文，铭文内容一致，是同一个人、同一时间所铸。故宫博物院所藏小克鼎铭文共计八行七十二字："唯王二十又三年九月，王在宗周，王命膳夫克舍命于成周，遹（yù）正八师之年，克作朕皇祖釐季宝宗彝。克其日用䠁朕辟鲁休，用介康勔、纯祐、眉寿、永命、灵终。万年无疆，克其子子孙孙永宝用。"

铭文的大意是：在周王二十三年的九月，王在西部周原旧都宗周，周王命令膳夫克到东部新都成周（今河南洛阳）发布命令，整肃成周八师。这一年克制作了这批纪念其祖父釐季的宝贵彝器，并置于宗庙中。克每日用它来祭祀祖先，同时宣扬周王的厚重美意，祈求康顺、福佑、老寿、长命、善终。愿克万年无疆，克的子孙后代永远宝用这批彝器。

大克鼎 · 西周

与小克鼎同属"膳夫克鼎"系列。通高93.1厘米，口径75.6厘米，重201.5千克，内有铭文290字。上海博物馆藏。

七件小克鼎的下落也是令人唏嘘。自从出土之后，小克鼎几经辗转，先是被陕西巡抚端方占有，端方去世之后，他的藏品大量流失。小克鼎中的三件就在此时流失海外，原本的"七胞胎"就此天各一方。现在国内一共收藏了四件小克鼎，除了故宫博物院之外，上海博物馆、天津博物馆和南京大学考古与艺术博物馆各收藏一件。剩下的三件流失海外，分别收藏在日本黑川古文化研究所、日本书道博物馆和美国芝加哥美术馆。

从春秋飞来的仙鹤
莲鹤方壶

中国的青铜文明发展到春秋时代，已经摆脱了西周等级森严的礼制束缚，开始呈现出自由奔放的特色。诞生于这一时期的莲鹤方壶，充分展示了春秋时期瑰丽的艺术想象。壶上塑造出了一个谁也没有去过的神仙世界，充满祥瑞寓意的动物和植物相映成趣，构成了一方浪漫的天地。

◉ 莲鹤方壶的发现与流传

1923年8月25日，河南新郑的乡绅李锐在自家菜园子里挖井，意外地挖出四件青铜器。他大喜过望，继续挖掘，果然又挖出数十件。文物贩子们闻风而动，古董商张庆麟以八百余金的价格收购了三件铜鼎。时任新郑县知事的姚延锦在获知此事后，立刻派人劝说李锐停止挖掘，但被李锐拒绝。

9月1日，国民党陆军第十四师师长靳云鄂到新郑视察，听说这件事后立刻收缴了李锐所得文物，还赎回了张庆麟买走的三件铜鼎，并派军队进驻李家楼，监督后续发掘。9月7日，两件莲鹤方壶被发现。这一批新郑青铜器的出土，轰动全国，靳云鄂的义举也博得了一片赞扬之声。1927年，冯玉祥将军创建河南省博物馆（**今河南博物院的前身**），这批文物成为入住博物馆的第一批藏品。

1937年7月7日，"卢沟桥事变"爆发，华北各地相继沦陷。河南省博物馆为了保护文物，将莲鹤方壶等一批馆藏文物分装六十八箱，运往武汉，暂存法租界。不久，上海、南京相继失守，武汉也危在旦夕，为了保护文物的安全，河南省政府决定将文物转运到四川，保存在重庆磁器口中央大学校舍内。

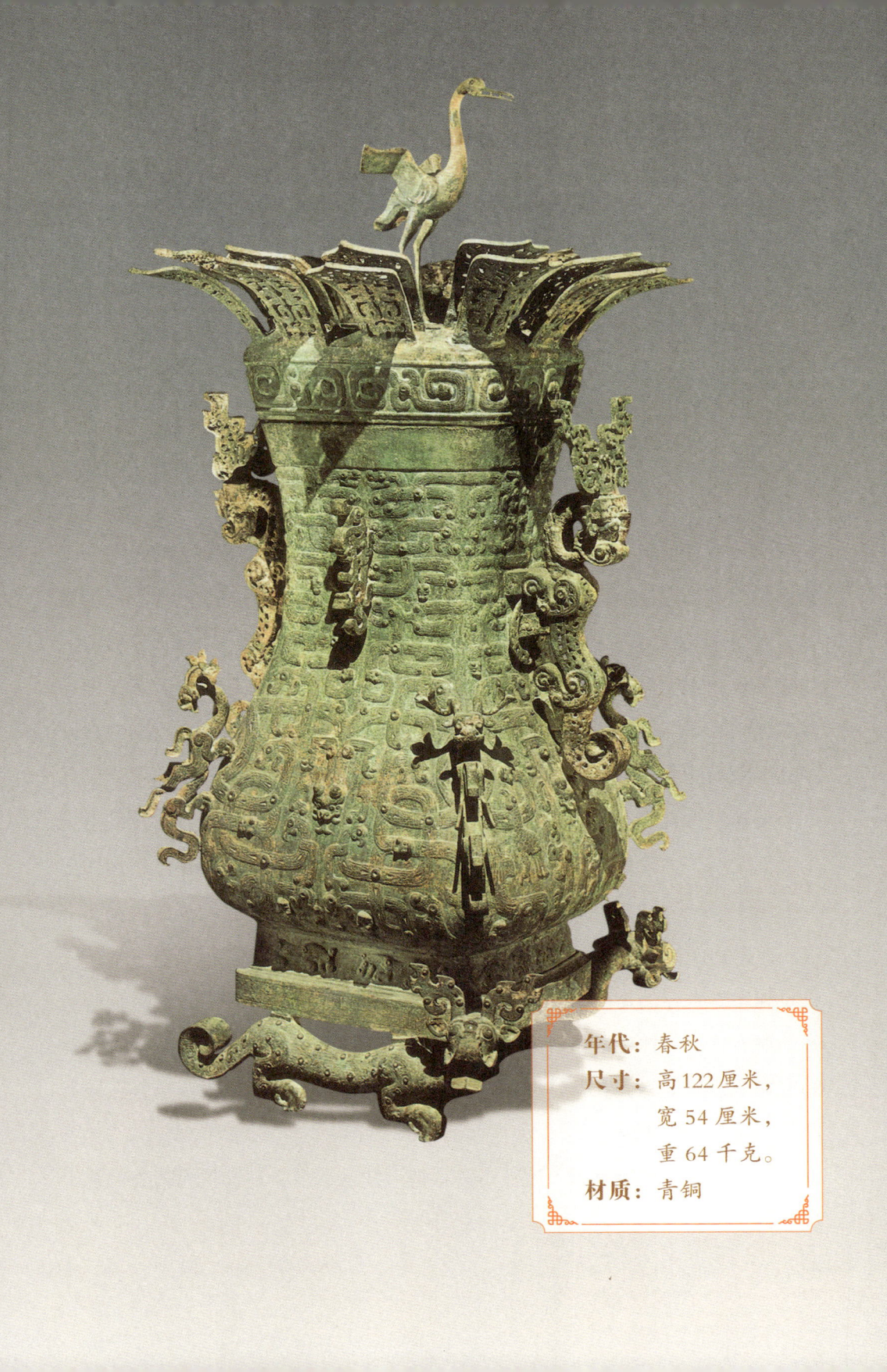

年代：春秋
尺寸：高122厘米，
　　　宽54厘米，
　　　重64千克。
材质：青铜

发现故宫

　　1949年冬，国民党政府计划将这批文物运送到台湾，但是战局发展迅速，包括莲鹤方壶在内的一部分文物没来得及装上飞机，被截留在了重庆。

　　1950年，国家文化部代表与河南省代表一起来到重庆，接收了这批未被运走的河南省博物馆文物，挑选了其中五十一件青铜器，分别收藏在故宫博物院和中国历史博物馆（**今中国国家博物馆**）。原本成双的莲鹤方壶从此分离，一件留在老家河南博物院，一件则远赴北京，进入故宫博物院。

◉ 青铜时代的绝唱

　　莲鹤方壶的盖上是双层盛开的莲花造型，花瓣镂空，莲瓣之间还有一个活动的平盖，展翅的仙鹤昂首站在上面。壶颈两侧用攀附器壁的龙形作为双耳，龙回头反顾，两角竖起，躯干起伏，尾端上卷，充满了动感。器腹部满饰蟠龙纹，纠结盘绕，清晰可见。腹部四角各铸一飞龙，亦曲顾回首，两角卷曲，肩生双翼，并留长尾。壶底有圈足，圈足下压两只卷尾猛虎，张口咋舌，倾其全力承托重器，栩栩如生，呼之欲出。

　　要铸造如此轻松活泼、清新自由的器物，离不开青铜铸造技术的发展。工匠们发明了"失蜡法"——先用蜡做出模型，然后浸涂专用泥浆，制作出泥模。干燥之后进行烘烤，蜡熔化流出，铸件模型便成空壳，再往内浇铸青铜液，器物便铸成了。用这种技法可以制作出纹饰繁缛的作品。

　　如果青铜器的造型较大，工匠们会将立体与附件分开铸造，然后把铸造好的铜器各个部件用锡铅合金焊接在一起，这一铸造方法叫"分铸法"。莲鹤方壶壶顶的仙鹤、双龙耳和器身都采用了分铸法，主体预先留出方孔或者凸榫，便于附件焊接。

　　莲鹤方壶的造型复杂，设计奇妙，铸造技术卓越，是春秋时期青铜艺术的典范。

第八章 国之大事，在祀与戎

王命传播的媒介
王命传任虎节

远程传递和沟通信息在古代是一大难题，智慧的古人便发明了"符节"。只要持有它就可以通达天下，用使者的身份传递信息。战国王命传任虎节是古代符节系统中最为重要的一种，它服务于帝王，持有它的人身负王命，奔走于驿站之间，送达最为重要的信息。

🌀 通达天下，符节为证

骑乘驿马来邮传是传递公文时效率最高的方法之一。各地设有驿站，供驿使和马匹休息。遇到紧急信息或命令，驿使会在驿站更换马匹继续前行。各地每年定时上报的农田情况、国君的命书等重要文件，都是这样传递的。

与驿邮系统同时发展成熟的是通行凭证。一条信息的传递需要经过使者、官吏等不同的人，需要通过关津、止宿亭传、就食和更换车马等不同环节，凭证信物就显得极为重要。

就如同现代人需要一个手机验证码，邮驿也需要一个验证物来证明使者的身份，这就是符节和传。如果要跨越国境，符节就是他们的"签证"。

符和节之间也存在一定区别。符是实施政治和军事活动的凭信证物，可以作为传达命令和调兵遣将的信物。比如虎符，虎身铸造文字，从虎头到虎尾沿脊背中线剖开两半，君王和地方将领各执一半，调兵遣将、传达命令时官员必须持有君王所保存的右半符，和地方军事首长所持的左半符对合验证，也就是所谓"符合"。只有左右两半符可以严丝合缝对合在一起，方可执行命令。符也可以作为身份证明出入国境、关卡、军营和要塞。节是君王派出的使节所携带的凭信。

年代： 战国
尺寸： 通高10.7厘米，宽15.7厘米。
材质： 青铜

符节的作用特殊，所以一定要保证它的真实性，伪造符节会受到法律的制裁。制造符节的材料一般是铜和竹，也有木质的。

若合符节，精神永存

故宫博物院收藏的虎节是战国时期的邮驿凭证，青铜铸造。该虎节形体扁平，作伏虎状，昂首张口，长尾从臀部弯曲到背部。一面刻五字铭文："王命，命传任。"铭文表示持虎节者身负王命，持有这样的虎节，沿途邮传系统不仅要提供饮食服务，还要提供交通工具，如传车、驿马等。

1986年10月，中国邮政为纪念中华全国集邮联合会第二次代表大会发行的小型张邮票，就采用了故宫博物院所藏战国王命传任虎节作为图案。

战马情结中隐藏的千秋家国梦
《昭陵六骏图》卷

唐太宗曾命人将伴随自己的六匹战马刻画在陵墓石雕中，命名为"昭陵六骏"，从此这六匹马便成为战马的象征。有许多画家以它们为蓝本，画出自己理想中的"六骏"。金世宗梦想中的"六骏"有着女真战马的姿态和体形。虽然它们已经不再是唐时的模样，但"六骏"所负载的战斗精神永远不会改变。

◉ 战场上的好伙伴

唐太宗李世民从十八岁就开始骑马征战，战争似乎是他生命中的日常，在无数次生死瞬间，陪伴他的是六匹战马。

在天下安定之后，贞观十年（636），唐太宗命画家阎立本绘制"六骏"图像，工艺家阎立德根据原画在青石上雕刻，每块石雕高约172厘米，宽约205厘米，厚约40厘米，分列于昭陵两侧。西侧分别是飒露紫、拳毛䯄（guā）、白蹄乌，东侧依次为特勒骠、青骓、什伐赤，几乎每一匹马身上都有伤痕，每一匹马都代表着李世民曾经的辉煌战果。

这六匹马，每一匹马都有惊心动魄的故事。飒露紫是李世民东征洛阳、铲平割据势力王世充时的坐骑，也是唯一附刻有人物的一匹。当时李世民被敌军围困，飒露紫前胸中箭，危急关头将领丘行恭赶来救驾，逼退敌军，给飒露紫拔箭，并将自己的马让给李世民，二人得以生还。这一场景被刻画在石雕上，既是纪念战马，又是感念丘行恭救驾之功。拳毛䯄是李世民平定河北义军首领刘黑闼时的坐骑，它曾身中九箭。第三骏白蹄乌全身纯黑，只有四蹄俱白，与陇西割据军阀薛仁杲作战时李世民骑着它一昼夜奔驰两百里，将薛仁杲围困在营地内，迫使薛仁杲投降。

平定代北的割据势力刘武周、宋金刚时李世民骑着特勒骠连打八次硬仗，两天未进水米，三天人没卸甲、马没歇鞍，一人一马生死与共，收复了太原和河东失地。青骓是李世民平定河北窦建德时的坐骑，在虎牢关战役中它身中五箭，依旧快如闪电。什伐赤是来自西域的汗血宝马，也是李世民与王世充、窦建德作战时的坐骑。

在重要时刻陪伴过李世民的昭陵六骏所代表的，不只是战争的不易，更代表着李世民对唐朝的建立和统一的艰辛付出。他将六骏刻像安置在自己和文德皇后的合葬墓祭殿庑廊，除了炫耀战功，还想借此告诫子孙后代创业之艰难。

赋予骏马新生命

几百年之后，金代画家赵霖在观赏昭陵六骏的石刻时，被它们的形态精神所感动，画出了《昭陵六骏图》。

赵霖是金世宗完颜雍时期的内廷书画待诏，他在画中序文记录了每一匹马的名称、所经战事、毛色及负伤情况，并收录了唐太宗为每一匹马书写的赞语。在《昭陵六骏图》卷卷末还有"庚辰七月望日"时名为"闲闲"者所书写跋语。"闲闲"居士是金朝著名书法家赵秉文的号，按照跋文推算，这一年是金宣宗兴定四年（1220）。赵秉文在题跋中赞叹赵霖笔法圆熟清劲，

深得唐代韩干画马的绝妙,称"今日艺苑中无此奇笔"。

《昭陵六骏图》虽然是摹画,却也有了自身的改造。昭陵石刻之中的丘行恭在赵霖的笔下改变了装束,成为女真战将形象,六匹骏马的体形也略有变化,腿变得更短,身体变得更肥壮,更像是女真战马。

乾隆二十八年(1763),《昭陵六骏图》被清内府收藏,乾隆帝先后于乾隆二十八年、乾隆四十三年(1778)和乾隆四十八年(1783)三次在画卷上题诗。他讴歌"遂成宏业建大清"的先祖,也怀念"太宗功德远迈贞观"。在一次次览画展卷中,更令他感受到"丹青所贵鉴兴亡"的力量。

年代:金
作者:赵霖
尺寸:纵27.4厘米,横444.9厘米。
材质:绢本,设色

1918年和1920年,昭陵六骏的石刻飒露紫和拳毛䯄被盗运到美国,现藏于美国费城宾夕法尼亚博物馆,其余四块石刻保存在西安碑林博物馆,但也有不同程度的损毁。而赵霖的《昭陵六骏图》将石刻上的骏马转移到绢本中,从清宫延传至今,保存在故宫博物院,让观者即使在千年之后还可看到当年昭陵六骏的原貌,因此显得尤为珍贵。

发现故宫

飒露紫
丘行恭将箭拔出后,飒露紫即倒地而亡。

拳毛䯄
䯄意为黑嘴的黄马。身中九箭的拳毛䯄,依然头部前昂,四蹄欲飞,透出久经沙场的神骏之气。

白蹄乌
白蹄乌筋骨强健,四蹄腾空,呈疾速奔驰之状。此马身上无箭伤,可能是长途奔驰后力竭而亡。

第八章 国之大事，在祀与戎

特勒骠
李世民乘特勒骠长途追击宋金刚，几天不曾休整的特勒骠仍精气旺盛，仰天一啸竟吓得宋金刚把手中的长槊掉在了地上。

青骓
虎牢关之胜使唐朝的统一战争取得了决定性的胜利，也是中国战争史上以少胜多的经典一役。青骓身中五箭而亡，可见当时战争之惨烈。

什伐赤
王世充坚守洛阳，李世民久攻不下。一日，李世民登上邙山察看洛阳城内敌情，突遭王世充偷袭。敌人乱箭齐发，什伐赤蹄下生风，载着主人甩掉追兵，冲出重围。

皇子也要刻苦学习

皇子的教育关乎国家的未来，所以历朝历代都很重视。明、清两朝的开国之君，都努力为儿孙提供最优质的教育资源，并建立一套完整的制度，以确保子孙后代能接受良好的教育，使得江山万代，国祚永续。

🏛 给儿子找来最好的老师

明朝开国皇帝明太祖朱元璋出身贫苦，小时候没有接受过正统教育，他在建功立业之后，对太子朱标的教育可以说是不遗余力。明朝开国功臣刘伯温、李善长教过朱标文化课，徐达教过朱标军事知识，明太祖还请来当时的大儒、号称"开国文臣之首"的宋濂做朱标的老师。据说宋濂曾经问明太祖，"太子不听话可以责罚吗？"明太祖回答说"不死即可"。由此可见，明太祖并不溺爱儿子，而是信奉"严师出高徒"的教育理念。

朱元璋

🏛 明代太子的文化课

明朝培养太子有一套完整的制度，出阁读书是其中很重要的一项仪式，一般皇太子八岁出阁。太子上午主要学习文化课，分为三项——读书、听讲、写字。每学一篇新课文，必须要在三日之内背熟，每三天就要测验一次。春、夏、秋三季每天要写一百个字，冬季是每天写五十个字。学习要求很严格，背书不是大概背完就过关，而是要字正腔圆，句读分明；写字也不是简单写完就好，要写得横平竖直，方正工整。

※宋濂像·清·顾见龙※

清代皇子非常辛苦

清代皇帝非常重视对皇子的教育。皇子虚岁六岁（五周岁）就要进入上书房读书学习，每天寅刻（凌晨三至五点）到校，薄暮（下午五至七点）放学。每年只有五天假期。皇子们虽然不需参加科举，但和普通人家的孩子一样辛苦。

※清世宗读书图·清·郎世宁※

皇子们的素质教育课

清代的皇子们要学习满文、汉文、蒙文三门语言。每天上午，皇子在上书房师傅的指导下学习，以经史辞章诗赋为主，兼学书画历算，全面提高治世才能和文化艺术修养。下午，皇子们学习武功课，除骑射外，还有刀枪器械、火器的使用及拳术等。

光绪帝读书图·清·无款

光绪帝虽然贵为皇帝，但其实过得一点也不轻松，慈禧太后对其管教甚严，如果他上朝时过多扭动身子或者下跪时忘了复杂的规矩，都会受到她的批评。故宫博物院藏。

皇太子一样要刻苦学习

康熙帝对孝诚仁皇后赫舍里氏感情很深，因此她所生的嫡子胤礽两岁时即被立为太子。太子居住的毓庆宫中有专门负责教育的老师。虽然不必与其他皇子一起读书，但课表一样，全年也只有五天"法定假日"。康熙帝还把畅春园中太子读书的书房命名为"无逸斋"，希望太子能用功读书，一刻也不放松。

学习与实践相结合，不做书呆子

清朝皇帝十分注重皇子的实践学习。每逢皇帝去南苑行围或木兰秋猎，皇子们会随行参加围射，一方面考核他们的骑射功夫，一方面也为皇子们提供实践锻炼的机会。皇子们长大后，皇帝还会安排他们体察民情、处理政务，甚至率军征战，不断提高他们的实干能力。

秘密立储，引导良性竞争

康熙帝晚年，其诸子围绕储位爆发了激烈的斗争，最后皇四子胤禛获得了胜利。康熙六十一年（1722）十一月，康熙帝病故，胤禛即位称帝，是为雍正皇帝。雍正帝为避免争储的血雨腥风，确立了"秘密立储"制——由皇帝亲书立储谕旨两份，一份密封在锦匣，安放于乾清宫"正大光明"匾后；另一份由皇帝自己保存。当朝皇帝驾崩后，由御前大臣将两份遗旨取出，一同拆封，对证无误后当众宣布继任者。因为每一位皇子都有继位的可能，这就从客观上激励了诸皇子努力学习，增长才干，为竞争帝位做准备。

❀乾隆皇帝大阅图·清·郎世宁❀

这是由郎世宁所画的乾隆帝肖像。展现的是乾隆帝即位后的第四年（1739），首次去南苑检阅八旗官兵时的雄姿。画像中，这位二十九岁的青年君主全副武装，佩带弓箭，威风凛凛，气度不凡，浑身洋溢着自信。故宫博物院藏。

❀乾清宫内景❀

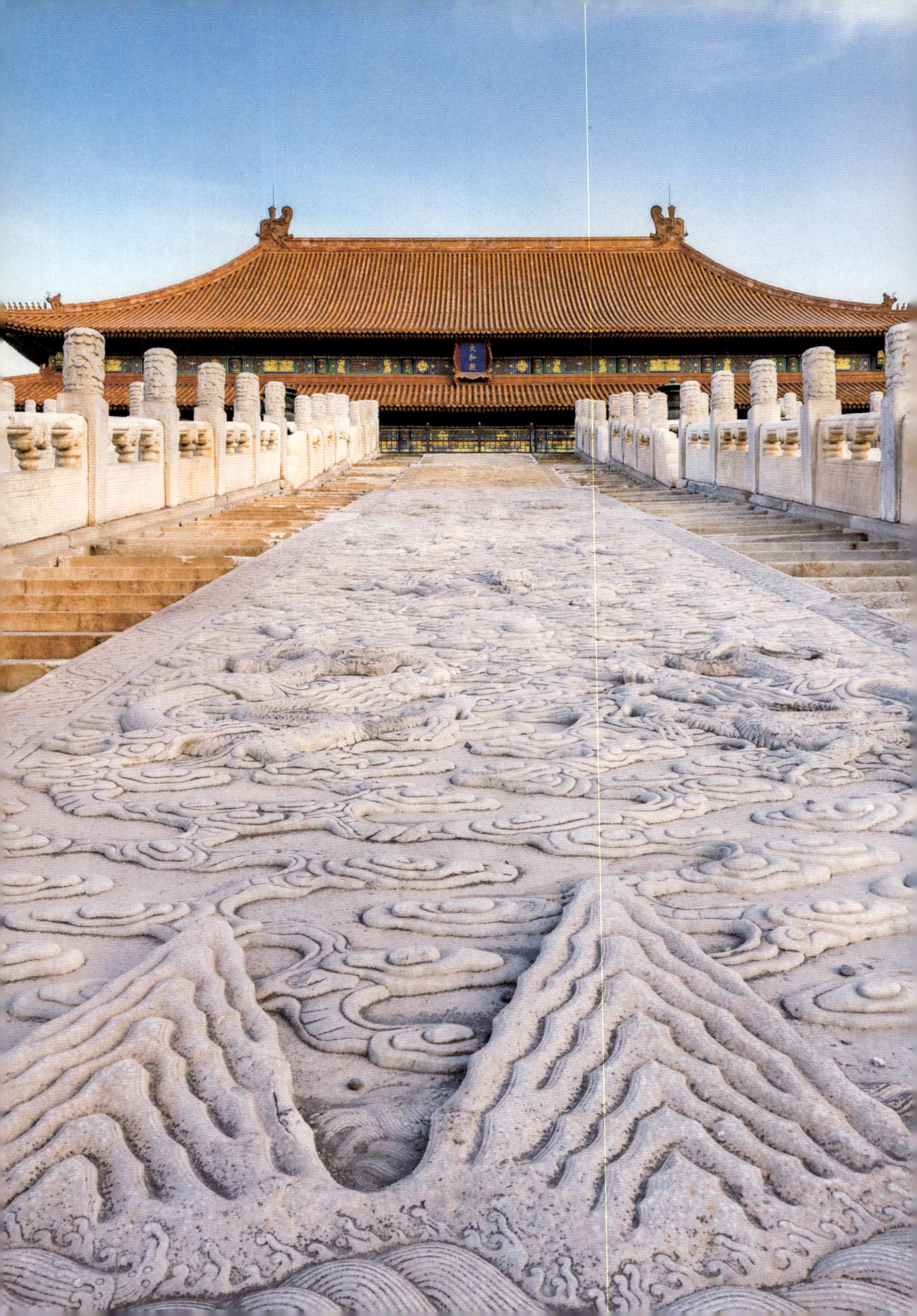

第九章

辉煌灿烂的书法

发现故宫

追溯史前绘画艺术的源头
马家窑文化彩陶漩涡菱形几何纹双系壶

绘画彩陶总是以独特的魅力震撼现代人的眼睛，马家窑文化的先民用一支简单的笔，在橙红色的陶器表面画下一条亮黑色的线，就能够让我们感受到线条起伏波动带来的美感。这些红黑交错的颜色，反映了先民们丰富的精神世界。

彩陶上的动感波纹

1923年，瑞典地质学家安特生首次将在河南渑池仰韶村发现的中国远古文化命名为"仰韶文化"。1924年，安特生一行由甘肃兰州出发，在临洮县城以南十千米的洮河西岸马家窑村，发现了一处远古时期的文化遗址，安特生就此提出了"甘肃仰韶文化"的概念。1961年，"甘肃仰韶文化"正式改名为"马家窑文化"，按照时间顺序，划分为马家窑类型、半山类型和马厂类型，分布在甘肃、青海等地区，年代在距今5000年左右。

马家窑文化以彩陶闻名于世，它优雅的器形、精美的花纹，以及流畅生动的线条，都让后人惊叹不已。马家窑类型以红陶为主，有少量泥制灰陶；半山类型的彩陶比例增多，陶器上绘有水波纹、漩涡纹；马厂类型则出现了四圈组合的图案，陶器的器形也更加丰富，有彩陶壶、彩陶罐等。

水波纹和漩涡纹是马家窑文化彩陶最有代表性的纹饰，根据线条的粗细、横竖、长短，按照一定的规则排列组合，它们为彩陶穿上了最具韵律感的华服。

艺术源于生活

生活在黄河上游的马家窑先民，制造陶器的主要目的就是储水、运水和

年代：新石器时代
尺寸：高 37.7 厘米，口径 13.8 厘米，底径 14 厘米。
材质：彩陶

储物。随着农业生产的不断发展，陶器的器形也开始演变，出现了大量满足生活需求的盆、钵、罐、壶等。

随着实用功能被强化，先民们越来越注重陶器的审美功能。在马家窑彩陶的装饰之中，典型的纹饰有平行线、交叉线、曲线、波纹、同心圆、三角纹等，弧线组成的漩涡纹给人无限的扩张感。随着彩陶器形的变化，这些图案也会改变，红、黑两色交替使用，在橙红色底上绘制亮黑的线条，展现出极大的

马家窑文化彩陶漩涡菱形几何纹双系壶（局部）

视觉张力。

现藏于故宫博物院的马家窑文化彩陶漩涡菱形几何纹双系壶，属于马家窑文化半山类型。彩陶壶为唇口，直颈，口部有两个对称乳钉装饰。壶身平滑的溜肩和鼓腹，曲线优美。在壶腹的中部位置有对称的双耳，可以用来穿绳提水。壶的下腹陡收，平底。在壶身上，以红、黑两种色彩描绘出了漩涡纹和菱形纹，壶口内用黑彩描绘弧形纹，颈部以黑彩描绘连弧纹两周。肩、腹部的纹饰是这件彩陶壶的重点，用红、黑两种色彩描绘了四组漩涡纹，漩涡纹里面则是细小的菱形几何纹。壶肩部用粗弦线及漩涡连线，边缘饰细密的锯齿纹。彩陶的胎质细腻，表面经过细心打磨，显得很光滑。

马家窑文化早期的漩涡纹是弧形三角形，涡心内是实心的圆点。随着时间的推移，漩涡纹的线条变得更加柔和圆满，涡心变得更大，出现了丰富的几何形纹饰。到马厂类型时期，漩涡纹的旋线已经全部消失，只留下涡心，用空心圆或实心圆表示，有些甚至用十字交叉纹表现涡心，以器物的底部为圆心，用条带状的锯齿纹围绕涡心逆时针旋转，极具动感。

作为中国原始彩陶艺术创作的顶峰，马家窑彩陶纹饰源于先民们对自己生存环境的客观认识，是他们原始艺术思维的体现。马家窑文化彩陶纹饰的美学价值及其丰富内涵，值得后人继续深入挖掘和研究。

一字万金的篆书之祖
秦石鼓

文字作为文明传播的载体，使人类的文化成果得以保存。春秋战国时期百家争鸣、百花齐放，思想文化有了极大发展。凿刻在石鼓之上的战国文字，不仅是书法研究的宝贵材料，也是对那个时代最准确的记录。

凿石作鼓

唐代初年，在关内道凤翔府天兴县（今陕西凤翔）有人挖出了十个花岗岩石刻，因为形状像鼓而被称为"石鼓"。石鼓上面用四言诗记述了春秋时期秦国国君的一次猎祭活动，其风格和句式同《诗经》中的《秦风·驷驖（tiě）》以及《小雅·车攻》等篇类似，以出土文物证实了《诗经》中所描写的内容的真实性。石鼓上的文字被称为"石鼓文"，它是一种由大篆向小篆过渡的文字，也称"籀文"。

关于石鼓的具体年代，从唐代起就有争议。后经金石学家反复研究，从石鼓上的文字、内容、书写风格等角度分析，确认石鼓应是秦国的遗物。

后人纷纷临摹

石鼓被发现后，上面的文字吸引了书法家和文学家的目光，虞世南、褚遂良、欧阳询等大书法家纷纷称赞它书法精妙，文学家韦应物、杜甫、韩愈竞相作诗称赞它，这才让石鼓开始为世人所瞩目。

"安史之乱"时，石鼓被逃亡的官员仓促掩埋，直到唐宪宗时才重见天日。当时的太学博士韩愈专门写了《石鼓歌》来赞颂这些石鼓，其中最有名的四句是——"镌功勒成告万世，凿石作鼓隳嵯峨。从臣才艺咸第一，拣选撰

刻留山阿。"

元和十五年（820），在韩愈的建议下，唐宪宗下旨，将石鼓从野外收回，放置在凤翔的孔庙，这才终于结束了它风吹雨淋的日子。但此时，石鼓"乍原"已经遗失，仅存九面石鼓。

但是这一次安置并没有让石鼓安稳多久，五代之乱中，它们再次散落各地。一直到北宋年间，凤翔知府司马池在宋徽宗的授意下，又将石鼓汇集，安置在凤翔府学门廊之下。到北宋大观年间，石鼓从凤翔被送到汴京（今河南开封）辟雍。宋徽宗时，石鼓"乍原"在一个小村里被找到，十

年代：战国
尺寸：高约90厘米，直径约60厘米（共十块）。
材质：花岗岩

面石鼓再次团聚。宋徽宗大喜过望，让人用黄金填注石鼓上的文字，以此来抵抗大自然对石鼓的侵蚀。靖康之变后，金人破宋，石鼓又被送到燕京。至此，石鼓颠沛流离的经历才告一段落，在北京安放了八九百年。

石鼓虽然破损，残留的刻字却精妙绝伦，保留了大量结构繁复的西周金文字体，也夹杂了一些后期的简化字，令人赞叹不已。从唐初被发现以来，许多书法家都曾临摹过石鼓上的文字。唐代书法家张怀瓘在其书法理论著作《书断》中评价石鼓书法："体象卓然，殊今异古，落落珠玉，飘飘缨组；仓颉之嗣，小篆之祖；以名称书，遗迹石鼓。"

取法石鼓，书艺精进者不乏其人。晚清书法家吴昌硕曾专门摹写《石鼓文》，到晚年时写出一手凝练遒劲、朴茂雄健的作品，不拘成法而又深得石鼓精髓。

颠沛千年，终得安宁

20世纪30年代，日本发动侵华战争，故宫博物院院长、考古学家马衡先生对石鼓多方护持，让它随故宫文物南迁，转移到四川峨眉县西门外武庙。

石鼓虽然是坚硬的花岗岩，但是在不断流转的过程中，石质也逐渐风化脱落，导致上面的文字不断被破坏。战火之中长途运输，难免颠簸，为了防止搬迁导致石皮脱落，马衡命人用纸糊在石鼓上，将纸全部塞入石鼓的裂缝中，再用被单和棉絮包裹，用麻绳包扎，最后才装进特制的木箱之中运走。

随着战火蔓延，石鼓辗转多个城市，历经十四年时间终于又回到北京，收藏在故宫博物院中。

千古霸业云散，一个秤砣千秋
秦始皇诏文权

秦始皇统一中国后，实行了统一文字、统一度量衡的政策。秦始皇诏文权作为平权衡、正度量、调轻重中的一环，为全社会提供了最为标准的重量参考，有了它，人们便可以明确重量，不再为交易中产生的矛盾而伤神。度量衡的统一让商业贸易有了基础，影响至今。

平权衡、正度量、调轻重

公元前221年，秦军势如破竹，一统天下，结束了分裂数百年的春秋战国时代。秦始皇统一全国之后，面临的是诸侯割据而造成的一片混乱，田畴异亩、车途异轨，文字也不统一。在这样的局面之下，必须先统一度量衡，因而统一度量衡成为各项制度的重中之重。

秦始皇对度量衡的统一依据的是秦国旧有的制度，他以不可抗拒的政令，强行将商鞅所创立的度量衡制度推广到全国。以量器来说，秦以升、斗为单位，但齐国以升、豆为单位，魏国以半斗和斗为单位，这导致官员俸禄计算不同，对于建立赋税制度和官吏考核制度也不利。在传世的秦国度量衡器物上，几乎都以不同形式附有统一度量衡诏书，收藏在故宫博物院的秦始皇诏文权就是其中一件。

三国时期的百科词典《广雅·释器》中记载"锤谓之权"，亦称"秤"，也就是说这件国宝级文物是一种"秤"。此权圆台形，中央凸起呈拱形，中间有穿孔，权身有十八道瓜棱，棱间刻秦始皇二十六年（前221）诏书。诏文为："廿六年，皇帝尽并兼天下，诸侯黔首大安，立号为皇帝，及诏丞相状绾，法度量，则不壹，歉疑者皆明壹之。"意为秦始皇统一天下，百

年代：	秦
尺寸：	通高5.3厘米，径4.7厘米，重0.26千克。
材质：	生铁

姓安宁，皇帝下诏书给丞相隗状和王绾，要求他们制定度量衡法律制度，不合法定的，都必须明确统一起来。

这些度量衡器以强制性手段推广，由政府制作并分发到全国各地，成为各地区有法可依的标准。有一些大诏版也将诏书刻在上面，将其镶嵌在城墙最显眼处，引起官民重视，保证了秦王朝在短短十几年里迅速完成了度量衡的统一。

秦之政法，百代皆行

中国文物专家在海外考察时无意间发现了这件秦始皇诏文权，它在何时被发掘，又是通过什么渠道流落到海外，如今已经无从得知。2011年，中国

发现故宫

铜量·秦

这件铜量是秦代为统一全国量制而由官府颁发的标准量器。秦量以战国时期秦国量制为标准，多为铜质和陶质。此件铜量为椭量。现存秦量多数为传世品。台北故宫博物院藏。

专家将其高价购回，此权被收藏在故宫博物院，是国家一级甲等文物。

作为统一度量衡的象征，秦代为了保证"器械一量"，制定了严格的检定制度，地方官府设有专门的校正工匠，专门负责每年一次校正度量衡器具，而各地用于校正的参照物就是中央统一颁发的标准器。为了确保每一次的校正都准确，每年温度、湿度最适中的仲春和仲秋两个时段就是检定日所在之时。秦统一六国之后将这一制度推行到全国。

经过了两千多年的发展，回首再看故宫里这一枚小小的秦始皇诏文权，它单薄的身形顿时变得无比高大。它的前世只是一块坚硬的生铁，可当它被精确地制作成权，它对于中国来说就意义非凡了。

国宝故事

秦始皇不仅统一了度量衡和文字，还采取了标准化的货币政策，废除六国货币，将秦的货币形式推行到全国。他规定黄金为上币，半两钱为下币，珠、玉、龟、银、锡之属为器物，不为币。黄金以镒为单位，每镒20两。半两钱重如其名，单位为两，一两等于24铢，半两即为12铢。这一政策结束了刀、布、圜钱长期混用的割裂局面，所用的方孔圆形钱的铜币造型被固定下来，一直延续了两千多年。

大汉帝国壮美宫殿的徽章
"汉并天下"瓦当

一片小小的瓦当，只是建筑的一小部分，但是通过它，却可以让后世窥见建筑的宏伟。汉代的宫室建筑如今已是荡然无存，仅留下一些遗址供人们凭吊。而我们可以借助质朴的汉代瓦当，推想当初那高大富丽的帝国皇宫。瓦当虽然体积不大，但它上面刻的图案和文字却映射了当时的社会状况，寄托着人们的美好愿望。

一砖一瓦，大汉气象

西周中期，陶制的瓦就已经普遍使用。瓦有筒瓦和板瓦之分，"瓦当"便是筒瓦的头，所以又叫作"筒瓦头"。"当"者，挡也，它可以防止檐头被风雨侵袭，延长建筑物寿命，还能起到装饰美化的作用。聪明的制瓦工匠会在瓦当上烧铸各种带有吉祥寓意的纹饰。

瓦当在西汉时达到了审美高峰。素净的瓦当表面，铸刻出了不同的纹饰，如动物纹、植物纹、云纹等。文字瓦当也是汉代瓦当的特色之一。文字瓦当的价值不仅体现在文字内容上，还体现在书法艺术上。

从动植物图案，到云纹，再到文字，标志着瓦当制作工艺不断走向成熟。汉代文字瓦当既出现在皇宫建筑、官署，也出现在私人家宅建筑。文字内容既有根据建筑名称而来的，如"上林"瓦当；有体现政治意识形态的，如"汉并天下"瓦当、"单于和亲"瓦当、"单于天降"瓦当；有祝福祈愿的，如"富贵"瓦当、"千秋万岁"瓦当、"延年益寿"瓦当；还有墓葬中表达诅咒警诫的，如"盗瓦者死"瓦当。文字瓦当种类繁多，形式多样，展现出极高的艺术水准，文字数量也从一字到十字不等。

年代：西汉
尺寸：直径17厘米。
材质：陶

🌀 瓦当的收藏热

瓦当之美被注意到，始于北宋。宋人王辟之在《渑水燕谈录》中记载宝鸡出土"羽阳千岁"瓦，是关于瓦当出土的最早记录。原本专注于碑刻拓本的金石学家开始搜访瓦当，并逐渐成为一种风尚。清代时对西汉瓦当的收藏热情达到了顶峰。

清人对于汉代瓦当的钟爱，和清初书法家对"篆隶遗意"的探讨有很大关系。清初，随着经学和考据学的兴起，学者们纷纷将关注的重点转向汉代碑刻、印章和砖瓦上的篆文。乾隆时期，舆地之学兴盛，作为古代宫廷必备的建筑材料，瓦当也因此受到了学者重视。"羽阳千岁""兰池宫当""上林""黄山"等瓦当都是宫殿或陵寝建筑用瓦，它们的出土标明了部分汉代宫殿、陵寝的名称和位置。

瓦当最开始进入收藏领域时，因材质普通、数量众多，价格低廉，普通的金石爱好者也可以纳入怀中。随着瓦当收藏热度的上升，乾隆时期甚至还出现了"悬金以与之抗"的竞拍局面。根据清代书法家钱坫在《汉瓦图录》中的记载，"长生无极"和"天无极"之类普通瓦当的价格可以达到每片白银八两到十两，乾隆帝听说后都惊叹瓦价之贵。清代金石学家张廷济在《清仪阁所藏古器物文》中记载，嘉庆八年（1803），他在杭州购入"永受嘉福"瓦当一枚，值银一饼。不过瓦当价格受出土数量的影响较大，嘉庆、道光年间瓦当的价格一般都在二三百钱，罕见者也不过二三两白银。

现藏于故宫博物院的西汉"汉并天下"瓦当，圆形的陶制瓦片上有"汉并天下"四个凸起的篆体字。《汉书·董仲舒传》中记载，当时大汉帝国极为强盛，"陛下并有天下，海内莫不率服"，因而制作了"汉并天下"瓦当称耀天下。

清代收藏家王昶、钱载、桂馥、黄易、翁树培等人都曾经收藏过"汉并天下"瓦当，张廷济收藏了清代书画家钱载的"汉并天下"瓦当之后，欣喜异常，将他的书斋改名为"汉瓦晋砖唐碑三宝砚之室"。当时，瓦当和其拓本既是金石收藏者的雅好，也是文人之间的馈赠之礼。在拜访朋友、贺寿时送上有吉祥寓意文字的瓦当，既风雅，又珍贵，深受欢迎。张廷济就曾将"汉并天下"瓦当作为礼物送给纪晓岚，纪晓岚也曾将自己收藏的"未央宫"瓦当送给学生梁章钜。

在帝国的宫殿之上，瓦当曾经是最不起眼之物。但是在历史的回望之中，它恰如镶嵌在殿宇胸前的徽章，灼灼地闪耀着光彩，诉说着曾经的辉煌。

尽显名士风流的法帖之祖
《平复帖》卷

作为中国书法的重要发展时期，西晋承前启后，引导着中国书法走向了一个新的阶段，而陆机的出现则是这一时期的高光时刻。他所创作的《平复帖》在此后的一千多年间都占据着"墨皇"的地位，无人可以撼动。

◉ 名士风流，法帖之祖

陆机生于永安四年（261），祖父是吴国名将陆逊，父亲是吴国大司马陆抗。陆机从小就接受了严格的贵族教育，具备超出常人的审美趣味。在他二十岁时，战火烧到了江南，东吴被西晋所灭。太康十年（289），陆机与弟弟陆云来到洛阳，出仕为官。

现存于世的《平复帖》只有短短九行八十六个字，用秃笔书写，笔法质朴老健，笔画盘丝屈铁，结体茂密自然、富有天趣，被评价为"格调高雅，神采飞扬，虽秃笔枯锋，斑驳古拙，信笔纷披而行，但笔意婉转，信笔纵横，风格平淡而质朴"。《平复帖》是中国现存最早的书法真迹，它的书体介于章草和今草之间，是两者过渡的证明之作。书法家启功评价它："十年遍校流沙简，《平复》无惭署墨皇。"

陆机在《平复帖》中，书写率性、自然，没有循规蹈矩。许多字的末笔收束都是向下牵引，字态也顺势而变。陆机书写的时候，只是让笔端随着心意流动，只是以超凡的才情和文学功底，匆匆忙忙写就了一封给病难痊愈的友人的书信，却在无意中创造了书法的历史。

"无意于佳乃佳"，这是陆机创作的心境，也是后世文人书法创作的最高境界。他无须考虑每个字的正斜和大小，也不用在意笔触的粗糙或细致，只是任由内心的情感恣意倾泻挥洒，只求将心中情绪一吐为快，这正是魏晋士人精神的充分体现。

流转千载，永存吾土

如今藏于故宫博物院的《平复帖》，牙黄色的纸张衬着黑色墨迹，盛装在紫檀木匣里。卷前有宋徽宗的题签，并钤有双龙圆玺以及多位鉴藏家藏印，卷后附有明代书画家董其昌等人的跋文。曾经历过的那些流离岁月，在它身上留下了或深或浅的印记，诉说着千年来的风云变幻。

从帖上的跋文可以看出，《平复帖》在明清两代几易其主，它还曾经属于乾隆帝，后又被乾隆帝赐给皇室宗亲成亲王永瑆。得到珍宝的成亲王对它十分爱惜，还将府邸更名为"诒晋斋"。到同治年间，《平复帖》又传入恭亲王府，后来被恭亲王奕䜣之孙溥儒收藏。

在一次湖北赈灾书画展览会上，著名收藏家张伯驹先生第一次见到了《平复帖》。晋代作品能够完好地流传至今，让他十分惊叹。1936年，溥儒将手中所藏的唐代名画韩幹《照夜白图》重金卖到国外，张伯驹得知消息后极为焦虑，他担心《平复帖》也会重蹈覆辙。

张伯驹认为这么重要的文物应当"永存吾土"。他打听到张大千和溥儒素来交好，便通过他向溥儒转达对《平复帖》的喜爱，请求转让。溥儒开价二十万元，但张伯驹财力不足，只能望帖兴叹。

1937年，溥儒的母亲病故，家中急需用钱，张伯驹经人斡旋，用四万现洋购得了《平复帖》。后来有人听闻这件事，企图将此帖转售于日本人，愿意出价二十万购买，遭到张伯驹拒绝。1956年，张伯驹偕夫人潘素将一生所收藏的二十二件历代珍贵书画捐献给国家，其中就包括《平复帖》。

《平复帖》最终又回归故宫博物院，但此时的《平复帖》还处于"裸奔"

状态，故宫博物院也没法为它找到一件合适的盛匣。

1995年春节前的一天，喜爱收藏的田家青先生在琉璃厂海王村旧货市场闲逛，他忽然发现了一个长方形紫檀木匣。田家青认出这个匣子是用早已绝迹的鸡血紫檀加工做成的，盖子上用遒劲浑厚的刀法刻有"晋陆机平复帖"和"诒晋斋"等字样。田家青由此推断它就是《平复帖》的原匣，他联系了文物工作者，将匣子带到故宫进行试装。可将《平复帖》装进去后，尺寸却稍大了些。

此时，一位老文物工作者提供了一封张伯驹先生写给溥儒的亲笔信，在信中，张伯驹提到《平复帖》原本应有一个宋代的缂丝包首和紫檀匣，可是张伯驹得到它时这两件东西都失散了。原来匣子的尺寸稍大是因为其中还有一个缂丝包首。由此可知，这个紫檀匣就是成亲王府收藏《平复帖》的原匣。文物店拒绝了别人的高价索购，匣子的持有者史致广先生将它无偿捐献给了故宫博物院。至此，《平复帖》又与它原先的宝匣重逢，真可谓是一件幸事。

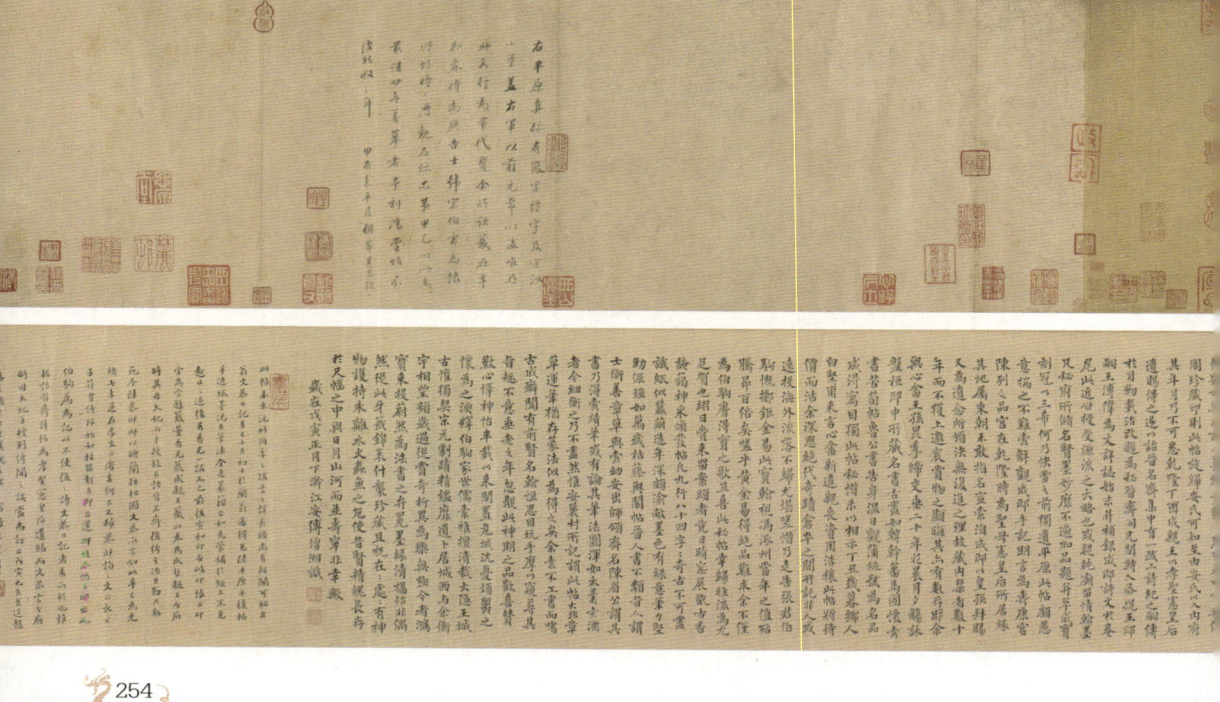

第九章 辉煌灿烂的书法

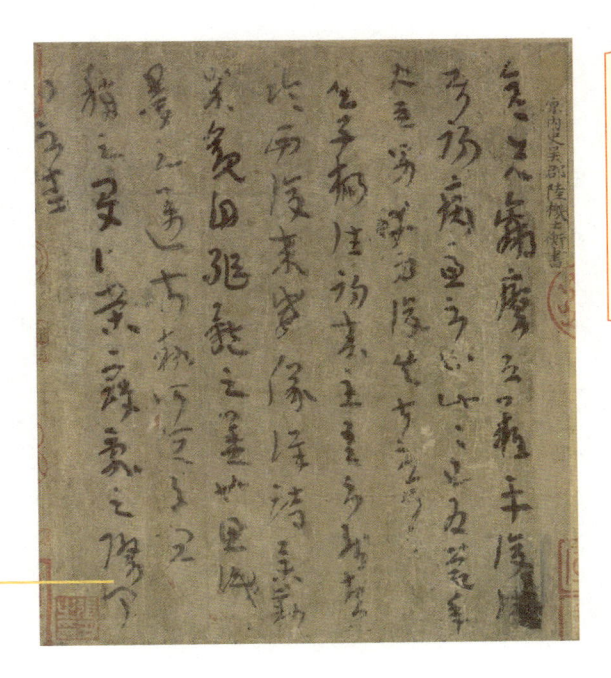

年代：西晋
作者：陆机
尺寸：纵23.7厘米，
　　　横20.6厘米。
材质：纸本

《平复帖》原文

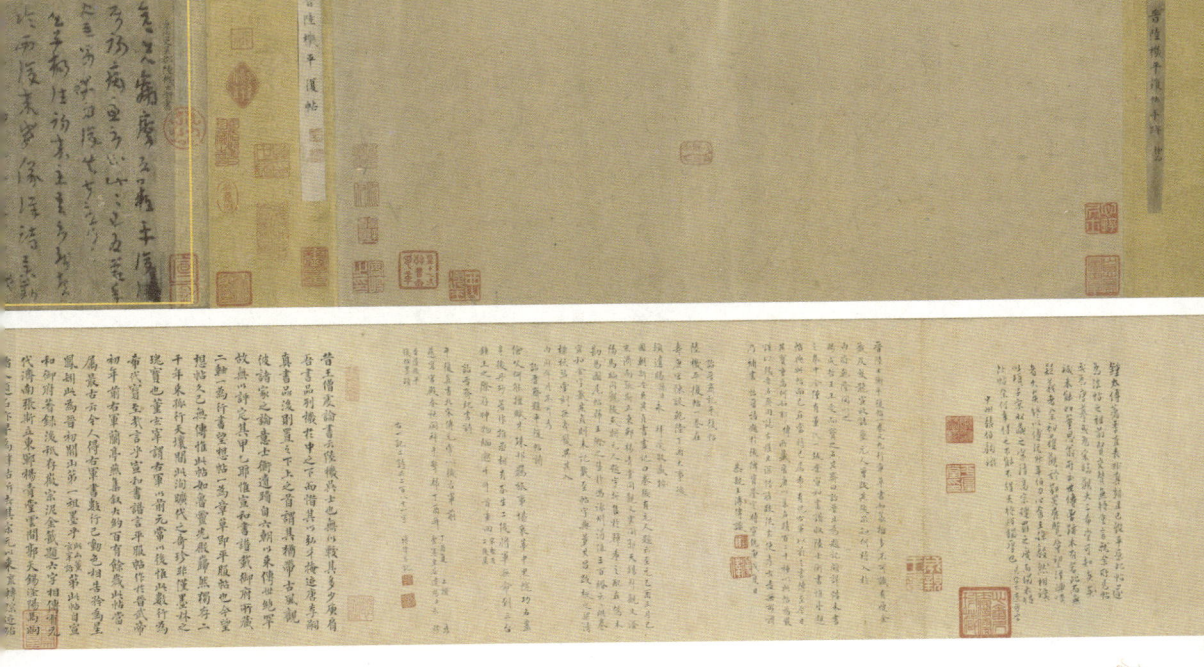

255

发现故宫

天下行书第一帖
冯摹《兰亭序》卷

《兰亭序》又名《临河序》《兰亭集序》《禊帖》等，东晋永和九年（353）王羲之所书，被"宋四家"之一的米芾誉为"天下行书第一"。《兰亭序》的真迹殉葬唐太宗昭陵，现有摹本、临本传世，以唐中宗时期的神龙本为最佳。此帖用笔以中锋为主，间有侧锋，笔画之间的萦带，纤细轻盈，或笔断而意连，提按顿挫一任自然，整体布局天机错落，具有潇洒流丽、优美动人的无穷魅力，在中国书法史上具有极高的地位。

兰亭雅集

永和九年三月初三"上巳节"，正是春天的修禊日，王羲之与谢安、谢万、孙绰、孙统、王凝之、王徽之、王献之等名士举行风雅集会。修禊活动的地

第九章 辉煌灿烂的书法

点兰亭就在临水之处，修禊的人可以"漱清源以涤秽"，即通过洗漱的方式把一切污秽的东西清除干净；洗漱过后，把酒洒在水中，再用兰草蘸上带酒的水洒到身上，借以驱赶身上可能存在的邪气，而求得平安、幸福。仪式结束之后，作为东道主的王羲之提议，既然今日"*群贤毕至，少长咸集*"，大家不妨玩个曲水流觞、饮酒赋诗的游戏。

游戏规则是：大家在蜿蜒曲折的溪水两旁席地而坐，由书童或仕女将斟上一半酒的觞，用捞兜轻轻放入溪水当中，让其顺流而下。根据规则，觞在谁的面前停下不动，就由书童或仕女用捞兜轻轻将觞捞起，送到这人的手中，这人就得痛快地将酒一饮而尽，然后赋诗一首；若才思不敏，不能立即作出诗来的话，他就要被罚酒三斗。这一提议得到了谢安等人的一致支持，活动中共有十一个人各作诗两首，十五个人各作诗一首，十六个人因没有作出诗而罚了酒，总共成诗三十七首，汇集成册，称为《兰亭集》。大家公推王羲之为之作序，诗人孙绰作后序。王羲之趁着酒兴，一气呵成写下了《兰亭集序》。

年代：东晋（原作），唐（摹本）
作者：王羲之（原作），冯承素（摹本）
尺寸：纵24.5厘米，横69.9厘米。
材质：纸本

兰亭集会作为中国古代最风雅的一次文人集会，与会者曲水流觞、临流赋诗、宴游赏花、各抒怀抱并抄录成集，使得兰亭成为中国山水园林的发源地。自兰亭雅集后，中国兴起造园之风。兰亭集会的风雅精神，也使后世文人骚客倾慕不已，宋代苏轼的"相将泛曲水，满城争出。君不见兰亭修禊事，当时座上皆豪逸"，写的就是东晋豪逸山阴兰亭雅集的风流韵事。

《兰亭序》的流传

《兰亭序》真迹一直由王羲之后人保存，传至第七代后，为唐太宗所得。唐太宗对王羲之推崇备至，曾亲撰《晋书》中的《王羲之传论》，称赞其书法"尽善尽美"，他还敕令侍臣赵模、冯承素等人精心复制一些摹本，将这些摹本或石刻摹拓本赐给一些皇族和大臣，因此当时这种"下真迹一等"的摹本亦"洛阳纸贵"。此外，还有欧阳询、褚遂良、虞世南等名手的临本传世。今天所谓的《兰亭序》，除了几种唐摹本外，石刻拓本也极为珍贵。最富有传奇色彩的要数《宋拓定武兰亭序》。不管是摹本，还是拓本，都对研究王羲之有相当的说服力，同时又是研究历代书法的极其珍贵的资料。

《兰亭序》是否真的是王羲之所书，历来有很多争议，清末和20世纪

第九章 辉煌灿烂的书法

兰亭修禊图 · 明 · 文徵明

明代文徵明以王羲之兰亭修禊事为题材,作《兰亭修禊图》,以清丽隽永的笔法描绘了与会名士们曲水流觞、饮酒赋诗的场景。故宫博物院藏。

60年代都曾引发过相当激烈的学术大论战。但无论《兰亭序》是不是王羲之所书,也不管《兰亭序》真迹是否还存在,王羲之作为"书圣"以及《兰亭序》作为"天下第一行书"的地位早已不可动摇,王羲之和他的《兰亭序》已经成为超越书法艺术的文化符号彪炳史册。

《兰亭序》现存五个唐代摹本,分别为虞(世南)本、褚(遂良)本、黄绢本(褚的另一摹本)、欧(阳询)本、冯(承素)本。这些摹本都曾被收入乾隆内府,成为著名的"兰亭八柱"中的名作。清末局势动荡,这些摹本从宫中佚出,流散四方。其中虞本、褚本、冯本现藏于北京故宫博物院。

冯本为唐代内府栩书官冯承素摹写,因卷引首处钤有唐中宗李显"神龙"二字的年号小印,后世又称其为"神龙本",此本使用双钩摹法,摹写精细,王羲之原本的笔法、墨气、行款、神韵都得以体现,是唐摹本中最接近兰亭真迹的版本。

发现故宫

"诗仙"传世的唯一真迹
《上阳台帖》

作为大唐诗坛最为耀眼的一颗明珠,李白一生任情率性,留下了大量瑰丽的诗篇,他的书法也同诗作一样充满放浪不羁的气质。《上阳台帖》书写于李白壮年时期,当时的他刚离开长安,有脱离仕途的不甘,更有畅游山水的潇洒。他的笔法超逸奔放、自成一体,诗仙的浪漫洒脱流溢笔端。

☁ 诗书并举,气象万千

人们总是为唐诗而沉醉,认为它代表了中华文化的一个高峰,而事实上与诗并生的书法在唐代也取得了耀眼的成就。唐代国子监中设置了书学,并有专门的书学博士督导学子们精研书法。如果想要在大唐的朝廷为官,书法是严格考核的一项内容。

唐代几乎所有的诗人都能写一手好书法。贺知章、王维、李白、杜甫、白居易、柳宗元等人的书法技艺都十分精湛,他们的书法和当时的社会特质也极为吻合。初唐书法崇尚"二王",和初唐的律诗一样,遵循和谐、严谨与华丽的风格,墨迹潇洒,工整流丽。盛唐时,书体由楷书、行书逐渐发展为崇尚行草、狂草,气势磅礴,气韵流动,字迹龙飞凤舞,充满了暴风雨式的激情。墨迹像是跌宕起伏的旋律,瞬间高崖,瞬间深谷,力求打破和谐,就像是那个时代的人,身上都洋溢着饱满的活力,充满了追求自由和浪漫的激情。

☁ 字画飘逸,豪气雄健

在诗词的世界里,李白是狂放不羁的;在书法的世界里,他也一样酣畅,写得一手好行草。李白书法师承何人?明代大学士解缙所著书学论著《春雨

第九章 辉煌灿烂的书法

杂述》记载，李白和颜真卿都曾与张旭切磋书法技艺。张旭草书劲健豪放，被尊为"草圣"，李白对他极其钦佩，曾经在《猛虎行》中赞叹："楚人每道张旭奇，心藏风云世莫知。"两人兴趣相投，都爱饮酒、写字，与贺知章等人结为"饮中八仙"，是长安城中最恣意快乐的一群人。

除张旭之外，李白还与其他盛唐书法家交往密切。书法家李邕为北海太守，李白经常与他诗文酬唱，李邕被李林甫杀害后，李白还写诗悼念，为其大鸣不平。诗人贺知章也以书法闻名，他是发掘李白的伯乐，直呼李白为"谪仙人"，在唐玄宗面前推荐了李白。两人切磋书艺时，李白赞叹贺知章的书法堪比王羲之。李白晚年想投奔大将李光弼，但因病半路返回，只能拖着病体在六十一岁时投靠李阳冰。李阳冰是唐代篆书书法第一人，与颜真卿齐名，虽然他比李白小十多岁，辈分却比李白大，是他的族叔。李白晚年生活全靠李阳冰照料，两人交往密切，经常切磋诗书。宝应元年（762）冬天，李白病重，将平生诗文托付李阳冰，请他编纂成集，写了《临终歌》后与世长辞。李阳冰不负重托，整理了《草堂集》，并亲自作序表达对李白的敬意。

◉ 缅怀故友，千古流传

收藏在故宫博物院的李白手书《上阳台帖》，大约写于天宝三载（744）。此时的李白已经四十四岁。从而立之年来到长安，虽然以诗名传世，但十多年来他到处受冷遇，只能和游侠儿、斗鸡徒游玩打发日子。就算在贺知章与唐玄宗御妹玉真公主的引荐下见到了皇帝，但是耽于诗酒的他也很快就被疏远了。这一年，他明白自己不会被重用，便上书请求回家，唐玄宗以其"非廊庙器"（**不是什么治国安邦的材料**）为名准许他离开长安。在洛阳，李白遇到了杜甫，两人一见如故，饮酒论诗，形影不离，并且相约一起去王屋山阳台观拜访二十年前结识的道士司马承祯。

发现故宫

司马承祯不仅道术精深，而且在诗、书、画等方面都有极高造诣，与李白非常投缘。为了方便召见，随时向司马承祯请教道学，唐玄宗命司马承祯在王屋山自选地址修建道观，即为"阳台观"（今王屋山阳台宫）。司马承祯在此修行多年。可李白一行到达阳台观时，却被告知道长已经仙逝。

抱着缅怀故友之意，李白挥毫泼墨，写下了自咏四言诗，全帖草书五行，共二十五个字："山高水长，物象千万，非有老笔，清壮可穷。十八日，上阳台书，太白。"

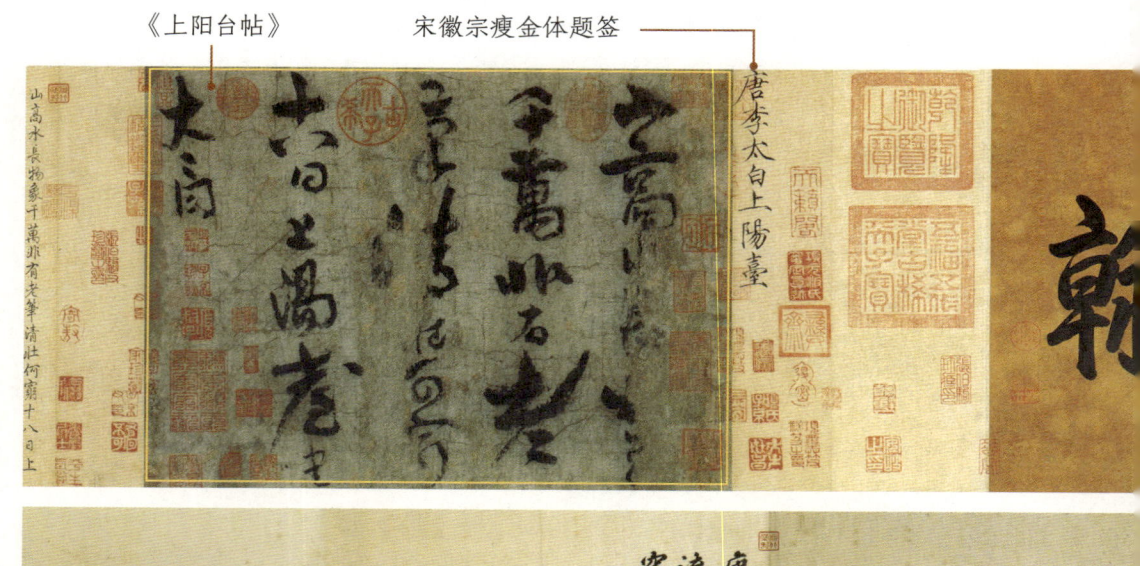

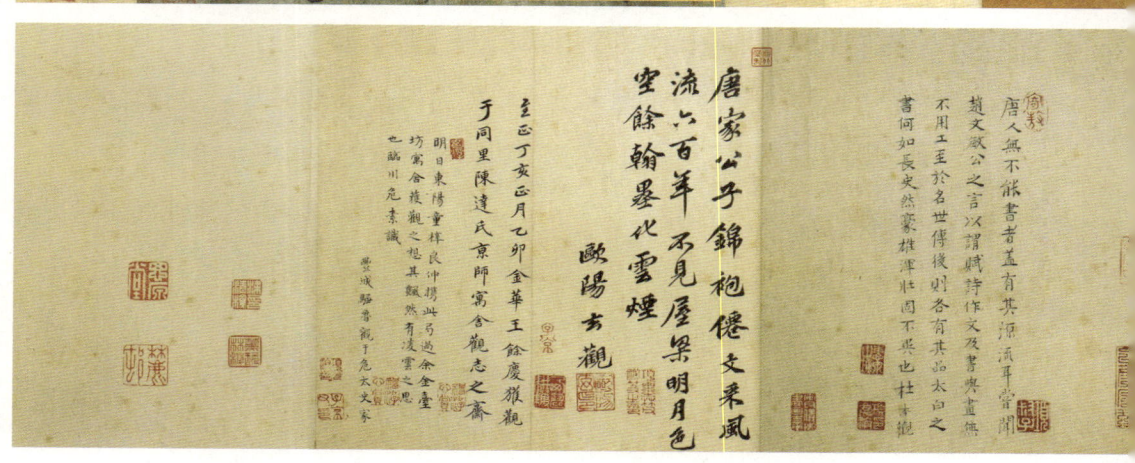

《上阳台帖》　　宋徽宗瘦金体题签

第九章 辉煌灿烂的书法

此帖流传到宋代，宋徽宗用瘦金体题签"唐李太白上阳台"，清代乾隆帝又在引首楷书"青莲逸翰"四字。后纸有宋徽宗、元代的张晏、杜本、欧阳玄、王馀庆、危素、骆鲁和乾隆帝的题跋和观款。卷前后及隔水上钤有宋赵孟坚"子固""彝斋"、贾似道"秋壑图书"，元"张晏私印""欧阳玄印"以及明项元汴，清梁清标、安岐、清内府，近代张伯驹等鉴藏印。

清末此帖流出宫外，民国时张伯驹以六万大洋购得。1958年，张伯驹将《上阳台帖》无偿捐献给国家，转交故宫博物院收藏。千年之间，时光流转，唯有这一卷字帖，或许还留有一丝"诗仙"的神韵，方便后人与他对话古今。

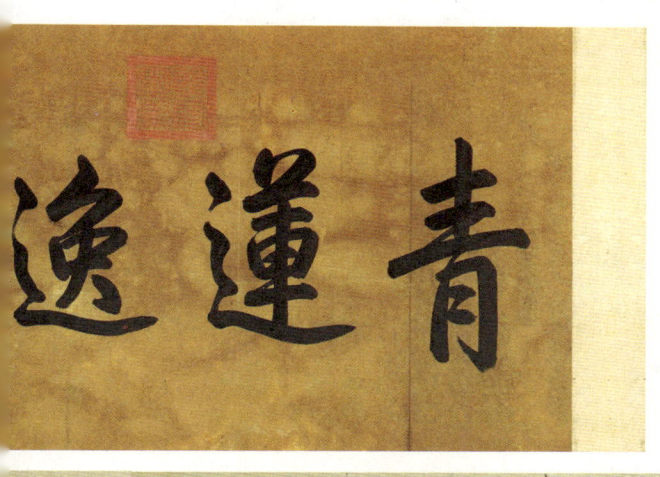

年代：唐
作者：李白
尺寸：纵28.5厘米，横38.1厘米。
材质：纸本

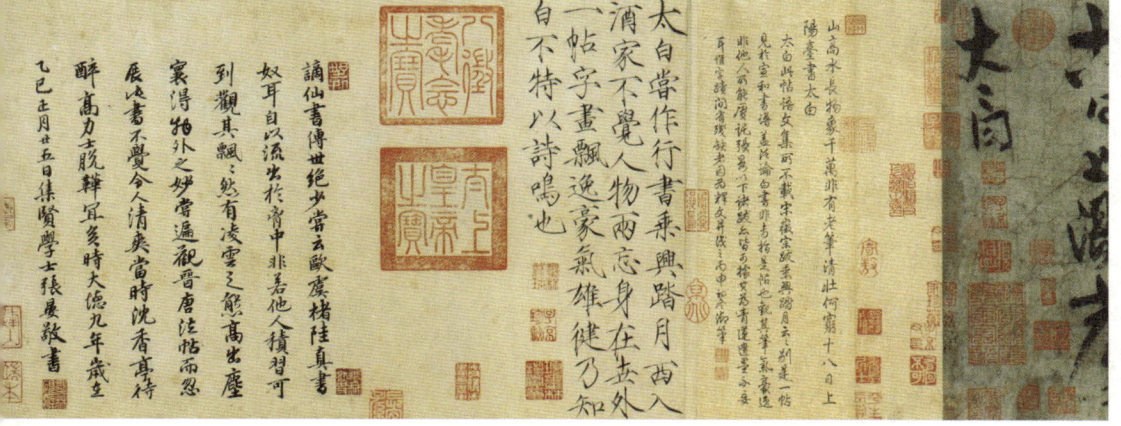

乾隆帝的十二时辰

在普通百姓的印象中，皇帝不是坐在金銮殿上接受三叩九拜，就是在后宫与佳丽夜夜笙歌。清朝皇帝的一天到底是怎样度过的？可以参考一下乾隆帝的起居注，那里面详细地记录了乾隆帝在乾隆三十年（1765）正月初八一天的行程安排。

4:00 5:00

乾隆帝起床、更衣。到坤宁宫朝祭。

坤宁宫始建于永乐十八年（1420），在明代是皇后的寝宫。顺治十二年（1655）仿照沈阳盛京清宁宫重修，作为萨满祭神的主要场所。

坤宁宫

6:00

在西苑（今中南海）同豫轩用早膳；乾清宫西暖阁恭读圣训。

乾清宫始建于永乐十八年，是紫禁城内廷正殿中的第一座宫殿，是明清十六位皇帝的寝宫。

《圣训》是先皇告诫臣下的诏令等，读《圣训》是为了从中吸取治国理政的经验。

7:00

更衣，去建福宫稍坐。

264

在重华宫举行茶宴。 清代茶宴的内容是皇帝与大臣赋诗联句，主要是为了联络君臣感情。

重华宫是乾隆帝曾经的卧室，这里保存着他年轻时的种种记忆。重华宫西侧一间房曾是他和孝贤纯皇后富察氏大婚的洞房。孝贤纯皇后病逝后，重华宫一直保留着当初他与皇后居住时的原貌。

7:00
10:00

❀ 孝贤纯皇后朝服像·清代·无款 ❀

10:00
13:00

在养心殿批阅奏折。

在养心殿接见大臣。

13:00
14:00

265

在养心殿吃晚饭。

乾隆帝的御膳有两个特点：一是注重食疗的功效，以求减缓衰老，延年益寿；二是严格遵守御膳食谱的搭配，绝不轻易改动，每天的御膳中，必须搭配一两种具有强身健体作用的药膳，比如，清热解毒、化痰止咳的口蘑萝卜青菜汤等。

14:00 15:00

乾隆帝食谱

15:00 16:00

短暂的休息时间。

与傅恒会面。傅恒是清朝名臣，也是富察皇后的亲弟弟。

16:00 17:00

在三希堂欣赏自己收藏的宝物。

"三希堂"有两种解释，一是源自"士希贤，贤希圣，圣希天"的说法，即每个人都在不懈追求着更上一层楼，借此鼓舞自己昂扬向上的斗志；第二种解释是这里收藏着乾隆帝最喜爱的三件稀世珍宝——王珣的《伯远帖》、王羲之的《快雪时晴帖》、王献之的《中秋帖》。

※ 三希堂 ※

17:00 19:00

19:00 20:00 → **自由活动时间。**

乾隆帝结束一天的工作，在养心殿东暖阁就寝。

清代康熙年间，养心殿是宫中造办处的作坊，专门制作宫廷御用物品。自雍正帝起，清朝的皇帝便在此居住。乾隆年间，养心殿成为集召见群臣、处理政务、皇帝读书、学习及居住为一体的多功能建筑群。直到溥仪出宫，清代先后有八位皇帝都居住在养心殿。

※ 养心殿 ※

21:00

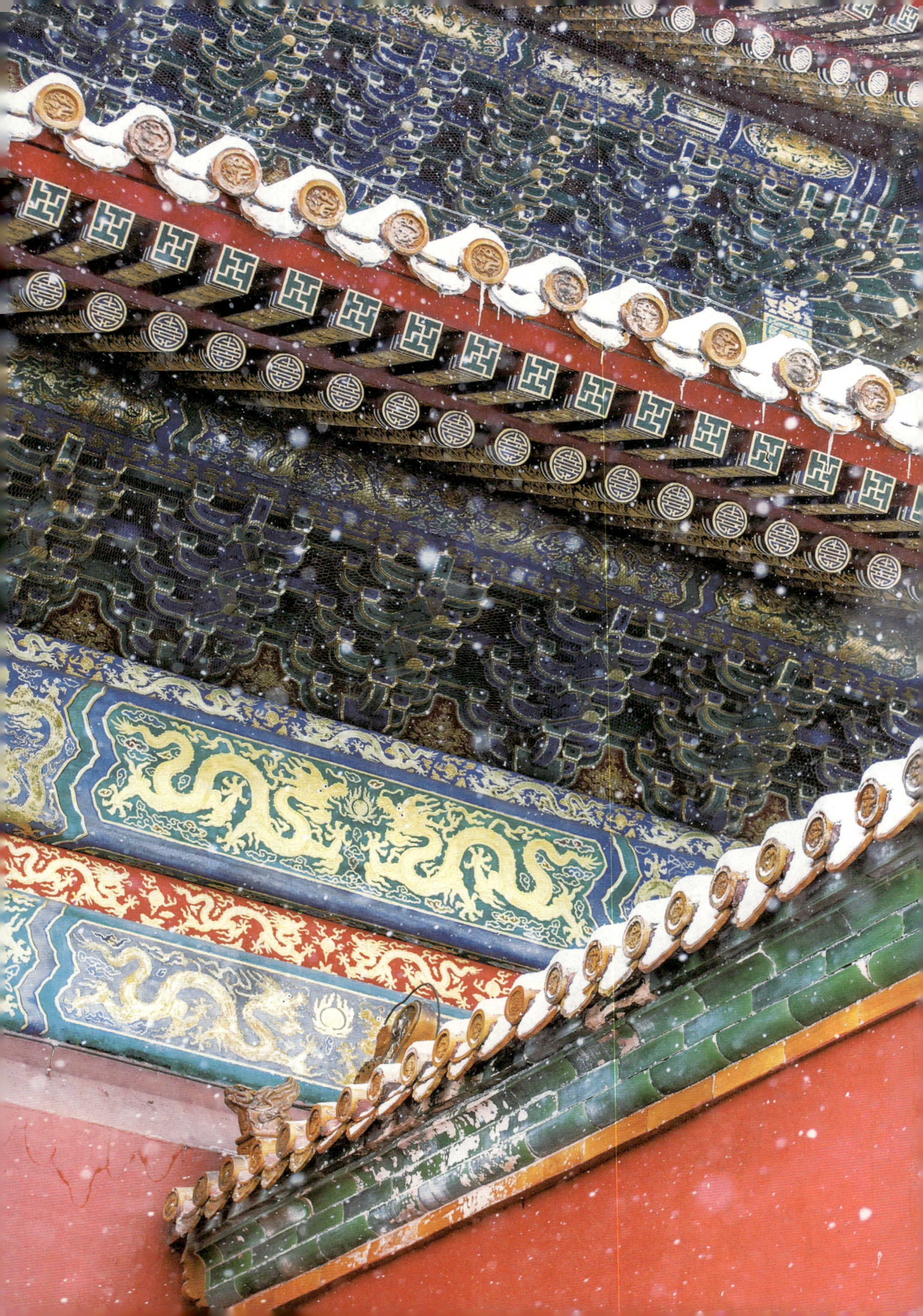

第十章

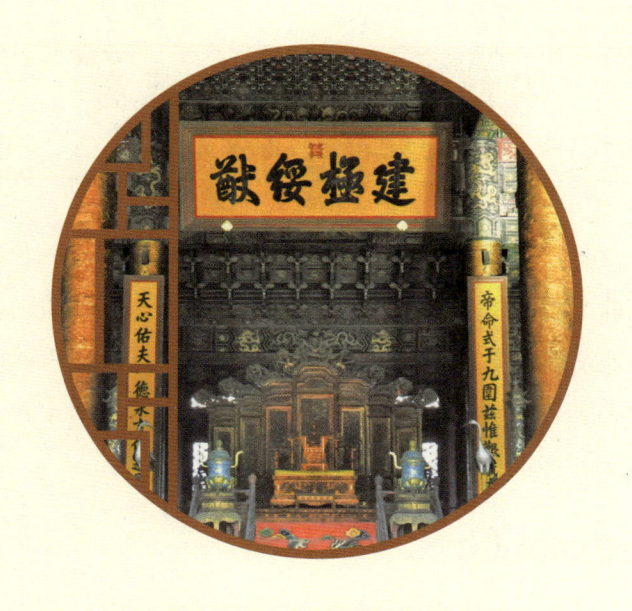

巧夺天工的中国名片

发现故宫

不怒自威的饕餮巨兽
白陶刻饕餮纹双系壶

饕餮（tāo tiè）纹是青铜器上最神秘且应用最广泛的一种纹饰，它源自何种动物，又具有何种寓意，是考古学家们一直以来探讨的问题。这种神秘的猛兽虽然不能发声，但当它出现在器物上时，却有慑服人心的威力。当饕餮纹出现在陶壶上，人们不禁好奇：它的主人究竟是什么身份？它又在主人的生活里扮演什么角色？

◉ 陶瓷史上的精美杰作

现藏于故宫博物院的白陶刻饕餮纹双系壶，是商代晚期的陶器，它通高22厘米，壶口和底部大小相等，腹部圆圆地鼓起，颈部对称位置有管状系耳，圈足上也有两个对称的圆孔。陶壶质地洁白细腻，工艺精细，通体雕刻有饕餮纹作为装饰，展现出商代陶器的制作水平。这件白陶壶原本已破碎，现已被修复。

从这件白陶壶上的饕餮纹可以推断，它的主人是商代晚期的贵族。在祭祀、丧葬、征伐和宴饮等重大活动中，雕刻了饕餮纹的礼器成为祈求天地和鬼神护佑的重要工具，以实物的形式彰显了礼仪活动的神圣氛围，饕餮纹以自带的威慑力体现了行礼主体的身份地位。

白陶最早出现在新石器时代，以高岭土为主要成分，在一千摄氏度左右的高温中烧制而成。由于胎质中所含氧化铁比例极低，因此烧成后表里和胎质都呈白色。商代后期是白陶烧制的鼎盛期，目前出土的白陶仅占商代陶器出土量的万分之一左右，其珍贵程度可见一斑。在黄河流域的商代遗址和墓葬里，都曾经出现过白陶的身影，觯、壶、尊、卣等酒器和鼎、豆、

年代：商代晚期
尺寸：口径9.2厘米，
　　　足径9.2厘米。
材质：白陶

发现故宫

簋等食器最为常见。而河南安阳殷墟遗址中的白陶，则是所有商代白陶中水平最高的。

商代之后，刻纹白陶便在历史的长河之中消失了。后世所产的灰陶虽然也精品频出，但是原料的选择、纹饰雕琢以及工艺制作的复杂程度，都不及商代白陶，更遑论白陶刻饕餮纹双系壶。饕餮的凶猛震慑和白陶的高贵典雅在这件白陶壶上完美结合。凶悍被柔化，而纯净有了力量，白陶刻饕餮纹双系壶就是这样一个矛盾而又和谐的存在。

◉ 饕餮是何种动物

"饕餮"这个名词最早出现在《左传·文公十八年》，晋代杜预解释说："贪财曰饕，贪食曰餮。"这两种神奇的动物频繁地出现在各类文献之中，却无人见过它们的真面目，只有一些模糊的记载不断充实着它们的故事。《神异经·西荒经》中说："饕餮，兽名，身如牛，人面，目在腋下，食人。"——可能见过它的人都被它吃掉了吧。

饕餮曾是一个古老的部族，因为族人十分凶悍，经常惹祸，所以舜就带了一批人，把他们灭掉了。在商代和周代早期，"饕餮纹"成了祭祀礼器的主要纹饰。

商代早期，饕餮纹用又大又圆的兽目和平行、简单而又粗犷的条纹展示着动物的躯体。从商代中期开始，饕餮纹有了角。它们有些向内卷，角尖向上勾弯，类似牛角，而有些则从中部向下折，然后再横平，类似羊角。饕餮纹的眼睛大多为"臣"字形或方圆形。"臣"字形眼犹如猛禽，神似鹰眼，线条和神情充满凶猛和狞厉之感。方圆形的饕餮之眼，有些只是一个圆圈，有些圆圈中还有长条形瞳孔，这种眼睛也是动物崇拜的产物。

佛莲最迷人的一次盛开
青釉莲花尊

经过长期的传播和积淀，南北朝时期佛教文化出现了一个高峰，越来越多的人投入到佛教的怀抱之中寻求抚慰，其中也包括很多统治阶层的人士。此时，与佛教相关的意象开始出现在瓷器上，以莲花为装饰原型的瓷瓶被摆放在佛堂上，那优美的造型还在诉说着人们对佛的崇敬。

沉迷佛教的皇帝

南朝齐中兴二年（502），萧衍接受南齐末代皇帝萧宝融的禅位，即位称帝，建立了南梁政权，萧衍即是梁武帝。初登帝位的萧衍，革除了刘宋、南齐以来的弊政，延续儒家的思想，并提出"以孝治天下"的治国策略，让各地儒学之士齐聚京城，南梁呈现出文化繁荣的局面。

萧衍称帝后痴迷佛教，十分虔诚，将佛法视为自己的归宿。他不沾荤腥，坚持素食，隔绝后宫，感受着佛法带来的人生乐趣。萧衍晚年共出家四次，最长的一次在寺庙中待了三十多天。他不仅自己真心向佛，还反复暗示臣下信佛，甚至用强硬手段逼迫臣子受菩萨戒。在他的软硬兼施之下，很多朝臣都信了佛。

在以佛治国的策略之下，不只皇帝和百官，百姓也纷纷投身佛法，一时间"都下佛寺五百余所，穷极宏丽。僧尼十余万，资产丰沃。"南梁的土地上处处成寺，家家剃落，很多人出家，而僧尼不计算在户籍中，导致"天下户口几亡其半"。

可是这么虔诚的信奉，依旧没能让萧衍获得最终的幸福。太清三年（549）二月，东魏降将侯景发动叛乱，叛军攻入建康，将八十六岁的萧衍囚禁，最终将他饿死。

佛莲盛开，心向极乐

南北朝时期的中国陷入大分裂，地方政权频繁更替，战乱频仍，生灵涂炭，人们朝不保夕，大概也只能从宗教中获得一丝慰藉和解脱。所以，中华大地无论南北，崇佛之风都是愈来愈盛，一朵朵佛莲开遍四方。

佛法所统御的不只是人们的精神世界，它深入生活的方方面面，展示着宗教的威力。南北朝时期的制瓷业是佛法投映最多的地方之一，各种源自佛教的装饰题材、纹饰出现在瓷器上。

在佛教里，莲花是"净土"的象征，一个人想要摆脱生、老、病、死的痛苦，只有从莲花中再生，才能进入"西方极乐世界"。瓷匠不甘落后，他们将莲花图案运用到各种器物上，莲瓣在瓶体上或仰或覆，或整体铺陈在碗底，或者以莲蕾的形式点缀在灯擎之侧，似乎这样就可以离佛更近一些。莲花也越来越融入世俗生活，它们带着人们对生活的期盼以及对未知世界的向往，粲然开放。

许多艺术形式来源于宗教，它们最初是人们对神灵和天地表达敬畏的方式。但是随着时代的推移，这些事物的神性逐渐退散，慢慢地进入人间，成为世俗生活的一部分。

莲花也是一样，随着时光流逝，它身上的神性逐渐消散。魏晋时期充满了佛国气息的莲瓣，到六朝之后已经成为瓷器的装饰花纹，元代的"莲池鸳鸯"、明代的"三把莲""缠枝莲"，以及清代的"出水白莲"，已经不再有宗教色彩，只是一种寓意吉祥的图样而已。

庄重华美，巧夺天工

1948年，河北景县封氏墓群出土了四件北魏青瓷莲花尊，它们通体装饰

年代：南北朝
尺寸：高67厘米，
　　　口径19厘米，
　　　足径20厘米。
材质：青瓷

莲花纹，器形堂皇庄重，运用多种不同的工艺手法，将南北朝瓷器工匠巧夺天工的技艺展示得淋漓尽致。

　　四件青瓷莲花尊，最高者达到70厘米，尊体分为颈、腹和圈足三个部分。颈部装饰了三道花纹，六组姿态不同的飞天在第一道，宝相花在第二道，第三道是四组兽面纹和两组蟠螭纹的组合。瓷尊的腹部贴塑了上覆下仰的莲瓣，它们层层叠叠，依次增长，下层莲瓣最长，花瓣尖向外卷起，线条优美而又丰满。在器腹下收缩的高圈足，也堆塑两层覆莲。器上有盖，也装饰有莲瓣。

　　故宫博物院收藏的青釉莲花尊釉色均匀，从口部到颈部的纹饰分隔为三层，最上一层饰六个不同姿态的飞天，中间一层饰宝相花纹，下层塑贴团龙纹。腹部装饰上覆下仰的莲瓣，上部覆莲分为三层，层层叠压，依次延伸，其中第三层莲花瓣尖向外翘起，第二层与第三层莲瓣之间有菩提叶一周。下部仰莲分为两层，莲瓣丰满肥硕，足部也堆塑覆莲瓣两层。

　　此尊集塑贴、模印、雕刻等多种装饰技法于一体，纹饰华缛精美，令人叹为观止。尊上的莲瓣、团花、飞天等装饰题材与南北朝时期盛行佛教文化的历史背景相吻合。科技工作者对这种青瓷进行化学分析的结果表明，其胎、釉的化学组成与南方青瓷不同，具有北方青瓷的特点。该青釉莲花尊堪称南北朝时期北方青瓷的杰出代表。

大唐盛世的缩影
青釉凤首龙柄壶

唐代文化的繁荣离不开它兼容并蓄的特性，即便是一件普通的瓷器，也可以从中看到不同文化碰撞所产生的火花。青釉凤首龙柄壶以传统的龙凤图腾为主体，融合了异域风情，壶的造型体现了波斯萨珊王朝金银器造型的特点，让唐瓷拥有了不一样的风情。

万国衣冠拜冕旒

唐朝是一个十分包容的朝代，来自世界各地的客商带着崇敬的心情来到长安，和大唐本身具有的热情奔放融汇后，形成了一种非常特别的气质。

地处西亚的波斯帝国（今伊朗）是一个历史悠久的文明古国，从汉朝张骞出使西域之后，它就一直和中国保持着交流。带着对大唐盛世的向往，波斯的使者频繁来到长安。在东都洛阳和扬州、广州，也有很多波斯的使臣、留学生和商人在活动，他们的出现令大唐百姓感到好奇。当时只有中国烧制瓷器，因此西域各国的商人会将本国流行的器型、纹样带到中国定制。波斯商人还会将萨珊王朝的金银器带到中国售卖。

唐代史学家韦述在记述长安、洛阳两都城故事的《两京新记》之中写道，波斯萨珊王朝覆灭之后，王子卑路斯带着自己的儿子泥涅师以及残部逃到了长安，请求唐高宗给予庇护。这些人之中，不乏能工巧匠，他们虽然是为逃命而来，却也为长安带来了新奇的波斯文化。他们和普通百姓一起居住，从事手工业和商业贸易，在扬州等地出土的大量波斯陶器证明了他们在当时有多么活跃。

波斯人在大唐帝国中人数不少，他们的文化特质被中国广泛吸纳，成为大唐文化的一部分。唐代瓷器中，胡人形象非常普遍，如头戴毡帽、身穿右开襟翻领长袍或圆领窄袖衫、足蹬高筒尖头靴的波斯商人形象。

两大文明融合的惊世之作

　　丝绸之路大大促进了中国和西亚的交流，从六朝至唐代，波斯的一种鸟首壶逐渐传到中国，唐代的青瓷、白瓷及三彩釉陶中均出现了凤首壶，其中最精美的就是这件现藏于故宫博物院的青釉凤首龙柄壶。此壶既有波斯萨珊王朝金银器造型的特点，又融入了中国传统的龙凤装饰艺术，烧制技法高超，令人叹为观止。

　　在这件青釉凤首龙柄壶上，身披轻纱扬手举足作舞蹈状的力士，以及堆贴的六个宝相花，壶底莲花瓣纹上的花朵、壶肩的卷叶纹都有着浓郁的异域风情。它们和中国传统的龙凤图案融合在一起，显得异常和谐。

　　隋唐是中国陶瓷发展史上青瓷向白瓷过渡的阶段，北方的很多瓷窑在烧白瓷之前都是以烧青瓷为主，因而北方的唐代青瓷窑发现得并不多，所产出的青瓷质量也很一般。陕西耀州窑在唐代就是以烧青瓷为主，但产品多是碗器，烧不出凤首龙柄壶这样的精巧之作。在北方的青瓷体系里，鼎州窑所出的青瓷曾经被陆羽奉为精品，但至今都没有找到它的窑址。人们由此推测，凤首龙柄壶的产地就在它的出土地河南汲县附近，这里距离隋代青瓷产区安阳窑很近，也许它就是安阳地区所产。

　　出土窑口不明，出土具体年份也未知，这件凤首龙柄壶充满了神秘感。在清宫诸多旧藏文物中，它以独特的美感卓然而立，淡青略带浅黄的釉色在岁月之手的摩拭下光华不减，反而透露出玻璃样的晶莹。也许，这就是瓷器的魅力吧。

年代：唐
尺寸：通高41.3厘米，
　　　口径19.3厘米，
　　　足径10.2厘米。
材质：青瓷

白瓷之王，榻上娇儿
定窑白釉孩儿枕

生活是所有伟大的艺术创作的灵感源泉。宋代的日常生活用具里，瓷器占据了很大比重，连枕头都可以是瓷器。在那个婴儿出生率、存活率都不高的时代，孩子代表了未来的希望，人们希望通过孩儿枕来传达子孙满堂的心愿。它们造型可爱、寓意美好，怪不得连乾隆帝都成了孩儿枕的"粉丝"。

◉ 定窑天下白

古人认为"瓷枕能明目益睛，至老可读细书"，这算是中国人独创的养生"妙招"了。宋代是瓷枕烧制的全盛时期，形制多样，品种丰富，出现了很多全新的造型，如腰圆形、云头形，以及虎、狮等各类动物造型。

宋代时定窑、磁州窑、耀州窑和景德镇湖田窑都以制作瓷枕而闻名。不管是贵族阶层，还是平民百姓，都喜爱使用瓷枕。李清照词《醉花阴》中有"佳节又重阳，玉枕纱橱，半夜凉初透"，这里的"玉枕"就是瓷枕了。

宋代，制瓷业获得了空前发展。民间美术的发展，让瓷器中出现了很多民俗题材，如婴戏图、杂戏图等，既不矫揉造作，又不夸张炫技，形成了古朴大方的艺术风格。定窑是宋代五大名窑之一，位于今河北保定曲阳县（**曲阳在宋代属定州**），与钧、哥、汝、官窑齐名。在五大名窑中，定窑是唯一烧制白瓷的窑场，它创烧于唐代，鼎盛于北宋，终于元代。

北宋早期的定窑白瓷之中，有一些器物会出现"官"和"新官"款识，如位于河南巩义的宋太宗元德皇后陵中出土的定窑白瓷，底部都有"官"款，表示这些瓷器是供应宫廷。其他还有少量瓷器出现"尚食局""尚药局""五王府"等字，以及"奉化""禁苑""德寿"等宫殿名，这都是瓷器出窑之后被派送的地址。北宋后期，定窑既要为宫廷定制瓷器，又要为民间生产日用瓷器，所面对的需求量非常大。

到北宋末年，由于北方连年的战争，许多窑场都遭到了不同程度的破坏，定窑也不能幸免。在金统治北方后，定窑又恢复烧制，制作工艺不输于北宋时期。元朝时，定窑最终走向没落。

祈福求子，寓意吉祥

定窑瓷器是故宫博物院所收藏中国古陶瓷中重要的一类，目前故宫收藏的历代定窑瓷器共计三百余件，分为清宫旧藏和故宫博物院建院之后入藏两大部分。北宋定窑白釉孩儿枕是清宫旧藏的代表作，是国内外公私收藏定窑瓷器中最精彩、最具研究价值的传世品之一。

定窑瓷枕整体数量较少，因为这并不是定窑的主要产品。现存可见的定窑瓷枕，有形似叶片的叶形枕、形似大豆的豆形枕、美女侧卧的仕女枕、狮子趴在基座上的狮形枕，以及婴儿伏卧的孩儿枕。

据传说，北宋时曲阳县有一对夫妇以烧窑为生，他们手艺精巧，生意兴旺，但是一直没有孩子。有一天晚上，妻子梦见一个孩子闯入怀中，醒来之后欣喜异常，就将梦的内容告诉了丈夫。她的丈夫按照妻子的描述画了图纸，用瓷土塑造了一个孩子的形状，烧制成瓷枕。他们天天枕着这个瓷枕睡觉，不久之后妻子果然怀孕，生了一个和梦中一样可爱的孩子。此后，人人都来求这样的孩儿枕，这一瓷枕造型开始大为流行。

北宋定窑白釉孩儿枕是宋代瓷枕造型的一大创造，不仅审美独特，而且很实用。定窑白釉孩儿枕的造型是一个活泼可爱的孩子卧于榻上，孩子圆头圆脑、眉目清秀，透着虎虎生气。他身穿长袍，外罩坎肩，右手握一绣球，两臂环抱，两足交叉，孩子的背即是瓷枕的枕面。孩子的长袍下部和

发现故宫

榻的周边都有花纹，榻的其中一面开光内凸起螭龙。瓷枕釉呈牙白色，底素胎，有两孔。整件作品线条流畅生动、细节刻画传神，是中国古代瓷器中的名品。

清宫旧藏的文物都有一种特殊的参考号码，是清室善后委员会在1924年清点故宫文物时的编码。当时的专家以宫殿为单位，又以《千字文》中"**天地玄黄，宇宙洪荒**"为宫殿代称进行编号。如乾清宫为"天"，坤宁宫为"地"，其他宫殿依次顺延。再以宫殿内的橱柜箱架进行总号、分号编排。参照这些器物编号，就可以得知这些物品的存放位置。故宫孩儿枕的参考编号为"阙七二一"，由此可知它此前被安放在寿安宫的木箱内。

年代：北宋
尺寸：高18.3厘米，长30厘米，宽18.3厘米。
材质：白瓷

● 第十章 巧夺天工的中国名片

发现故宫

郑和下西洋带来的契机
青花海水纹香炉

翻开明代历史，自开国的明太祖朱元璋之后，继任者中以丰功伟绩而彪炳史册者，首屈一指的当推明成祖朱棣，即大名鼎鼎的永乐大帝。明成祖，年号永乐，在位二十二年。他即位后，励精图治、奋发有为，迁都北京，亲征漠北，社会经济进一步发展，全国统一形势也得到进一步巩固，明朝国力达到鼎盛，百姓安居乐业。郑和下西洋、编纂中国古代类书之冠《永乐大典》等一系列重大历史事件都发生在这一时期。

☁ 永乐年间遗存的重器

故宫博物院所藏的这件青花海水纹香炉，阔口、短颈、鼓腹，下承以三象腿形足，肩部置两朝天耳；内施白釉，外壁通体绘海水江崖纹。此炉形体硕大，青花色泽浓艳，凝结的黑斑密布于纹饰中，纹饰则寓意江山永固。能够烧造出如此结构雄浑、纹饰精美的重型瓷器，一方面反映出当时景德镇窑工高超的制瓷技艺，另一方面也彰显了永乐时期明朝强盛的国力。

青花海水纹香炉是明代永乐时期景德镇御窑厂生产的官窑瓷器，传世仅两件，分别收藏在故宫博物院和南京博物院。据研究人员推测，当时御窑厂先后烧制了三件款式相同的青花寿山福海纹香炉，一件因烧成后炉身变形

青花海水纹香炉（局部）

年代：明永乐
尺寸：高55.5厘米，
　　　口径37.3厘米，
　　　足距38厘米。
材质：瓷

发现故宫

被打碎埋于地下，另两件送入宫廷。值得一提的是，海水纹在元代瓷器上已不鲜见，到明初永乐、宣德时期海水纹有了进一步发展。以此炉为例，通常有起伏相叠的波浪及涌起的浪花，其装饰性较元代大大加强。当然，海水纹饰的流行一时，与自永乐年间开始的郑和下西洋的空前壮举有密切关系。

◉ 独领风骚的永乐朝青花瓷

从中国的瓷器发展史来看，虽然唐三彩曾出现过少部分蓝釉，但是元代以前蓝色釉彩并没有占据主流。由此可以推论，此种蓝色并不是从一开始就被中原人所接受。元朝景德镇烧制青花瓷的主要目的是向西亚和中东地区出口，有学者认为这种白地蓝花瓷器的生产是为了迎合穆斯林的审美风格。永乐时期景德镇青花瓷继承了元代青花瓷的色彩，烧成后的颜色特别浓艳，一改洪武时期青花瓷器青花发色灰暗的缺点，形成了独特的永乐风格。郑和下西洋带去的大量瓷器中，永乐青花以其独特的风格受到西方市场的青睐。

关于永乐时期青花瓷的颜料，有"苏麻离青""苏勃泥""苏泥勃"等说法。从文献上看，因为语音相近，大都认为"苏勃泥"或"苏泥勃"都是从"苏麻离青"一名演绎而来。也有学者通过科技手段对几种颜料做了分析，认为"苏麻离青"和"苏勃泥"是两种不同的青料，前者来源于西亚波斯地区，主要是元青花和永乐青花的颜料；后者又称"回回青"，是明宣德后期青花瓷使用的颜料。对于"苏麻离青"的具体产地，学界还没有统一的认识，但这一青料来源于国外是不争的事实。

中国的海外贸易在宋、元时期比较发达，而到了明洪武时期突然开始厉行海禁。到了永乐时期，社会稳定、国力强盛，明成祖对周边国家采取了积极的政策。

从永乐三年（1405）开始，一直到宣德八年（1433），明朝先后七次派

第十章 巧夺天工的中国名片

郑和率领贸易船队出使"西洋"和"南洋"地区的各个国家,这使得明初期中断的海外贸易再次接续起来,中国的茶叶、丝绸、瓷器等特产远销国外,同时也与外国互通有无,进口货物中就包括了生产景德镇青花瓷的"苏麻离青"。而进口"苏麻离青"还有一条陆上通道,主要来自波斯地区。《明会典》和《明实录》中常有西域商人、使臣进贡"苏麻离青"以供烧制御用青花瓷的记载。由此可见,明永乐时期青花瓷色泽浓艳的客观原因和物质保证就是这两条中外交流的通道,而主观原因主要是出口的需要,迎合国外地区的审美。

永乐青花瓷是中国青花瓷史上的重要发展阶段,以其胎釉精细、青花色泽浓艳、造型多样和纹饰优美而负盛名。这些都与当时明王朝的兴盛息息相关,如果没有永乐时期对外贸易的蓬勃发展、中外文化的频繁交流、兼容并蓄的文化氛围、景德镇工匠的高超技法,永乐时期青花瓷不可能成为中国瓷器发展史上的一个里程碑。

青花海水纹香炉(底部)

迎新纳福，欢度春节

古代将岁首称为"元旦"，所指的就是现在的春节。在汉代之前，元旦具体是一年中的哪一天，各朝代有不同的规定。后来汉武帝制定了汉历，将正月初一作为元旦，这一规定一直沿用到了清代。

皇帝书"福"

腊月初一起，皇宫里就开始准备过年了，各宫开始大扫除，准备食物、压岁钱和供品，添置新衣、更换陈设等。清代有皇帝亲笔书写"福"字的习俗。此习俗首开于康熙帝，皇帝将写好的第一个"福"字悬于乾清宫正殿，其他张贴于后宫、御花园等处，余下的赐予王公大臣及内廷翰林，众人皆以获得"福"字为荣。原本写福字多在除夕前数天，乾隆二年（1737）开始定于腊月初一在漱芳斋开笔书福，后岁以为常。

乾清宫

乾清宫是紫禁城内廷正殿中的第一座宫殿，乃明清十六位皇帝的寝宫。

交泰殿封印

乾隆十三年（1748），乾隆帝把象征皇权的二十五玺收存于交泰殿。此后每年元旦前，交泰殿内都要举行一回封印仪式。

小年（腊月二十三）之前的四天之内，由钦天监选择吉日封印。供案上要摆设酒果、点燃香烛，皇帝拈香行礼后，管理御玺的官员要将御玺捧出乾清宫门外进行洗拭，然后再捧入殿内封存。

❀ 白玉盘龙纽"皇帝尊亲之宝" ❀

坤宁宫祭灶

在小年这天，坤宁宫要举行祭灶仪式。祭灶的供品共有三十三种，包括南苑猎取的黄羊一只、盛京（今辽宁沈阳）内务府进贡的麦芽糖（关东糖）等。皇帝先到灶神前拈香行礼，待皇帝礼毕回宫后，皇后再行祭礼。

明窗开笔

从雍正帝开始，正月初一子时要举行开笔仪式。在养心殿东暖阁明窗处，皇帝坐定之后，书写新年的第一笔。乾隆帝为了增强明窗开笔的仪式感，还会亲手点燃玉烛长调烛台上的白玉蜡，在金瓯永固杯中斟满屠苏酒，用万年青笔写下"天下太平""风调雨顺"等吉祥语，之后捧起金瓯永固杯，将杯中酒一饮而尽。

吃新年饺子

明窗开笔之后，皇帝要吃新年的第一餐——饺子。清宫之中的饺子称为"汤煮饽饽"，其形似元宝，有收获财宝的喜庆寓意。这些饺子必须在除夕夜做好，子时一到，就立刻下锅煮熟，取"岁更交子"的寓意。

清代皇帝在除夕夜吃的饺子必须是素馅，以干菜为主。相传这一习俗源于清太祖努尔哈赤，他起兵时连年浴血奋战，为夺取政权杀伤无数，为了表达对无辜者的忏悔，努尔哈赤对天起誓，每年除夕夜以素馅饺子祭奠死者。清代前期和中期的皇帝都恪守祖训，严格遵守这一不成文的规矩。直至清代晚期，皇帝的除夕饺子才变成了肉馅。

玉烛长调烛台·清乾隆

清太祖努尔哈赤朝服像

元旦大朝

天将明时，王公百官在午门外集合。皇帝在中和韶乐声中到太和殿升座。乐止，太和殿外三台下响起三声鞭响，王公百官各就其位，宣表官宣读皇帝向上天和全国臣民表明心迹的表文。接着乐队奏乐，群臣行三跪九叩礼。百官跪拜后，皇帝赐群臣入座饮茶。饮茶毕，阶下再响鞭三声，皇帝回宫，百官退下，朝贺典礼结束。

❋ 珐琅彩竹雀图碗·清雍正 ❋

宫中后妃同贺新年

元旦这天，皇后要亲手制作糕点，供奉于神像及祖先牌位前，以示敬意。宫中女眷互相行礼，太监、宫女各向其主行礼。亲郡王的福晋入宫向宫内亲人行礼，进如意、果品等物，同贺新年。

饮茶作诗庆佳节

从乾隆朝开始，正月初二到初十，皇帝还会选择吉日在重华殿举办饮茶作诗的活动，参与茶宴的都是能诗会赋的文臣，具体的人数依照皇帝的要求而定。皇帝会在茶宴上出题，让大家作诗联句。茶宴所饮的是以梅花瓣、佛手片、松籽仁烹制成的"三清茶"。茶宴之后，皇帝还会赏赐诸臣荷包、如意、画轴、端砚等物品，有时候还会让大臣将用的茶杯带走。

❋ 洋彩红地锦上添花海棠式托盏·清乾隆 ❋

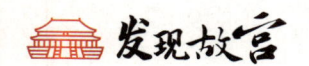

道家神仙世界的瑰宝
五彩鱼藻纹盖罐

嘉靖帝崇信道教，总是期待着可以飞升到神仙世界，当皇帝拥有这样的想法，必然会对社会产生深远影响。五彩鱼藻纹盖罐就是在这样的社会背景下烧造的，各路道家神仙和珍奇瑞兽纷纷登场，用生动的图景展示着和谐之美，也展示着明代瓷器制作的精妙。

瓷放五彩，无边祥瑞

明代十六位皇帝之中，嘉靖帝朱厚熜在位四十五年，排在第二位，可他登基便亲政，是明代皇帝中实际掌权时间最长的。漫长的统治期间，嘉靖朝对景德镇瓷器派烧额达六十万件，加上弘治朝遗留的三十余万件，景德镇烧制的嘉靖瓷器总计达一百万件。这其中带有道教色彩的瓷器占据了相当大比例，《明史·食货志》记载，仅嘉靖三十七年（1558），供内廷醮坛所用的瓷器就达到三万件。

嘉靖帝本人十分崇信道教，他将对道法的热爱投射到其他领域，瓷器作为道场和生活中不可或缺的用具，成为嘉靖帝表达道教崇拜的一个窗口，诸多具有道教色彩的纹饰纷纷出现在瓷器上，形成了独具特色的道教瓷文化。

嘉靖瓷器的道教纹饰繁复多样，几乎涵盖了代表道教文化的所有有形载体和无形理念。道家众多神仙纷纷上场，八仙炼丹、八仙过海的故事频频出现，道家崇拜的植物和动物也成为嘉靖瓷器上的常客，灵芝、仙桃、万年松、白鹤、麒麟等纷纷闪亮登场。

从荆楚之地走出来的嘉靖帝，对于荆楚道家文化极为推崇。在楚地的神话故事里，黄帝曾经将桃树枝立在门上，认为这样可以驱鬼辟邪。据汉代流

年代：明嘉靖
尺寸：通高33.2厘米，口径19.5厘米，足径24.1厘米。
材质：瓷

传而来的楚地屈原传说，为了避免人们投入汨罗江的祭献食物被蛟龙所夺，要缠上五彩丝线，从而有了五彩粽子。桃木驱鬼、五彩辟邪的说法也成为道家最常见的理论，在驱鬼和法事活动中，道士经常用五彩在桃木上"画符"，这也让五彩瓷器开始兴盛。将红、绿、黄、紫、孔雀蓝几种颜色交织晕染，在瓷面形成华丽夺目的效果，成为自宣德五彩、成化斗彩等施彩技术后一路发展而来的新成就。

五彩鱼藻纹盖罐是嘉靖官窑之中极具道教色彩的瓷器名品，目前只有四家博物馆收藏了完好带盖的五彩鱼藻纹罐，分别是故宫博物院、中国国家博物馆、天津博物馆和法国吉美博物馆。

藏于故宫博物院的五彩鱼藻纹盖罐为中华人民共和国成立后收入，罐直口、短颈、丰肩、圈足。通体以红、黄、绿及青花装饰，颜色绚丽，搭配协调。肩部绘有变形的莲花瓣纹，腹部绘莲池鱼藻纹，罐外壁上似荡漾着一池清水，水面上还漂动着浮萍、水草和莲花，红色游鱼穿梭其间。画面色彩浓艳，鱼儿体形肥大，一幅喜乐景象。嘉靖帝曾经给自己起过一个"天池钓叟"的雅号，也许在他的眼里，这瓷罐上的鱼儿就是他作为"神仙"养在天池里的宠物吧。

乘鲤飞升，文化绵延

鲤鱼在中国传统文化中历来都是祥瑞之物，和"余"读音相似的鱼是生活富足、年年有余的象征。鱼又多产籽，所以还被用来祝吉求子。早在原始社会的彩陶之中，鱼纹就已出现，后世的瓷器装饰中也将鱼纹作为常用纹饰之一。先秦时期，人们将"娶富家女，吃河鲤鱼"作为人生的两大愿望。而唐代因"鲤"和"李"同音，所以规定鲤鱼要称为"赤鲟公"，如果抓到必须要放生，胆敢售卖就要被打六十大板。宋代小说《泊宅编》中认为李唐王朝之所以不许吃鲤鱼，并不简单因为"吃鲤"和"吃李"谐音，而是因为鲤鱼历来就是道家祥瑞之物，推崇道家的李唐王朝才不许吃鲤鱼。明代时，鲤鱼作为道家祥瑞象征的地位进一步提升，涓子、吕尚、琴高、子英等道家神仙都是在鲤鱼的帮助下实现飞升，鲤鱼因此成了道家成仙的标配。

嘉靖四十五年（1566），一生崇信道教的嘉靖帝已经病入膏肓。宫廷里没日没夜地设斋打醮，香烟缭绕，诵经朗朗，连日不绝。因为求道，嘉靖帝"二十余年不视朝"。已经年届六十的他渴望长命百岁，于是带着重病冒雨到万法寺向上天祈祷，然而他笃信的神灵也无法给他回春之术，他在回宫之后就崩逝于乾清宫。

从神仙世界，到帝王宫廷，所有的崇拜最终都变得淡然，而它们为历史留下的瑰宝却始终熠熠生辉。云端之上的神灵从未到过嘉靖帝的身边，而他向神灵的致敬却为这个世界留下了一抹不一样的色彩。

明十三陵

明朝的十六位皇帝中，明太祖葬在南京明孝陵；建文帝下落不明，没有陵墓；景泰帝的坟墓被明英宗迁出，以"王"的身份改葬在北京西郊玉泉山；除此之外，剩下的十三位皇帝均葬在天寿山，所以称为明"十三陵"。景泰帝也成了明朝迁都北京后唯一一个没有葬入十三陵的皇帝。

发现故宫

手动心转，巧夺天工
黄地粉彩镂空干支字象耳转心瓶

作为乾隆朝高端工艺的代表瓷器，转心瓶不仅让皇帝眼前一亮，也让后世惊叹不已。这件以巧工闻名的瓷瓶，从无数的次品里脱颖而出，将美和权力、实用性结合得恰到好处，成为我们永远的骄傲。

● 转旋自如，玲珑巧思

乾隆八年（1743）闰四月，乾隆帝收到了来自景德镇负责御窑烧瓷的官员唐英的奏折。唐英在奏折里说："奴才又新拟得夹层玲珑交泰瓶等共九种，谨恭折送京呈进。"这一次送来的"交泰瓶"，由唐英按照自己的设想自行拟造，因为担心样式不合乎乾隆帝的喜好，再加上制作费工，所以并没有多做。

唐英曾经在紫禁城养心殿、内务府当差三十一年。雍正六年（1728），四十七岁的唐英卸任内务府员外郎，被派遣到江西，"监视陶务"。他在奏折里称，"一切烧造事宜，俱系奴才经营"。可是，当乾隆帝上任之后，他却一度摸不准这位新皇帝对于瓷器的品位，陷入了矛盾之中。

这一次送来的"交泰瓶"，是唐英在景德镇的一次创新尝试，他对原有的瓷瓶样式作了调整，将瓶体和内胆套合。乾隆帝见到之后，啧啧赞叹，龙颜大悦。一个月之后，唐英又送来另一批。这些东西经过司库郎中白世秀交给太监高玉，呈送到乾隆帝的案上，再一次获得了皇帝的青睐。这些新奇物件，是在原有器物的基础上进行改进，使之具有旋转功能。

根据清代宫廷档案记载，由景德镇烧造的转旋瓶分别陈列在乾隆帝的寝宫、衣帽间，以及乾隆帝为自己修缮的养老之地和避暑之地。因为转旋

年代：清乾隆
尺寸：高 40.2 厘米，
　　　口径 19.2 厘米，
　　　足径 21.1 厘米。
材质：瓷

黄地粉彩镂空干支字象耳转心瓶（局部）

瓶烧造困难，乾隆帝又很喜爱，所以这种工艺复杂的产品仅供皇帝和太后使用。

由转旋瓶发展出来的转心瓶设计，是乾隆时期独有的创造。乾隆三十九年（1774），太监胡世杰曾经传旨，要求烧造一件洋彩瓷葫芦转旋瓶，为的是能和原有的凑成一对。此前，乾隆二十二年（1757）正月初四，运洋彩转旋瓶进京时，副催长不小心将其瓶耳磕去二处，乾隆帝格外不满，下旨"重责四十板，罚钱粮一年"。极难凑成对，以及如此重罚，可见烧造的难度和皇帝对瓷器珍爱的程度。

御窑珍品，万里挑一

乾隆帝对于艺术品的热情，在清代皇帝之中首屈一指，为了满足他的喜好，清代艺术创作之风大盛。转心瓶这类造型奇特、工艺复杂的瓷器，多半是唐英为讨好皇帝而烧制的。

转心瓶的外瓶通常会用镂刻的手法进行装饰，并且用釉上粉彩进行绘制，而内瓶则会用粉彩在特定位置绘制图案。转动内瓶的时候，可以透过外瓶的镂孔看到内瓶的图案。由此可见当时的瓷器制作水准。

乾隆时期御窑所生产的瓷器，不管是样式、釉色、图案还是款识，都要严格遵照宫廷所颁发的木样，工匠不得自由发挥。当唐英第一次献上具有旋转功能的瓶和碗时，他大胆地呈现了自己的想法，而之后御窑所制作的转心瓶全部都是内务府设计好的样式。

设计在内务府，而制作却在景德镇御窑厂，面对要求奇高的宫廷，难免会出现因设计工艺过于复杂而不能生产或次品率过高的情况，这时御窑厂就必须要承担相应的责罚，这种责罚在制作转心瓶的过程中经常发生。据记载，有时候一批产品出窑，落选的次品达六七万件不等。

淘汰数万件次品才能产出一件精品，乾隆帝对这些次品也极为关心，通常会下旨命令御窑厂将其装桶运回京城。有一些次品则需要御窑厂的督陶官唐英如数赔偿。这给唐英带来极大的压力，他必须按照严格的陶瓷生产制度来管理，才能确保烧制成功。

如果御窑所产瓷器能够博得皇帝的欢心，乾隆帝的拨款和赏赐也绝不会吝惜。从唐英递上的奏折可以发现，他一次可以从户部支取一万两白银来生产瓷器。虽然从乾隆四年（1739）六月开始，御窑厂的生产资金被减半，但这也依旧是一笔庞大的开支。

循环如意，辐辏连绵

现藏于故宫博物院的黄地粉彩镂空干支字象耳转心瓶，分为内外两层。外瓶短粗颈，颈两侧堆塑了象耳，垂肩鼓腹。内瓶则是一个直腹小瓶，和外瓶的颈部相连接，可以自如转动。

在外瓶的颈部和肩部，各有上下相对的十二个开光。颈部开光中用楷书写着"万年""甲子"和篆书天干名，肩部的开光中用篆书写了地支名。外瓶的腹部装饰着黄地缠枝花纹，镂刻出了四组四季园景开光景窗，透过景窗可以看到内瓶上的图案。内瓶施白釉，绘制着粉彩婴戏图，图中童子们有的骑着马，有的持着伞盖、太极旗，有的打着灯笼，还有的在敲鼓，姿态活灵活现，憨态可掬。

当内瓶开始转动的时候，四季园景和童子嬉戏的场面相呼应，似乎一幅生活画卷正在徐徐打开，正符合"循环如意，辐辏连绵"的美好寓意。此转心瓶的口、颈部位都可以转动，当内瓶转动的时候，颈部和肩部的开光对合，天干、地支相对应，就可以组成一部万年历，这一实用功能，构思可谓精巧。

第十章 巧夺天工的中国名片

中国古代制瓷工艺的巅峰之作
各种釉彩大瓶

在故宫武英殿瓷器馆的中心位置，展陈有一件不同凡响的瓷瓶，其体量之巨大、釉彩之丰富、装饰之华丽，足以吸引任何一位置身瓷器馆的游客驻足观赏、击节赞叹，这就是享有"中华瓷王""瓷母"美誉的清乾隆各种釉彩大瓶。

"中华瓷王"

这一各种釉彩大瓶系清代乾隆年间烧制，是中国古代制瓷工艺达到巅峰的代表作，瓶洗口，长颈，长圆腹，圈足外撇，颈两侧各置一螭耳。器身自上而下装饰的釉彩达十五层之多，所使用的釉有仿哥釉、松石绿釉、窑变釉、粉青釉、霁蓝釉、仿汝釉、仿官釉、酱釉等。主体纹饰在瓶的腹部，为霁蓝釉描金开光粉彩吉祥图案，共十二幅开光图案：其中六幅为写实图画，分别为"三阳开泰""吉庆有余""丹凤朝阳""太平有象""仙山琼阁""博古九鼎"；另六幅为锦地"卍"字、蝙蝠、如意、蟠螭、灵芝、花卉，分别寓意"万""福""如意""辟邪""长寿""富贵"，辅助纹饰主要有缠枝纹、缠枝莲纹、团花纹等。十二幅开光画面十分精致，内容多取谐音字义、祈颂吉祥的传统内容。瓶内及圈足内施松石绿釉，外底中心署青花篆书"大清乾隆年制"六字三行款，整个大瓶以众多画面配合繁多的釉彩装饰，呈现出繁缛奢华的艺术风格。

高超的制瓷技艺

不过，也有人认为这件"瓷母"大瓶不过是一件集合各种釉彩及纹饰的

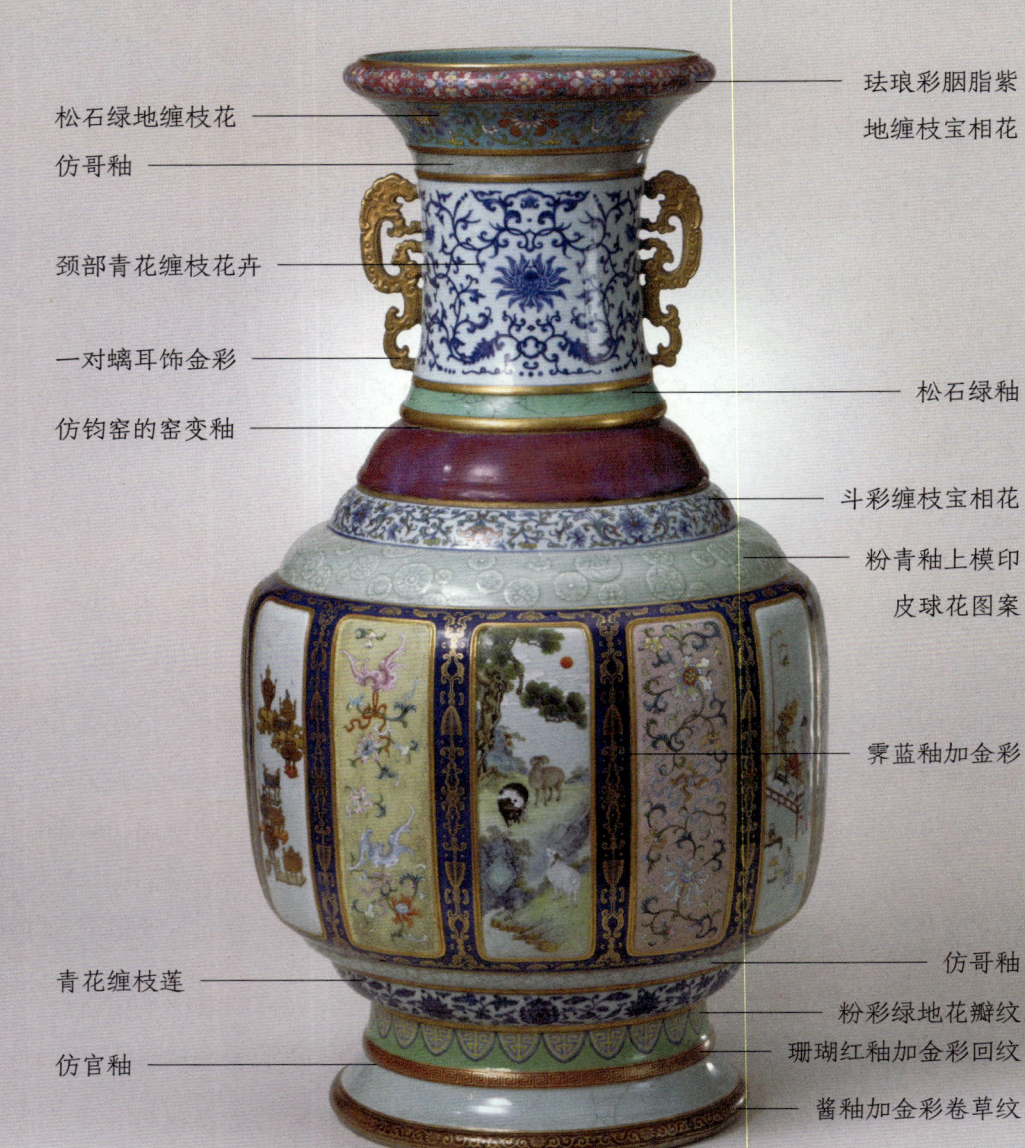

标注	
松石绿地缠枝花	珐琅彩胭脂紫地缠枝宝相花
仿哥釉	
颈部青花缠枝花卉	
一对螭耳饰金彩	松石绿釉
仿钧窑的窑变釉	
	斗彩缠枝宝相花
	粉青釉上模印皮球花图案
	霁蓝釉加金彩
青花缠枝莲	仿哥釉
	粉彩绿地花瓣纹
仿官釉	珊瑚红釉加金彩回纹
	酱釉加金彩卷草纹

年代：清乾隆
尺寸：高86.4厘米，口径27.4厘米，足径33厘米。
材质：瓷

堆砌之作、炫技之品，还常常用它来攻击乾隆帝的审美水平，但实际上并非如此，可从以下几点来看：

第一，"瓷母"体现出了乾隆朝瓷器繁缛奢华的艺术风格。每个朝代瓷器的艺术风格，都与其所处时代的政治经济、帝王喜好及风俗习惯等有着密切的联系。乾隆朝国力鼎盛、海内升平，乾隆帝又是一个颇具艺术修养且好大喜功的君主，加之此时景德镇的制瓷工艺也已达到极高水准，清末民国学者许之衡在《饮流斋说瓷》一书中对乾隆朝瓷器的评价是："至乾隆则华缛极矣，精巧之至，几于鬼斧神工。"

第二，"瓷母"是乾隆朝制瓷工艺达到巅峰的体现。"瓷母"上采用的釉上、釉下等釉彩达到了十五层之多，从烧造工艺上看，青花与仿官釉、仿汝釉、仿哥釉、窑变釉、粉青釉、霁蓝釉等均属高温釉彩，需先焙烧；而粉彩、珐琅彩、金彩及松石绿釉等均属低温釉彩，要后焙烧，如此复杂的工艺只有在全面掌握各种釉彩性能的情况下才能顺利完成。所以说，想要烧造成功工艺如此复杂的大瓶，全面而精准地掌握各种釉彩的烧制特点是关键所在。

第三，"瓷母"是中国历代瓷器中涵盖吉祥文化最为丰富的器物。器腹上十二组或写实、或写意的开光吉祥图案，涵盖了中国传统文化中的福、寿、富贵、如意等众多吉祥文化，将如此众多的吉祥图案聚于一器，在中国瓷器史上极为罕见。

正因如此，对于这件凝结着清代制瓷工匠心血的瓷之重器，不能简单地用"堆砌""炫技"等词来轻率地下评论，而是要以一种欣赏的心态去看待它，并尽可能地提高现代制瓷工艺水平以与之趋近。这才是今天的人们应有的态度。

附录：故宫大事记

1403 年
明成祖改北平为北京。

1406 年
明成祖派宋礼等人为营建北京宫殿采木烧砖。

1409 年
明成祖北巡，太子朱高炽监国。选万年吉地（陵寝）于昌平，封其山曰天寿山。

1420 年
北京宫殿将成，明成祖诏告天下迁都北京。
明成祖于奉天殿接受朝贺，大宴群臣。

1421 年
奉天、华盖、谨身三大殿遭雷击，焚毁殆尽。

1424 年
朱高炽即位，以次年为洪熙元年，后庙号为仁宗。

1425 年
明仁宗打算迁都，下令北京各部门名称恢复"行在"二字，派太子朱瞻基前往南京拜谒孝陵。
明仁宗猝死于紫禁城钦安殿。
太子朱瞻基即位，以次年为宣德元年，后庙号为宣宗。

1435 年
明宣宗卒于乾清宫。太子朱祁镇即位，以次年为正统元年，后庙号为英宗。

1440 年
宦官阮安、工部尚书吴中等重建三大殿，并修缮乾清、坤宁二宫，共使用工匠、官兵七万余人。

1441 年
三大殿落成，赐宴文武大臣。
明英宗下令开东华门中门请司礼监太监王振入宫，百官候拜于门外。

1442 年
太皇太后张氏去世，王振更加肆无忌惮，盗走洪武年间置于宫门处的三尺铁碑，上铸"内臣不得干预政事"。
明英宗开始御门听政。

1449 年
土木堡之变，明英宗被俘，郕王朱祁钰即位，为景泰帝。遥尊明英宗为太上皇，明英宗之皇后钱氏迁居仁寿宫。

1450 年
经与瓦剌交涉，太上皇返回京师，景泰帝在东门迎接，相持泣送太上皇至南宫。

1457 年
武清侯石亨、副都御史徐有贞、太监曹吉祥发动夺门之变。明英宗从东华门重回紫禁城，夺回皇位，废景泰帝为郕王，复立皇长子朱见深为太子。

1464 年
明英宗起草遗诏，废除妃嫔殉葬制度。次日太子朱见深即位，为明宪宗。

1475 年
明宪宗立皇三子朱祐樘为皇太子。
恢复郕王朱祁钰帝号。

1488 年
朱祐樘定年号为弘治，后庙号为孝宗。
开经筵，开始在文华殿举行日讲。在左顺门举行午朝。

1506 年
十五岁的皇太子朱厚照即位，定年号为正德，后庙号为武宗。

1514 年
乾清宫因灯火引发火灾。

1521 年
明武宗病逝于豹房。皇太后张氏以宪宗之孙、孝宗亲弟兴献王世子朱厚熜入京即位，以次年为嘉靖元年，后庙号为世宗。

1542 年
壬寅宫变。杨金英等十余名宫女谋弑未果，皆被凌迟。明世宗从此移居西苑万寿宫，不再回大内。

1557 年
奉天、华盖、谨身三大殿再次被雷火焚毁，重建后分别改名为皇极殿、中极殿、建极殿。

1566 年
十二月十四，明世宗病危，返回乾清宫，旋即驾崩。
裕王朱载垕即位，以次年为隆庆元年，后庙号为穆宗。

1572 年
明穆宗驾崩。
太子朱翊钧即位，以次年为万历元年，后庙号为神宗。

1586 年
明神宗封贵妃郑氏为皇贵妃。首辅申时行请立皇长子朱常洛为皇太子，明神宗不准。国本之争自此开始。

1587 年
东北女真势力崛起。
明神宗罢工不上朝。

1596 年
乾清、坤宁二宫火灾。

1597 年
皇极、中极、建极三殿失火，文昭、武成二阁同时被毁。

1615 年
梃击案。男子张差与内监勾结，闯入太子朱常洛居住的慈庆宫行凶，打伤守门太监。时人怀疑郑贵妃为幕后主使，明神宗不愿深究，以疯癫奸徒罪将张差凌迟处死，又密杀庞保、刘成两个太监，了结此案。

1620 年
红丸案。神宗死后，太子朱常洛即位，是为明光宗。因每日沉湎于酒色，光宗登基没几日便一病不起。鸿胪寺丞李可灼进两丸仙丹，皇帝服用后于次日死去，引起"红丸"之争。
移宫案。光宗宠爱的李选侍与太监李进忠（魏忠贤）挟持皇太子朱由校于乾清宫，欲当皇太后把持朝政。在东林党为主的朝臣力争之下，李选侍搬出乾清宫。
朱由校即位，以次年为天启元年，庙号为熹宗。

1627 年
明熹宗卒于乾清宫，遗诏以皇五弟信王朱由检嗣皇帝位，以次年为崇祯元年。

1644 年
崇祯帝自缢于万岁山。
清兵入关。多尔衮及诸王定议迁都北京。顺治帝自正阳门入北京内城，御皇极门（后改称太和门），举行入关后的登基典礼，颁诏大赦天下。仿照盛京清宁宫之制，定坤宁宫祭萨满礼。

1656 年
乾清宫、坤宁宫、交泰殿、景仁宫、永寿宫、承乾宫、钟粹宫、储秀宫、翊坤宫修缮完成。

1661 年
顺治帝因感染天花，正月初七逝于养心殿。遗诏立第三子玄烨为太子，初九，玄烨即位，即康熙帝。

1667 年
康熙帝亲政，御太和殿受贺，御乾清宫听政。

1669 年
奉孝庄太皇太后懿旨："皇帝现居清宁宫，即保和殿也。以殿为宫，于心不安。可将乾清宫、交泰殿修理，皇帝移居彼处。"十一月，太和殿、乾清宫成，康熙帝御太和殿受贺，入居乾清宫。

1683 年
重建文华殿。

1709 年
康熙帝复立胤礽为太子，昭告宗庙，颁诏天下。于京西畅春园之北建圆明园，赐予皇四子胤禛居住。

1713 年
康熙帝六十寿诞，在畅春园举行千叟宴，此为千叟宴之始。

1722 年
康熙帝病逝于畅春园，皇四子胤禛即位，为雍正帝。康熙帝遗诏真伪引发雍正帝继位之谜。

1725 年
雍正帝以养心殿为倚庐，为康熙帝治丧，三年服阕，行祫祭礼。后长住养心殿，后世皇帝皆居于此。

1726 年
雍正帝谕造办处制合符四件，一交乾清门，一交左翼门，一交右翼门，凡夜间开门，将符对合以为凭据。

1730 年
雍正帝为便捷处理西北军务，设立军机处。

1735 年
雍正帝病逝于圆明园，皇四子宝亲王弘历九月初三即位于太和殿，以次年为乾隆元年。

1748 年
孝贤纯皇后病逝于山东德州，乾隆帝兼程返回京师，殡皇后于长春宫。

1776 年
乾隆帝命《四库全书》馆详核违禁各书，分别销毁。命国史馆修编《贰臣传》。
宁寿宫建成。

1777 年
崇庆皇太后逝于圆明园长春仙馆，奉安于慈宁宫正殿，乾隆帝以含清斋为倚庐，谕王公大臣二十七日服除。

1782 年
第一部《四库全书》缮写完成。
乾隆帝御文渊阁，赐宴《四库全书》总裁等官。

1790 年
乾隆帝八旬万寿，御太和殿受群臣及使节朝贺，礼毕，至宁寿宫、乾清宫赐宴。

1795 年
御勤政殿，召皇子、皇孙、王公大臣等，宣示立皇十五子颙琰为太子，居毓庆宫，次年为嘉庆元年。
乾隆帝谕："朕于明年归政后，凡有缮奏事件，俱书太上皇。"

1796 年
乾隆帝御太和殿，授玺，颙琰即皇帝位，为嘉庆帝。太上皇训政。

1799 年
太上皇去世，嘉庆帝亲政。
大学士和珅被赐死于狱中。

1803 年
嘉庆帝由圆明园还宫，入贞顺门时遭陈德行刺，陈德及其二子伏诛。严申宫门之禁。

1813 年
天理教起义，首领林清联络宫中太监，分别从东华门、西华门冲入宫中，悉数被歼。皇二子绵宁在此次突变中表现英勇，被封为智亲王。嘉庆帝下"罪己诏"。

1820 年
木兰秋狝，嘉庆帝逝于避暑山庄，御前大臣赛冲阿等人开启建储密诏，宣示立皇二子绵宁为太子。
为方便臣民避讳，绵宁主动改名"旻宁"。
旻宁即位太和殿，以次年为道光元年。
奉皇太后居寿康宫。

1840 年
皇后钮祜禄氏去世，其子奕䜣由静贵妃抚养。英国舰队在广东海面集结，鸦片战争爆发。

1842 年
道光帝批准中英《江宁条约》（即《南京条约》）。

1850 年
道光帝带病为皇太后治丧，不久病重，召王公大臣当众开启建储秘匣，宣布"皇六子奕䜣封为亲王，皇四子奕詝立为皇太子"。

1852 年
叶赫那拉氏（即后来的慈禧太后）经选秀入宫，被封为兰贵人。

1860 年
咸丰帝携后妃、皇子仓皇逃往避暑山庄。英法联军攻入北京，火烧圆明园。
签订中英、中法、中俄《北京条约》。

1861 年
咸丰帝病危，宣布立皇长子载淳为皇太子，命八大臣赞襄政务。
尊皇后钮祜禄氏为母后皇太后，徽号慈安；生母懿贵妃叶赫那拉氏为圣母皇太后，徽号慈禧。
慈禧太后联合奕䜣发动辛酉政变（又称北京政变、祺祥政变），改年号祺祥为同治。

1872 年
同治帝大婚。

1873 年
同治帝行亲政大典。

1874 年
同治帝驾崩于养心殿。
醇亲王奕譞之子载湉入宫即位，为光绪帝。
两宫太后再次垂帘听政。

1886 年
光绪帝亲政仪式定于次年正月十五举行。醇亲王等人奏请太后训政，慈禧太后"勉强"同意。

1889 年
光绪帝大婚礼成。立都统桂祥之女叶赫那拉氏为皇后，侍郎长叙之女他他拉氏姐妹被选为瑾嫔、珍嫔。
慈禧太后归政。

1898 年
光绪帝颁布定国是诏，戊戌变法开始。103天后变法失败。

1900 年
慈禧太后携光绪帝仓皇出逃西安，史称"庚子西狩"。
珍妃被推入慈宁宫后贞顺门内的井中溺亡。
慈禧太后宣布"变法"，清末新政开始。

1901 年
奕劻、李鸿章在北京与十一国公使订立《辛丑条约》。
慈禧太后、光绪帝自西安起程回京。

1905 年
为争夺中国东北，日俄战争爆发。
清廷派五大臣出洋考察，立宪派掀起立宪运动。

1908 年
宣布预备立宪以九年为限，同时颁布《钦定宪法大纲》。
光绪帝死于瀛台涵元殿，以醇亲王载沣之子溥仪入承大统，载沣为监国摄政王。
慈禧太后去世。

1910 年
立宪派发起国会请愿运动。清廷不得已，将预备立宪期从九年缩短为五年。

1911 年
"皇族内阁"成立，立宪派大为失望。
革命党人在武昌起义，史称"辛亥革命"。

1912 年
中华民国建立，定都南京。
清帝颁布《退位诏书》，仍居紫禁城后寝区域，时称"逊清小朝廷"。

1913 年
隆裕太后在西六宫之一的长春宫病逝，民国政府以国丧规格为其办理丧事，袁世凯通电吊唁，全国降半旗致哀。

1914 年
民国政府将盛京（今辽宁沈阳）故宫、热河（今河北承德）行宫两处收藏的文物运至紫禁城文华殿和武英殿，成立古物陈列所。
因经费紧张，内务府与民国政府协商，开放颐和园，出售门票。
民国政府制定《巩固清皇室优待条件善后办法》七条，要求清室尊重中华民国，废止与国家法令相抵触的行为；使用民国纪年，裁撤内务府、慎刑司等机构。

1917 年
张勋复辟。溥仪短暂复位，前后历时共十二天。
紫禁城遭遇历史上第一次空袭。

1923 年
建福宫发生大火，焚毁文物不计其数，失火原因不明。

1924 年
冯玉祥发动北京政变。
黄郛内阁通过《修正清室优待条件》，北京警备司令鹿钟麟等人驱逐清室全体人员出宫。

1925 年
10 月 10 日，故宫博物院正式宣告成立。

1928 年
南京国民政府接管北平，10 月 5 日公布《故宫博物院组织法》，规定故宫博物院直接隶属于国民政府。

1933 年
因山海关失陷，北平、天津危在旦夕，故宫博物院理事会决定将故宫部分文物分批南迁至上海，前后五批，共计 13427 箱又 64 包。留在故宫博物院的文物仍超过 100 万件（套）。

1936 年
存放在上海的故宫文物分 5 批迁运至南京朝天宫库房（故宫博物院南京分院）。

1937 年
故宫南迁文物又分三路运往四川，2953 箱被迫留在南京。

1944 年
日军强制故宫"献纳铜品"，用来铸造枪炮子弹。为避免日军直接侵入造成更大损失，故宫筛选出没有款识、不能断明年代的铜缸 54 件、铜炮 2 尊交给日军。日军还曾径自闯入，劫夺铜灯亭 91 座、铜炮 1 尊。

1945 年
日本宣布投降。华北战区受降仪式于 10 月 10 日 10 点 10 分在故宫太和殿内举行，为中国十五个战区中规模最大，约有二十万民众聚集在太和门前广场，见证了这一伟大时刻。

1948 年
南运文物中有 2972 箱被运至台湾，保存于台北故宫博物院。

1949 年
中央军委指示聂荣臻等人：此次攻城，必须做出周密计划，力求避免破坏故宫、大学以及其他著名的有重大价值的文化古迹。北平最终实现和平解放。
3 月 9 日，故宫博物院恢复售票开放。
中华人民共和国成立后，故宫博物院隶属于中央人民政府文化部。

1959 年
经过持续的修缮，故宫在国庆十周年之际，基本恢复昔日的辉煌面貌。

1961 年
经国务院批准，故宫被列为全国第一批重点文物保护单位。

1971 年
故宫博物院恢复开放，同时启用郭沫若题写的故宫博物院匾额。

1987 年
故宫被联合国教科文组织列入世界文化遗产名录。

2002 年
对故宫进行自辛亥革命以来的首次整体大修，分近期（2003-2008）、中期（2009-2014）、远期（2015-2020）三个阶段。

2014 年
1 月 6 日，故宫博物院正式恢复中断三十余年的每周一天闭馆休息制度。
故宫首度拥有属于自己的吉祥物——龙"壮壮"和凤"美美"。吉祥物的形象源自中国传统龙、凤的形象。

2020 年
北京故宫迎来六百岁生日。

项目策划：陈丽辉
图片提供：WL工作室
　　　　　故宫博物院
　　　　　台北故宫博物院
　　　　　上海博物馆
　　　　　英国伦敦华莱士博物馆
　　　　　美国弗利尔美术馆
　　　　　日本宫内厅正仓院北院
　　　　　淮安市博物馆